本书为2019年黑龙江省高等学校教改工程项目阶段性成果（项目编号：SJGZ20190009）

行政组织学概论

史春媛　郑　夏　颜　冰　著

知识产权出版社
全国百佳图书出版单位
—北京—

图书在版编目（CIP）数据

行政组织学概论 / 史春媛，郑夏，颜冰著 .—北京 : 知识产权出版社，2020.8（2024.2 重印）

ISBN 978–7–5130–6908–3

Ⅰ . ①行… Ⅱ . ①史… ②郑… ③颜… Ⅲ . ①行政管理—组织管理学—教材 Ⅳ . ① D035

中国版本图书馆 CIP 数据核字（2020）第 076591 号

内容提要

本书从行政组织管理中的关键问题、热点问题入手，展开对行政组织学的一系列研究，系统地阐述了行政组织学的基本理论。此外，本书深入研究了行政组织文化中的大庆精神传承，为同类课程建设起到了积极的引导作用。

本书不仅适用于行政管理专业的学生，也适用于政治学专业的学生，还为广大对行政管理学、政治学、哲学、西方政治学说思想史感兴趣的同学，以及需要扩大知识范围、培养交叉学科研究能力和构建跨学科知识框架的学生提供了学习的必备材料。

责任编辑 : 刘晓庆　　　　　　责任印制 : 孙婷婷

行政组织学概论

XINGZHENG ZUZHIXUE GAILUN

史春媛　郑　夏　颜　冰　著

出版发行 : 知识产权出版社 有限责任公司		网　　址 : http://www.ipph.cn	
电　话 : 010–82004826		http://www.laichushu.com	
社　址 : 北京市海淀区气象路 50 号院		邮　编 : 100081	
责编电话 : 010–82000860 转 8073		责编邮箱 : laichushu@cnipr.com	
发行电话 : 010–82000860 转 8101		发行传真 : 010–82000893	
印　刷 : 北京中献拓方科技发展有限公司		经　销 : 各大网上书店、新华书店及相关专业书店	
开　本 : 720mm × 1000mm　1/16		印　张 : 19	
版　次 : 2020 年 8 月第 1 版		印　次 : 2024 年 2 月第 2 次印刷	
字　数 : 250 千字		定　价 : 78.00 元	

ISBN 978–7–5130–6908–3

前　言

　　行政组织学作为行政学的重要分支学科，是研究国家行政事务组织结构与功能的科学。随着行政组织在国家政治生活中地位和作用的增强，人们对行政组织的研究与关注也日益深入。就当前中国的现实需要来看，行政组织研究对于提高行政水平，推动行政改革，建立中国特色的行政组织，以及实现国家治理能力和治理体系现代化具有重要的意义。

　　本书是一部介绍中西方行政组织理论演进与实践发展的教学用书，以习近平新时代中国特色社会主义思想为指导，以中国行政组织为背景，运用马克思主义唯物史观和比较方法，在系统介绍行政组织的基本理论知识的基础上，对中西方行政组织管理模式、制度模式的共性与个性进行充分分析，对于形成国际化政治视野，真正理解各国国情与行政体制的关系，认清西方国家政府行政组织的实质，认识我国行政体制的特点和优势，明确当代中国进行行政组织改革的必要性及发展趋势具有重要的意义。

　　本书作为黑龙江省高等学校教改工程项目阶段性成果，是教师主讲行政组织学课程教学实践的结晶，历时 6 年，几易其稿。书中以行政管理专业本科生培养目标为基本依据，广泛吸取国内外行政组织理论研究成果，紧密结合中国行政组织建设的丰富经验编著而成，具有鲜明的时代性与专业性。与其他教材相比，主要有三个特点：一是增加"行政组织文化""行政组织伦理"两部分内容，拓宽了行政组织学的交叉研究视野；二是充分落实课程思政理念，将思想政治教育元素有机融合到专业教学内容之中，结合东北老工业基地区域经济发展、石油石化类行业高校特质，将大庆精神、"北大荒"精神等红色文化基因融入课堂教学；三是每章末均增加了阅读材料及课后思考题，为学生课前预习、课上紧跟教师授课节奏、课后综合复习提供便利，使学生能够掌握行政组织学的基本知识并运用所学理论正确分析组织现象，学习解决组织问题的基本方法，较好地适应行政管理工作的需要。

本书既包含了行政组织学的基础理论，又具有一定实践性和实用性，在教学中已取得较好教学效果，可供各高校相关专业课程教学使用，也适合政府民政、劳动和社会保障、司法机构、人民群众团体等部门工作人员和广大读者阅读。

全书共分九章，撰写分工如下：

史春媛：第一章、第二章、第五章、第六章（约 105 千字）；

郑 夏：第三章、第七章、第八章（约 81 千字）；

颜 冰：第四章、第九章（约 64 千字）；

在本书的撰写过程中，我们参阅了大量相关著作、文章等资料，借鉴和吸收了国内外专家学者诸多优秀研究成果和真知灼见，谨将其在书后列出以示感谢，如有疏漏，敬请谅解！由于作者水平所限，书中难免有不足或不当之处，敬请广大读者和专家给予批评指正。

史春媛

2020 年 6 月

目　录

第一章 绪 论

我们现在生活的社会里，存在着各种各样的组织，如学校、医院、公司企业、政府机构、监狱、教会、俱乐部、政党、军队及群众团体。查尔斯·佩罗在《组织分析》一书中指出，组织在我们周围到处都是，我们生于组织之中，通常也死于组织之内。而介于生死之间的生活空间，也被组织填满。组织就像死亡和赋税一样，让人几乎无法逃避。❶ 在现代社会中，行政组织是社会各种组织中规模最大的组织，其管辖的范围涉及社会生活的各个方面、各种领域、各个团体。因此，我们不禁要问：组织究竟是什么？伴随着人类社会而诞生的行政组织又是什么？它有什么功能？为什么如此重要呢？

第一节 行政组织概述

一、组织

作为人类生存的基本方式，组织出现的历史之长甚至可以与整个人类社会

---

❶ 查尔斯·佩罗. 组织分析 [M]. 上海：上海人民出版社，1989：8.

的历史相提并论。组织是人类特有的一种社会现象，也是人类有别于其他生物的一种表现。马克思说："人是社会的动物。" ❶ 众所周知，社会性是人类独有的特性，而组织性又是社会性的主要特征之一。组织是人类生存的基本方式，是社会的细胞、社会的基本单元，是人们实现共同目标的工具，是连接人与社会的桥梁和中介。可以说，没有组织就没有社会。也就是说，作为一种群居动物，人几乎是天然地形成不同的群居生活形态，其核心就是不同的组织。从人类的实际发展历程来看，早期的原始人类出于对生存的需要，结合成不同大小的群体聚集生活，而一旦形成群体，组织就会成为其核心机构，可以使群体最大限度地获取资源，规范群居生活。组织产生于人类的生产斗争和社会斗争之中，最初出现的人类组织是家庭、氏族和部落，以后逐渐产生了阶级，出现了国家。

随着时代的不断发展，尤其信息化、全球化高度发展的今天，每个人一出生就不由自主地被各种组织所吸纳。大到国家，现代国家大多以出生地界定国籍，任何人一出生便从属于某一国；小到村庄、家族等。此外，现代人为了追求更好的生活，主动地建立和加入了越来越多的组织。在我们漫长的成长过程中，大家都主动或被动地加入了这样或者那样的组织，正式的有小学、中学、大学，共青团、共产党或者其他党派等；非正式的有各种兴趣小组、社团等。❷ 可以说，一个人，从生到死，从学习到工作，都要加入许多组织，为组织工作，也接受组织的服务。特别是在进入现代社会之后，几乎已没有任何一个领域、任何一项事业、任何一个人能够处于与组织完全无关的状态。随着组织功能的日趋分化和日臻完善，个人的每项追求、每个欲望，几乎都要在各种不同功能的组织中得到实现，或获得某种程度的满足。充分发挥组

---

❶ 卡尔·马克思，弗里德里希·恩格斯. 马克思恩格斯全集：第 23 卷 [M]. 北京：人民出版社，1972：363.

❷ 郭圣莉，应艺青. 行政组织学 [M]. 上海：华东理工大学出版社，2012：3.

织功能，发展和完善人类社会的组织体系，已经成为发展政治、经济、科技、文化、教育、卫生等各项事业，改善人类生活条件，提高人的尊严和价值的一个重要途径。

（一）组织的定义

我们先从词源上来看。中文的"组织"，都是"绞丝旁"，一看就和"布"有关。"组织"一词最初的意思是用丝麻制成各种布帛，是一个动词。组是结合、构成，织是编织、织物。人们把"组"与"织"两个字联结起来使用，"组织"也就是将一些元素构成一样东西的意思。虽然此时的组织一词并未具有现代组织的意义，但与之相近似的组织概念却早已出现。早在《孙子兵法》中，我们就可以清楚地看到古人对于有关组织活动的论述："凡治众如治寡，分数是也""斗众如斗寡，形名是也"，这里的众、寡，就是组织形式，而治、斗则是组织方法。英文的组织"organization"，最早来源于"器官"一词，指的是身体上的器官，自成系统、具有特定功能的细胞结构。此后，随着社会的发展，组织的词义也在不断变化，从单纯的生物意义逐渐引申为"为实现特定目的而进行的有效的、有序的和明智的系统安排"（《朗文当代英语辞典》），并且被用来解释人类社会群体，从而形成了现代意义上的组织概念。

国内学者倪星认为：从人类社会群体的角度来看，所谓组织，就是按照一定目的、任务和形式，编制起来的社会集团，是处于一定社会环境中的各种组织要素的有机结合体，为了实现某种目的而有意识地建立起来的人类群体。组织三要素：是两个以上的人、目标和特定的人际关系。❶必须注意的是，组织并不仅仅是每个个人的简单叠加。在组织的框架下，每个人的能力能得到最大

---

❶ 倪星.行政组织学[M].北京：北京师范大学出版社，2011：2.

限度的集中，并根据组织目标有计划地加以应用。正因为有了组织的合理规划，其所能起到的效果也往往远大于每个个人的简单叠加。

（二）组织的构成要素

（1）人员。人员是行政组织的主体、核心。首先，要选择一定数量和质量的人员，并对选择的程序和要求有明确的规定。任何组织都是以人为核心的，组织首先不是物质关系的体现，而是人际关系的体现，行政组织也不例外。行政组织由行政人员组成，行政人员是行政组织中的主体。组织和成员是同步发展的。组织素质是其成员素质的整体表现；组织效率是其成员的工作结果；组织发展是其成员的工作能力、技术水平或工作绩效的提高。任何合理的行政组织，若缺少具有一定素质和合理结构的行政人员，是不可能体现行政组织的优越性的。行政人员的素质和智能结构，是行政组织的一个重要的因素。

（2）经费和物资设备。这是维持行政组织运营与发展所不可缺少的因素，即行政组织开展活动所必须具备的技术设备、工具及耗费的各类材料和能源，包括办公建筑、住宅、文具、办公机械，以及公文图书、档案等。它是行政组织赖以生存和发展的物质基础。

（3）目标。这是组织存在的灵魂，是组织前进的方向，从本质上反映了组织存在的基本功能。组织都是为了实现一定的目标而建立起来的，目标决定着组织行为的方式和组织发展的方向，是组织赖以建立和存在的出发点与前提。组织目标表明了对一个组织所要处理的事务、完成的工作和努力方向的要求。组织目标从执行的角度可划分为法定目标和操作目标；从任务的角度可划分为工作目标和自身建设目标；从目标分解的角度可划分为总目标和分目标；从职责关系的角度可划分为整体目标、部门目标、单位目标和个人目标；从时间角度可划分为长期目标、中期目标和短期目标。行政组织的目标是依法、有效地管理国家事务、社会公共事务和行政组织内部事务。

（4）权责结构。它指的是组织系统内部各子系统、工作单元，以及各组织成员、各工作职位之间在工作任务、权力和责任方面的一系列从属并列关系。它是为实现组织目标而进行的权责关系的安排，是各个组织的一种特殊的人际关系。权责结构是形成组织纵向层级和横向部门体系的基础，是组织分工、组织法规与组织纪律的实际体现。

组织包围着我们，并以多种方式改变着我们的生活。组织为什么如此重要呢？组织可以整合所有的资源一边实现所期望的目标和结果，一边可以为创新提供条件。组织是人类社会生存和发展的前提，是现代文明赖以存在和发展的基础。

二、行政组织的含义

行政组织从字面来看，与一般组织的区别在于"行政"二字，就是这两个字的差异，决定了行政组织在各方面的特殊性。因此，要更好地理解行政组织，就必须对"行政"二字有深入的了解。

（一）行政的定义

《布莱克维尔政治学百科全书》认为，行政就是对生活进行管理，但是这种定义在实际运用中显得过于宽泛。因此，学界从涉及的宽泛程度上对行政进行了狭义与广义的分类。从狭义上说，行政仅指国家行政机关的活动；从广义上说，行政则被视为国家的一种管理活动，这种活动不仅局限于行政机关，也存在于其他的国家机关中，包括与行政机关相联系的一部分立法活动、司法活动；还有一种是对行政最广义的界定：认为行政包括社会上一切的管理事务，如企事业单位、群众团体和政党组织的管理事务。

结合我国的政治制度，我们可以对行政一词做出如下的界定：行政是国家权力的执行机关运用国家权力依法对社会公共事物实施的管理。

（二）行政组织的定义

行政分广义和狭义的行政，相应地，行政组织也有广义和狭义之分。

1. 广义的行政组织

广义的行政组织是指各种为达到共同目的而负有执行性管理职能的组织系统，包括各类企事业单位、群众团体、政党的负有管理职能的组织系统，国家机关中的立法、司法系统中负有执行性职能的各类单位和国家的整个行政机关。

2. 狭义的行政组织

狭义的行政组织是指国家的行政机关，即依法建立、体现统治阶级意志、执掌行政权力、履行行政职能、管理国家公共事务的机关体系，是国家权力的执行机关。它是社会组织中规模最大的组织。本书所要研究的行政组织就是狭义的行政组织。

议会制国家中，行政组织指由议会产生并对议会负责的内阁及地方行政机关（如英国）。

总统制国家中，行政组织指以总统为首的与立法、司法机关相独立的行政机关，以及各级地方政府机关（如美国）。

我国的行政组织是指国家权力机关的执行机关，即国务院和地方各级人民政府系统。

三、行政组织的性质

（一）行政组织的一般性质

首先来看看行政组织和其他组织所共有的性质，也就是行政组织的一般性质都有什么。我们可以从四个不同的方面来看。

1. 组织结构的静态性

从静态的角度看，行政组织是一个完整的实体，它是由按照职能目标分工、权力指挥关系、责任归属、工作程序设置的各个层级、各类部门、各个职位等所共同构建的一个完整体系。所有这些都是由行政法规和行政习惯进行规定的。其中，职位是行政组织的基本元素和细胞，职位之间的权责关系构成了整个行政组织的结构，而职能目标是组织结构建立的依据，是组织的层次和部门划分及职位配置的出发点与归宿点。行政组织结构是行政组织最明显的外观表现。

2. 组织过程的动态性

从动态的角度看，行政组织就是一个把人、财、物、时间、信息、知识、环境等因素在特定时间和空间内联系和配置起来的有机整体，是一个发挥组织功能的动态活动过程。任何组织都具有一定的目标和功能，只有不断地发挥组织功能、实现组织目标，才能体现组织的存在，显示出组织的生机与活力。为此，组织必须不断地进行决策、执行、监督和控制活动，以有效地安排工作行为、安排人的行为，有效地运用组织所拥有的各种资源，达成组织目标。在这一过程中，组织成员的相互交往、沟通、协作和默契等行为，对组织功能的发挥起着决定性的作用。

3. 组织环境的生态性

组织不是一个与环境割裂的封闭体系，而是一个与外界交换人员、资源和信息的开放系统。当然，组织成员可以拥有多重身份，他们可以根据维持关系有利还是中止关系有利，来决定是加入还是离开组织，以及是否与组织进行交换活动。由此可见，组织意味着是在环境的巨大压力下有不同利益关系的参与者之间的联合。换句话讲，组织根植于其运行的环境之中，既依赖于与环境之间的交换，同时又受制于环境因素的建构。从行政组织与整个社会的关系来看，行政组织是处于外在社会环境中的一个有机系统，是一个开放的社会子系统。它必须不断地与其所处的社会环境发生人员、物资与信息的双向交流。离开了外在社会环境的支持和帮助，行政组织便无法存在。为了有效地适应和能动地改造外部环境，行政组织系统必须随着社会环境的变化而不断地调整自己、随着时代的发展而不断地改变自身的结构和活动方式。

4. 组织意识的心态性

行政组织是人们为了实现共同的目标而建立的群体。人们在加入组织时，必然会将个人情感、价值观和人格等因素带进组织之中，行政组织的成员对组织目标和组织内部权责关系的认识，以及他们在相互交往和思想沟通过程中的感知状况，形成了一定的关系网络和团体意识。后者的好坏直接促进或妨碍组织目标的实现。许多结构相同、性质相近和环境相似的行政组织，在实际活动中的效率、结果往往大不一样。因此，我们在实际活动中必须注意组织成员的心态意识，注意组织总的精神状态。

上述四个方面的特性是所有组织共通的特性，也就是说，任何一个组织一般来说都具备这四方面的特性，行政组织也不能例外。因此，理解行政组织首先就需要从这四个方面入手。只有对其有一个完整的了解，才能较完整地把握行政组织的含义和性质。它提示我们要完整地认识一个行政组织不能仅从机械的物质的观点着眼，还必须从行政组织的动态、生态、心态特征去研究。只有这样，才能全面地认识行政组织。

（二）行政组织的特殊性质

行政组织作为社会组织中规模最大、管理范围最广的一种组织类型，它的执行主体、组织结构及组织目标都决定了行政组织具有国家组织的特性。这些特征使它有别于普通组织。行政组织具体表现的特性有以下几个方面。

1. 阶级性

行政组织作为国家意志的体现者和国家职能的执行机关，其管理活动中必然会表现出鲜明的阶级特性。归根结底，统治阶级的利益是行政组织各项权力的渊源，行政组织建立及运行的根本目的就是维护统治阶级的利益，贯彻统治阶级的意志。阶级性是行政组织的核心。

2. 社会性

社会性是行政组织的基础。政府行政组织要从根本上维护统治阶级的利益、维护社会的统治秩序，就必须履行社会管理任务，以管理社会公共事务作为自己的重要职能。管理包括国家政治、经济、文化、科技、卫生、社会福利和社会治安等事项在内的各项社会性事务，使人民安居乐业、生活稳定，并不断地提高人民的生活水平。在我国，由于我们是人民当家作主的社会主义国家，行政组织的社会性和阶级性是一致的。

3. 权威性

政府行政组织作为国家权力的执行机关，代表国家行使这种权力，是国家权力的具体实行者、体现者。它以整个社会生活为控制对象，拥有凌驾于整个社会之上的权威，运用各种手段来维持社会的政治秩序、经济秩序和文化秩序。其所管辖的对象，包括社会的各种团体和全体公民。它们都有义务而且必须服从行政组织的一切合法规定、命令，服从行政组织的指挥、领导和管理。在宪法和法律的范围内，在行政组织的权责范围内，不允许其他任何组织、团体和个人与之相抗衡。

4. 法制性

任何一个行政组织的建立、撤销都以宪法和法律为根据，并要依据宪法和法律开展活动。行政组织的任务、责任、权力是由宪法和法律赋予的，国家行政组织成员的职责、权利和义务，国家行政机关行使职权和实施管理的原则、方法、方式、程序等，都必须以法律为基本依据。法制性是权威性的基础。离开了法制，违背了宪法和法律的规定，行政组织就不能真正维护其权威性。

5. 系统性

行政组织是依法设置的由若干要素按照一定的目标结构、层次结构、部门结构、权力结构所组成的职责分明、协调有序的有机整体，其组织系统遍布全国各地。从纵向上看，它包括中央政府、各级地方政府和各类基层行政组织单位，形成了一个金字塔形的层级结构，主要以分层管理的方式开展工作。从横向上看，各层级的行政组织内部都有横向职能部门划分，这些部门分工领导和管理各项有关事务。这样一来，行政组织就构成了一个囊括社会各个地区、各个领域的庞大的行政管理系统，使国家行政活动协调、有序地进行，使各行政层级、部门和单位在系统的结构中各司其职、各得其所，充分发挥个体效应、系统的相关效应和行政组织的整体效应。

6. 主动性

主动性是现代行政组织的特征之一。在资本主义以前的各个时代和资本主义时代的前期，政府常常以"守夜警察"的面貌出现。当时流行"最好的政府就是管得最少的政府"❶之类的口号，政府消极被动地适应社会，往往是在社会问题发生之后，才采取措施。至于政府主动地为社会潜在的需要提供服务，则是很少有的事。随着生产力的进步和市场经济的发展，人们之间的生产、生活联系越来越广泛和密切，日益需要政府行政组织对其行为做出规范性的统一规定，对其矛盾冲突做出预见性的防范，使人们能够有序和谐地生活。各个国家之间的交往和竞争，也要求行政组织考虑社会的潜在需要、长远需要。这时的政府不仅应该主动地研究并提出社会各项事业的发展规划，还要促使本组织的工作人员以高度的热忱，主动地为人民生产和生活服务，不断创新。

四、行政组织与其他社会组织的区别

（一）行政组织在行政管理中的作用

行政组织在行政管理活动中处于一个怎样的地位，发挥着怎样的作用呢？可以分两点来看这个问题。

---

❶ 亚当·斯密. 国富论 [M]. 武汉：武汉大学出版社，2010：200.

1. 行政组织是行政管理的主体

行政组织是国家对社会事务进行行政管理的主体，具体表现在行政管理中，是进行行政管理活动的物质基础和力量源泉。一切行政管理活动和行政职能的发挥都是由行政组织来进行的。

2. 行政组织是行政人员发挥作用的物质基础

组织与人员是一切管理活动的两个基本支点，二者构成了管理活动的基本框架。从管理学的角度看，组织是管理活动更为基本的支点，它是行政人员发挥作用和能量的物质基础。行政组织把成千上万的人汇集到一起，通过分工合作，将孤立的个体变为能动的整体。组织是管理活动的重要支点。首先，行政组织是行政人员的载体，没有行政组织就无法让行政人员发挥其作用。其次，行政组织结构上的合理性是组织内部关系顺畅、正常发挥人员作用的关键，行政组织关系到每个行政人员能否发挥积极性、创造性，以更有效地开展工作。最后，作为系统的行政组织，能够汇聚很多行政人员的力量，使孤立的个体结合成一个能动的整体，发挥更大的作用。

（二）行政组织与政党组织的区别

从总体而言，现代社会存在五大组织系统：国家、企业组织、事业组织、群团组织和政党组织。它们很容易混淆。先来看行政组织与政党组织的区别。政党组织和行政组织在性质上及职能上是不同的。政党组织是政治组织，行政组织是国家机关的组成部分。政党不能直接行使行政组织的职权，党政职能要分开。凡属政府职权范围内的工作，应由各级行政组织讨论决定。

（三）行政组织与企业组织、事业组织、群团组织的区别

1. 管理对象不同

行政组织以全社会的公共事务为管理对象，企业、事业、群团组织以本组织或本群团所联系的那部分群众为管理对象。

2. 为社会提供的服务内容不同

行政组织为社会提供各种行为规范、社会各项事业的规范及达到规范的措施；企业、事业、群团组织则提供具体的产品、服务和局部的行为规范。

3. 活动的依据不同

行政组织以国家权力运行规律为活动依据；企业、事业、群团组织则以本领域内的发展规律、规章为活动依据。

4. 活动的目的不同

行政组织的目的是促进整个社会秩序和整个社会事业的全面发展；企业、事业、群团组织以追求一定范围内的物质、精神利益为目的。

五、行政组织的功能

（一）行政组织功能的含义

行政组织功能是指作为国家行政管理主体的各种行政组织，在依法管理社会公共事务的过程中所具有的独特作用。它反映了国家行政管理活动的基本内容与行为方向，是国家本质的具体表现。

（二）行政组织功能与国家功能的区别

国家功能是国家本质的外在表现，行政组织与立法组织、司法组织一起，共同构成了国家机器的组织体系。行政（是国家意志的执行）组织的功能、立法（是国家意志的表达）组织的功能、司法（运用国家法律审判具体的诉讼案件，保证法律公平、正确地施行）组织的功能，是整个国家机器功能的一个组成部分。

（三）行政组织功能的内容

1. 政治功能

行政组织的政治功能是指政府行政组织通过一系列政治活动，建立和维护社会秩序。它最集中地体现了国家的阶级性质，其核心问题是巩固国家政权。

2. 经济功能

政府行政组织的存在目的，就是为其经济基础服务，使经济基础得到巩固和发展，并以各种形式来推动社会生产力的发展。我国处于社会主义初级阶段，组织经济建设成为行政组织最主要、最基本的功能。

3. 文化功能

文化功能的体现：一是进行统治阶级的政治思想教育和道德品质教育；二是进行科学文化教育。现阶段，我国政府的文化功能主要体现在精神文明建设上。

4. 社会功能

社会功能主要包括提供社会保障、促进公正的收入分配、控制人口增长和环境保护。

（四）行政组织功能的特点

1.广泛性与有限性

行政组织功能的广泛性表现在行政组织的功能涉及国家政治与社会生活的各个方面，覆盖范围非常广。同时，行政组织功能又是有限的，行政组织功能发挥的领域和程度要以社会需要为限；在私人生活领域，只要不触犯法律，行政组织就不干预；行政组织功能发挥要以法律为依据；行政组织自身的能力本身就是有限的。

2.稳定性与变异性

在任何一种社会制度下，行政组织的主要功能都是相同的。行政组织活动的这种普遍性，要求其功能具有一定的稳定性。但是，不同社会中的行政组织及同一社会中不同时期、不同国家的行政组织，其功能范围和内容都存在不同之处。行政组织的功能要随着外部政治、经济等环境的变化而变化，具有变异性。

第二节　行政组织学的理论研究

一、行政组织学的学科性质

行政组织学是研究国家行政组织的学科，其研究对象的性质决定了行政组织学的性质。行政组织具有双重性质，既是统治阶级实现对社会统治的工具，又是国家政权对社会公共事务进行管理的主体，决定了行政组织既有特殊的阶级性，它还有各个不同国家共有的社会性。

（一）行政组织的阶级性

行政组织的阶级性决定了各个阶级出于自身利益的不同而对同一种行政组织现象持有不同的看法和评价。封建地主阶级认为君主专制的行政组织是最好的行政组织；资产阶级认为三权分立下的行政组织是最好的行政组织；而无产阶级和广大的劳动者则会认为君主专制的行政组织是最坏的行政组织，也不会认为三权分立的行政组织是最好的行政组织。这是因为行政组织的体制直接涉及各个阶级的利益，所以各个阶级理所当然地会对同一种行政组织做出不同的评价，并且为他们的评价找出理论依据，建立自己所特有的行政组织理论。于是，行政组织学就被深深地打上了阶级烙印。

（二）行政组织的社会性

行政组织的社会性决定了各个阶级对同一种行政组织又有某些相同的评价。这是因为行政组织担负着行使国家权力的职能，要对社会公共事物进行管理，要为实现这些管理设立机构，还要在这些机构之间恰当地分配权力等。但是目的都只有一个，就是如何通过行政组织的机构设置和权力分配来更好地行使其管理社会的功能。从这个意义上说，行政组织有一般的社会属性。

行政组织理论的特殊阶级性和一般社会性，决定了我们在研究行政组织时，对待历史上的行政组织理论，要持批判的继承态度。对其中的阶级偏见，要批判，要否定；对能反映人类社会行政组织共同规律方面的科学，要继承，要借鉴。

二、行政组织学的研究内容

行政组织学是研究行政组织构成、建立、运行和发展规律的学科，是行政管理学科体系中的一门基础性学科，是现代政府管理学科群中的一个重要分支。

为了从理论上揭示行政组织的构成、建立、运行和发展规律，行政组织学的研究应该包括以下四方面内容。

（一）行政组织的综合性总体研究

行政组织的综合性总体研究包括行政组织的性质、要素、作用，及其与其他社会组织的区别等一般性原理的阐述；行政组织的历史演变和理论发展。自国家产生以来，就有行政组织。它和国家一样，有几千年的历史。在这漫长的历史长河中，人类的行政组织有自己丰富的经历与变化的发展历程。与之并存的行政组织学也经历了从古代到现代漫长的发展过程。本书主要从理论的角度介绍和评价传统的行政组织理论、行为科学的行政组织理论和现代的行政组织理论，以便更接近当前的实际。

（二）行政组织的静态研究

行政组织的静态研究包括行政组织的结构和体制。行政组织结构的研究包括其纵向结构、横向结构的构成原理及相互关系，着重阐释行政组织结构的作用和意义；行政组织体制的研究包括研究这些不同机关划分的原则与各类机关的特点。

（三）行政组织的生态和心态研究

行政组织的生态和心态研究包括行政组织的伦理和行政组织文化。行政组织的伦理研究，包括行政组织建设的伦理原则和管理中面对的伦理问题；行政组织的文化研究主要分析行政组织文化及认同、行政组织文化整合与批判以及行政组织文化中的大庆精神传承，其中行政组织文化中的大庆精神传承是本书的重点和特点。

（四）行政组织的动态研究

行政组织的动态研究包括行政组织的建立原则、管理方法和改革。行政组织的建立原则研究包括根据行政组织静态、生态、心态的特点来把握其动态运行规律，探讨如何去建立行政组织的原则；行政组织的管理方法研究包括分析行政组织的不同管理方法的利弊；由于行政组织的主客观环境和条件经常发生变化，如何进行行政组织改革，以适应变化的内外环境，必然成为行政组织不断遇到的新问题。行政组织改革的研究着重探讨行政组织改革的原因、阻力、动力和趋势等，并介绍国内外当前行政组织变革的实践问题及发展趋势。

三、行政组织学的研究意义

第一，研究行政组织学是为了建立具有中国特色的社会主义行政组织学的理论体系。我们研究行政组织学的目的，就是以马克思主义为指导，揭示行政组织的构成、运行与发展的规律，寻求在我国社会主义初级阶段的条件下，实现行政组织的科学化、法制化的途径，为建立一个结构合理、法制完备、充满活力、富有效率的社会主义行政组织体系提供理论上的依据和支持。简而言之，研究行政组织学的最终目的，是建立起具有中国特色的社会主义行政组织学理论体系。

第二，研究行政组织学是实现行政组织科学化、民主化、法制化和现代化的需要，是社会健康发展的需要，是社会前进的动力，是推动现代生产力发展的"两个轮子"。作为一种实现目标的手段，管理的科学化水平的高低是科学技术能否转换为生产力及转换速度快慢的关键因素之一。从这一点看，管理较之技术具有更重要的作用。当今，世界范围内的科学技术及经济的发展，正在对各国的管理水平提出越来越高的要求。国家之间的各项竞争在相当大程度上已变成了各国管理水平高下的竞争，管理的先进与否，决定竞争的胜负。提高管理水平是各国在新技术革命中立于不败之地的重要因素。

国家行政管理支配和制约着其他各类社会管理活动，国家行政管理的科学化、民主化、法制化和现代化是一个社会各类管理科学化、民主化、法制化、现代化的前提和关键。而行政管理科学化的基础又是行政组织的科学化。行政组织是管理社会各类组织的组织，在国家各项管理活动中享有极大的权威。其所从事的行政管理活动是国家社会生活中最普遍、最经常、最直接、最重要的管理活动，其所拥有的权力延伸到社会生活的各个方面。国家政治秩序的稳定、经济文化事业的发展、社会各项活动的有序进行，都离不开行政组织的规划、控制与指挥，它在很大程度上决定了一个国家的政治、经济及社会各项事业发展的快慢。离开了行政组织，离开了它对各项社会事业、社会发展的管理和控制，国家政治、经济及其他社会生活将会陷于混乱。满足社会健康发展的需要，是促进行政组织学形成与发展的主要因素，也是研究行政组织学的主要意义。

第三，研究行政组织学是我国当前行政组织改革的需要，它可以为行政组织改革的实践提供理论上的指导。行政组织改革是我国当前开展的政治体制改革、经济体制改革中的一项重要内容，也是政治体制和经济体制改革继续深入进行的必要条件。从1982年起，我国政府就开始了行政组织的改革。经过三十多年的逐步摸索，已取得了一些成效。但总体而言，还没有完全根除组织职能滞后等一些与社会发展进步不相适应的弊端。因此，行政组织改革的实践，呼唤着行政组织理论的深化。没有理论的实践，只能是盲目的实践，这也是近十几年行政组织改革得出的教训与经验。

第四，研究行政组织学是优化行政工作人员的素质、提高其管理水平和工作能力的需要。马克思主义认为，生产力是推动经济和社会发展的根本动力，而人是生产力中最基本、最活跃、最关键的因素。同样的道理，国家政权是由人来掌握的，行政管理工作也是由人来推行的，人是行政组织中最活跃、最能动的因素。行政工作人员是政府功能的履行者、机构的组成者和权力的执行者。如何调动行政工作人员的积极性、创造性，充分发挥行政工作人员的潜力，是行政组织自身管理中的一个重大课题。科学的行政组织管理，有利于调动行政工作人员的积极性、创造性。因此，认识、掌握行政组织自身管理规律，有利于优化行政工作人员的素质，提高其管理水平。

同时，研究、学习行政组织学，使行政工作人员能够更自觉地按照行政组织建立、运行的规律办事，也可以提高行政工作人员的自身管理水平。从这个意义上说，这样也有助于行政工作人员素质的提高。

四、行政组织学的研究方法

马克思主义的世界观、方法论是我们研究一切社会问题的基本方法，既是研究行政组织理论的基本方法，也是开展行政组织理论研究的总的理论基础和指导思想。为此，我们在研究行政组织学的过程中必须遵循以下方法。

（一）阶级分析方法

阶级分析方法是历史唯物主义的基本方法，是阶级分析和历史分析的结合，是将特定的行政组织现象放到特定的社会历史条件、政治制度、社会环境中进行分析的方法。它不仅考虑上下左右、各类组织、各个部门之间的相互关系，还要考虑当时阶级力量、阶级意识对国家有关组织活动的支配和影响。行政组织是国际政权中的重要组成部分，是统治阶级管理全社会的工具。因此，我们在学习和研究行政组织理论时，不能被行政组织所执行的复杂的社会管理活动所迷惑，必须清楚地看到隐藏在行政组织背后的阶级利益和阶级意志，充分地认识行政组织的阶级性质，从那些看起来是迷离混沌的现象中找出统治阶级的利益和意志的本质。在当代，运用阶级分析的方法，就是要将特定的行政组织现象放到特定的社会历史条件和政治制度、社会环境中进行分析。

要在认清社会主义国家的政治制度与资本主义国家政治制度根本不同的前提下，对各种具体的行政组织原则、组织现象和组织方法进行研究和分析。唯有如此，我们才能既认识和掌握世界各国行政组织所共有的一般规律，从中找出适合我国具体国情的各种理论和方法，加以吸收和借鉴；又能掌握不同社会制度国家行政管理所独具的特殊规律，防止盲目地照搬照抄别国行政组织的经验。

（二）系统分析方法

系统分析方法就是要求从系统论的观点出发，着重从整体和部分、内部和外部之间的相互作用、相互制约的关系中来把握行政组织的整体。这实际上也是马克思主义唯物辩证法在现代的具体运用和发展。用系统分析的方法来观察行政组织，行政组织本身不仅是一个有机的完整系统，而且还是社会大系统中的一个子系统。行政组织的运行过程，实际上是行政组织与外在环境互相依存、互相制约的过程。在行政组织这个大的子系统中，又有各种分支系统，它们内部是一个由人、财、物、权、责与信息等各方面要素组成的相互联系、相互影响、相互制约的连续过程。用这种观点研究行政组织，可以获得一个全面联系的、随着社会发展而发展的、科学的组织观点，能够真正探索到合乎行政组织发展的客观规律的各种结论。

（三）理论联系实际的方法

理论联系实际是马克思主义的一个基本原则，也是研究行政组织学应有的学风和方法。它要求任何理论的研究必须从实际出发、实事求是，从大量的客观存在中寻找其自身的规律。行政组织理论是一门应用科学，具有直接的实践性，理论联系实际的方法显得更重要、更突出。许多早期的组织与管理原理、原则和方法，都是人们对实际经验的概括、总结和提炼。西方许多著名的组织理论学者大都是长年从事组织管理工作的实践者。

这里要特别提出的是，西方很多学者非常注意用实践的方法来研究行政组织理论。这种研究方法不同于我们所说的理论联系实际的方法。所谓实践的方法就是从客观实践中总结经验与教训，然后据此提出一些具体可行的、针对性强的、可操作的技术管理方法。这种方法与实际组织活动联系紧密，既有利于指导和解决实际具体问题，又有利于培养组织管理的实干型人才。但是，实践的研究方法容易走向极端，局限于实践经验，不注意理论概括，基本上是一种偏向于经验型的实用方法。在当今行政管理活动复杂多变、受制因素过多的情况下，这种方法的外延较小、涵盖面不广，不能适应行政组织现象复杂多变的特点，具体的实践经验也不一定都能反映普遍规律，不可能事事处处都适用。因此，我们要把实践与理论研究结合起来，既要立足于实践，研究具体微观的经验，又要对各种错综复杂、包罗万象的行政组织现象进行综合的分析和归纳，做出合于事物发展逻辑的推理和结论，从中发现其内在的必然联系即规律，建立起适用于指导行政组织的一般原理、原则和方法。

（四）静态与动态相结合的方法

静态的研究方法是早期西方行政组织学者经常采用的一种研究方法。它侧重于对行政组织结构、制度、规章和权力分配的研究，因而又称为结构的研究方法。这种方法对于我们认识行政组织的静态构成，促进行政组织结构、行政制度的建立和完善等都具有重要的意义。它是行政组织走向科学化的基础，但由于它偏重于组织静态面的研究，忽视了组织活动过程和组织环境等因素，忽视了组织中人的能动性，因而难以对行政组织做全面的考察，无法得出适应现代行政组织发展规律的科学的结论。

动态的研究方法则不拘泥于组织法规、结构、制度的静态考察，而是着眼于组织中的行为主体——人的因素，以及组织环境条件对组织发展的影响，进行动态的研究。行为科学的研究方法、心理学的研究方法、社会学的研究方法、生态学的研究方法，都是从不同的思路对人的行为、行政组织与社会环境的相互关系等方面所进行的动态方面的研究。

静态与动态相结合的研究方法，也是马克思主义唯物辩证法在现实中的具体运用和发展。任何事物既处在静态之中，又处于动态之中。只有综合静态与动态，才能全面地把握事物。在行政组织理论的学习和研究中，我们既要把握作为静态的行政组织，又要考察和分析动态的行政组织，考虑行政组织环境和人的能动因素。只有这样，我们的研究才能不片面。

（五）纵向与横向结合的方法

首先，要从纵向的历史角度去考察和研究行政组织的起源与发展，行政组织的历史类型，行政组织结构、体制的发展、变迁，组织管理方法的演变等，以把握行政组织发展的历史脉搏，并从中总结出行政组织发展中一些带有规律性的东西，为我们提供一些重要的历史经验，以指导现在和未来的行政组织管理实践。

其次，在进行纵向研究的同时，我们也要横向地考察和比较各国行政组织的现状及特点，确定各种因素的异同关系，比较其优劣，以借鉴和吸收各国行政组织的长处与优点，更好地发挥我国行政组织的功能，提高运行效率。当然，在横向比较的过程中，即使对别国行政组织行之有效的优点，我们也不能生搬硬套。只有结合我国的国情、民情，经过分析和消化，才能为我所用。

纵向历史的考察和横向现实的比较，也是马克思主义唯物辩证法的重要方法之一，它使我们对行政组织的发展有一个全面的、系统的了解和认识，使我们对行政组织发展规律的探索建立在全面、客观和现实的基础上。

五、行政组织学与其他学科的关系

（一）行政组织学与政治学的关系

政治学是行政组织理论的理论基础和指导思想，是行政管理学的专业基础理论；行政管理学又是行政组织理论的专业基础理论。从这个意义上说，政治学与行政组织学好像没有直接的关系。但是，由于国家的行政组织是整个国家的心脏，以国家机器为研究主体的政治学，必然要关注国家的行政组织。政治学从宏观的角度研究国家行政组织，这为对行政组织进行微观研究的行政组织理论提供了指导思想和理论基础。

（二）行政组织学与管理学的关系

行政组织学作为一门独立的学科，它是管理学的一个分支，其产生晚于管理学。两者的相似之处：两者都包括对组织自身的研究；两者研究的目的，都是提高效率。两者的区别：组织学的研究主要限于组织自身；管理学的研究既有组织自身，又有对某项社会公共事务进行管理的问题。行政组织理论主要局限于研究组织自身，管理学研究是全面的。同时，组织学又是管理学的分支。

（三）行政组织学与行政管理学的关系

行政管理学先于行政组织理论而产生，行政组织理论是从行政管理学中分离而独立出来的。行政组织理论是行政管理学的一个分支，行政管理学是行政组织理论的专业基础理论。行政管理学先于行政组织理论而产生，行政组织理论是从行政管理学中分离而独立出来的，是行政管理学的一个分支学科。

（四）行政组织学与心理学的关系

心理学主要研究人们的认知过程、记忆、思维和想象，它的目的是研究人们的行为表现规律，是一门研究人们心理与行为规律的科学。而行政组织理论研究的重要内容之一，是行政组织内部组成人员的心理和行为规律，包括个人和所承担的工作任务、角色之间的心理与行为关系，各个成员之间，各个正式、非正式群团之间的心理与行为关系等。因为行政组织内部成员之间的心理与行为关系状况对于提高行政组织效率、增强行政组织的凝聚力起着重要的作用，所以行政组织理论必须以此作为其研究的重要内容之一。心理学对行政组织理论有重要的渗透作用。

阅读材料

治理 A 湖污染，该政府的做法正确吗？

A 湖是某市的一大风景点，又是市民的饮水源。1987 年发现其西北岸边几百米的湖面被蓝藻覆盖，水生生物被窒息，水质恶臭，水厂被迫停止供应市民用水。省市领导对此非常焦虑，决心治理 A 湖。省政府派一位副省长带领有关人员到主要污染源之一的南西河去检查，见到钢铁厂、化工厂、造纸厂等流出的污水都向 A 湖流淌。省政府很快就保护 A 湖水资源问题制定出规章。市政府为治理 A 湖成立了常设机构：划定 5 公里以内保护区不准建污染水源的工厂，责成环保部门加强治理蓝藻的科研工作，通过多种渠道向市民进行环保教育。经过一年多的努力，A 湖流域 500 万人民群众对恢复 A 湖秀丽姿色的盼望，即将成为现实。

有些人对政府治理 A 湖污染的工作提出异议，说政府何必花这么大财力、精力来管这本该是那些污染水源的工厂应负责的事；还有人说重重惩罚那些工厂，问题就可解决；也有人认为 A 湖污染治理，一般市民没有责任，何必老是向市民大做宣传呢？

◎思考

试从行政组织职能的角度出发，分析上述案例中政府的做法是否值得？三种说法是否正确？并说明理由。

第二章　行政组织的历史发展

行政组织作为国家管理活动的载体,随着国家的出现而产生。原始社会末期,随着阶级和国家的出现,原始氏族和部落的公共组织逐渐变为奴隶主阶级的统治机关,形成了一套管理国家事务的机构,这就是最早的行政组织。那么,到目前为止,经历这么多世事的变迁、朝代的更迭,行政组织还是最初的模样吗?当然不是。那么行政组织都经历了怎样的发生、发展和变化呢?在这些变化中,它们是顺应历史潮流,越发成熟,还是弊端丛生呢?这一章,我们将对行政组织的历史发展进行系统的学习和研究。

第一节　外国行政组织的演变

一、奴隶制时期的外国行政组织

外国奴隶制时期最典型的国家是古埃及、古希腊、古罗马。我们先来学习一下奴隶制时期的外国行政组织。

（一）古埃及

古埃及在公元前 3100 年左右早期王朝时期就开始建立起中央集权机构，实行奴隶制君主专制。国王被称为"法老"，是最高的统治者，拥有无限权力，掌握着立法、行政、司法、军事、财政与祭祀大权。他被看作君主，又被看作神的化身。法老之下设宰相，主管行政、司法、经济，协助法老处理国家的政务。宰相下面又设立一批大臣，管理财政、水利建设和各州的事务。在地方，行政长官是国王的命官——州长。他们同时握有行政权与司法权，也拥有自己的军队和警察，为国王征收赋税、征发劳役、管理地方水利工程。古埃及的行政组织是高度混同的，各部门之间的职权及官员之间的权限虽有所分工但是没有明确的划分，法庭也没有从行政机关中分离出来，祭司在国家机构中占有重要地位。

（二）古希腊

与古埃及不同，古希腊没有形成统一的中央集权国家，而是出现了许多政体各不相同的城邦国家。其中最主要的代表就是雅典。

雅典是古代奴隶主民主共和政体的典型代表。雅典的城邦民主制产生于公元前 6 世纪初的梭伦改革，他颁布了民主改革的宪法。公民大会成为国家最高权力机关，有权选举和监督执政官。执政官负责日常国事的治理。公民大会的常设机构——四百人会议，负责准备和审理公民大会的提案。每个公民都有权参加民众法庭，推举陪审员，组成陪审法庭。后改为五百人会议，负责行政事务，并选举了负责军事的十将军委员会。另外，还有元老院，它是贵族会议，也是当时最重要的权力机关。它可以监督干预公民大会的决议，有权审判执政官的渎职罪。雅典政治制度结构示意图如图 2.1 所示。

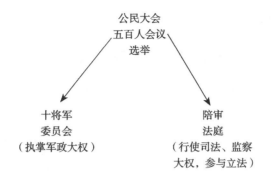

公民大会
五百人会议
选举

十将军
委员会
（执掌军政大权）

陪审
法庭
（行使司法、监察
大权，参与立法）

图 2.1 雅典政治制度结构示意图

由此可见，雅典的行政组织具有以下特征。

（1）具有原始的民主特征。四百人会议、五百人会议等具有行政组织性质的组织及行政首长——执政官，都由公民选举产生，行政的内容也由公民大会决定（当然只是奴隶主和自由人的民主）。

（2）强调依法行政。雅典人视宪法为最高法律，从梭伦开始的每一次改革，都以修改补充宪法启动，享有巨大司法权力的陪审法庭的基本任务，就是审查行政组织是否违宪。官吏必须公正执法、不图私利，一旦违法，就要受到惩处。

（3）行政官员非专业化、非职业化，无报酬。公民用抽签的方法决定是否担任公职，且任职期极短，不能保证政府公职人员必要品德、才能和经验的积累，影响了行政效率。

（4）行政职能简单。城邦国家所辖领域极小，不存在纵向层级中央政府与地方政府关系，也不存在横向部门的划分，行政职能未专业化。

（三）古罗马

古罗马的行政组织分为共和国与帝国两大阶段。在共和国期间，也就是公元前 6 世纪到公元前 1 世纪，中央机关由人民大会、元老院和高级长官三部分组成。人民大会是立法机关，元老院是最高权力机关。国家日常行政机关掌握在高级长官手中，包括执政官（拥有最高军事权、行政权）、保民官、检察官、营造官。执政官是高级长官中的最高官职，拥有最高军事权和行政权。作为行政首脑，他负责召集和主持元老院会议、人民大会，同时也是元老院和人民大会决议的执行者。他由人民大会选举，受元老院控制。检察官的职责主要是负责税收及对公共工程的监督等。保民官是平民的代言人，其职责是维护平民的利益，这是罗马民主制的一大特色。营造官的主要职责是维护社会治安。这些官职的区别，说明行政职能有极为简单的粗略分工。他们与执政官一起，构成了罗马共和国的行政体系。这些官员都由人民大会选举产生，没有报酬，有严格的任期，大都任期一年，卸任后进入元老院。在共和国时期，罗马开始形成向地方行省委派总督的制度。总督拥有该行省军事、行政和司法权。

公元前 64—前 44 年恺撒、庞培、克拉苏所在的前三头政治时期，结束了以元老院为权力中心的议会制。恺撒渐渐消灭了庞培、克拉苏，他也就是恺撒大帝 ❶，后人用他的名字恺撒代表罗马国王的称号。公元前 44 年 3 月 15 日，恺撒被国内反对派布鲁都（Brutus）和卡西乌斯（Cassius）阴谋刺杀。

公元前 43—前 27 年，他的甥孙，也是义子屋大维成为继承人，也就是历史上的奥古斯都大帝（元老院于公元前 27 年授予他"奥古斯都"的尊号，拉丁

---

❶ "恺撒大帝"是后人的尊称，恺撒在生前并没称过帝，只是个权倾一时的独裁者。独裁者（dictator），是个职称，由元老院任命。

文意为神圣、至尊）。他与安东尼、雷必达的统治被称为后三头政治。后来，屋大维消灭了安东尼和雷必达，屋大维成为罗马的第一位正式皇帝，罗马从此进入帝国时期。

公元前 17 年，军阀屋大维正式确立个人独裁统治，因其采用"元首"称号，这种制度被称为元首制。他一身兼任元首、元帅，后演变为皇帝，总揽立法、行政、军事、司法和宗教大权。人民大会的作用越来越小。执政官、财务官、罗马市长等高级官员的选举转归元老院，人民大会只行使一下批准的手续。大约在公元 1 世纪的克劳狄王朝（公元 14—68 年）时期，主要的中央政府机构已经形成，相继设立了元首顾问会议、秘书处、司法部、财政部等机构。

大约在公元 4 世纪，君士坦丁时代将罗马帝国统一划成高卢、意大利、卡里利亚和东方四大行政区。大行政区下设行政区，行政区下设行省，采用层级节制的组织体系，强调严格的隶属关系，初步形成了集中统一的行政管理体制。

由此可见，古罗马帝国时期的中央行政组织较之前有了很大发展，已经有了职能的进一步分工。

（四）外国奴隶制时期行政组织发展的特点

（1）行政组织职能简单且未明确分化。行政职能的内容多限于宫廷内部的管理。

（2）古希腊、古罗马的行政组织与国家机关其他组织开始有了初步的原始分工。这反映在组织结构上出现了立法机关、行政机关、司法机关、军事组织与宗教组织等，既相互交叉又略有分工。行政管理带有民主与法治色彩。这与古埃及由君主一人掌握立法、行政、司法大权是不同的。

（3）中央和地方的关系相对简单，权责划分既简单又统一。

（4）在共和制时期，行政组织的官员都无报酬，任期短，行政工作未职业化。当时，担任国家公职被认为是一种荣誉，而且不少官员还将个人财产投入公共建设中去。也正因为如此，衣食无靠的老百姓是无法担任官职的。

二、封建制时期的外国行政组织

时代向前推进，奴隶制慢慢告别舞台，而此时迎来的是封建制。封建时期的行政组织，东方以中国为代表，西方以英国、法国为代表。这里我们先讲外国的行政组织，就英国、法国这两个国家封建时期的行政组织进行介绍。

（一）封建制时期的英国行政组织

英国是个有悠久历史，并具有独特政治文化传统的国家，西方国家的议会和内阁都发源于此。盎格鲁·撒克逊时代形成了比较固定的行政组织形式。在这个时期，英国形成了国王和贤人会议两个权力中心。贤人会议由贵族组成，是由国王不定期召集的中央会议，是全国最高法庭，权威高于国王。之后，又形成了召集贵族会议和御前会议的惯例。14世纪中叶，御前会议逐渐演化为上下两院。上院由国王指定的僧侣、大贵族组成（贵族院），下院由地方代表组成（众议院）。议会既服务于国王，也约束国王。都铎王朝时期，王权得到强化。行政组织机构进一步完备，国王建立了小型精干的班子协助处理政务。后来，这个班子演变成枢密院。这就是枢密院的产生。但是，由于中央没有建立起庞大的官僚机构，英国的地方政府基本处于一种半自治的状态，中央对地方的控制较弱。有一种说法："地方自治之乡在英国。"

（二）封建制时期的法国行政组织

法国君主制经历了地方分封的封建君主制 ❶、等级君主制 ❷ 和中央集权的专制君主制 ❸。地方行政、财政、司法事务由国王钦命的检察官负责。监察官的设置是法国完成中央集权化的行政框架的重要标志。

君主制度演变的三阶段：① 地方分封的封建君主制；② 等级君主制；③ 中央集权的专制君主制。

（三）封建制时期英法行政组织的特点

（1）立法权与行政权相对分离，行政权受到立法权的制约。

（2）中世纪末期，随着专制王权的确立，宫廷的内务组织演变成全国的中央行政组织。

（3）地方行政组织较之奴隶制时期有很大的发展。地方行政区划已初具规模，为近代各国地方行政组织的发展奠定了基础。

（4）王权与教权的关系十分密切，他们之间既有斗争又有合作。历代王朝都援用教会，一般是基督教的力量，宣扬王权神授，为王权罩上神圣合法的宗教光环。

三、资本主义时期的外国行政组织

严格地说，资本主义时期的国家行政组织才是现代意义上的行政组织。伴随着资本主义经济的产生和资产阶级革命的成功，早期资产阶级思想家提出了

---

❶ 国王是名义上的最高领主，实际上各封建领主各自为政，有"小国王、大诸侯"之说。

❷ 三级会议——高级僧侣、世俗贵族和富裕市民等级代表组成与君主并存，三级会议受国王控制。

❸ 三级会议被解散，国王和他的几位亲信大臣组成最高国务会议。

三权分立的学说，行政组织的独立性才第一次得到了比较清晰的说明。资本主义国家的行政组织经历了几百年的历史演变，现在已经发展得相当完备。就政府组织形式上来看，其中最典型的有三种：英国的内阁制、美国的总统制、法国的半总统制。

（一）资本主义时期的英国行政组织

1640 年开始，英国爆发了资产阶级革命。为了争取自由与民主，为了改变专制王权统治，屡次使用暴力，造成大量财产的损失、社会的混乱和大量的死伤。1649 年，宣布为共和国，还把查理一世送上断头台。但是，这些暴烈的活动并没有使英国走上自由民主的道路，反而引来了克伦威尔的军事专制统治和查理二世王朝复辟。

1688 年，英国资产阶级和新贵族决定推翻当时詹姆斯二世的统治。他们通过议会，派遣代表去荷兰迎接詹姆斯的女儿玛丽和女婿威廉来英国，保护英国人民的宗教、自由和财产。结果，威廉兵不血刃地进入伦敦。这场"光荣革命"将英国由一个君权神授的君主独裁制国家变成了一个君权受限的君主立宪制国家。至此，英国确立了议会制的君主立宪政体，开辟了世界各国通往议会制的道路。从此，英王的权力逐渐受到削弱，国王原来掌握的立法权交给议会，行政权交给内阁，司法权交给法院。英国国王成为"虚位元首"。现在，首相是行政的实际首脑。

1. 英国中央行政组织的职能及机构

（1）内阁。它是英国实际上的最高行政机关，是英国政府的核心机构。它由中世纪枢密院演变而来，因英王召集一部分最亲密的枢密院成员在王宫内室召开会议而得名——内阁。首相是内阁的首脑。内阁成员除首相外，还有外交大臣、国防大臣、财政大臣、枢密大臣、掌玺大臣及大法官等。现在内阁成员一般保持在 20 人左右。随着英国经济的发展和政府职能的扩大，英国的内阁机构也在不断增加。现在，内阁设有内阁办公厅、中央统计局、人事管理局、历史档案馆等机构。内阁经过几百年的演变，发展到今天已成为英国整个国家行政管理机构的枢纽、中央行政机构的顶点，在国家政治生活中履行着一系列重要的职能。其主要职能有：一是行政职能。行使国内最高的行政管理权，负责协调各行政部门的工作并划定其权力范围。二是决策职能。内阁有权决定国内外的许多重大决策，包括内政、外交、防务、社会、科研、教育、经济政策和政府预算等。三是立法职能。由议会委托内阁组织起草法律，再提交内阁通过。四是监督职能。对政府的各项政策，尤其是对政府各部进行财政监督。

（2）政府各部。部是中央行政的职能部门，各部的成立和发展，随着政府职能的消长而变化。19 世纪末以前，由于政府职能有限，部的数量很少、规模也小。20 世纪以来，为适应政府职能的扩大和行政效率提高的需要，政府各部的组织不断发生变化。现设的部包括财政部、国防部、外交和联邦事务部、就业部、卫生和社会保险部、贸易部、工业部、能源部、运输部、环境事务部、教育和科学部、农业、渔业和粮食部、北爱尔兰事务部、苏格兰事务部、威尔士事务部 16 个部。

（3）枢密院。它在以往具有十分大的权力，但今日只具有礼节性质。枢密院拥有不同的委员会，其中，英国内阁拥有其绝大部分的权力。枢密院也具有司法职能，并主要由枢密院司法委员会行使。

2.英国地方行政组织的职能及机构

（1）英国地方行政组织的层次。英国地方行政组织比较复杂。虽然英国是单一制国家，但它是由英格兰、威尔士、苏格兰、北爱尔兰四个地区组成的。由于地方政府具有独立的法律地位，历史上又有地方自治的传统，这四个地区的行政组织不完全相同。20世纪以来，英国地方行政组织一般分为二级，即郡（含郡市：人口在5万以上的市为郡市）和区。有时分为三级，即郡、区、教区或社区。

（2）英国地方行政组织的职能及机构。根据英国地方政府法的规定，英同地方政府的主要职能：①管理交通道路。②维护公共秩序和治安。③搞好环境卫生。④制定和实施城乡规划。⑤发展公共事业。⑥提供福利服务。20世纪80年代以后，英国的地方职权逐渐削弱，中央政府的职权有所扩大。英国地方行政管理事务由地方议会承担。地方议会下设委员会为议会的执行机构。委员会分卫生、教育、市政、环保等常设委员会。另外，英国还设行政监察和公务员。

（二）资本主义时期的美国行政组织

美国是联邦制国家，又是实行三权分立最典型的国家，同时也是总统制特征最突出的国家。美国行政组织包括联邦政府机构、州政府机构和地方政府机构。美国联邦行政机构由总统直属机构、内阁和行政部、独立机构组成。美国总统既是国家元首，又是最高行政首脑。

1.美国联邦行政组织

（1）总统直属机构。又称总统府，直接受总统的领导，是总统的咨询、参谋、辅助机构。在总统直属机构中，白宫办公厅与行政管理和预算局是地位最重要、历史最悠久的单位。它们管辖的事务涉及总统职务的全部活动。尤其是白宫办公厅，它是总统办事机构和总统直辖的政府各部的神经中枢，是给总统出谋划策的"小内阁""智囊团"。经济顾问委员会和国家安全委员会也是总统很重要的参谋、咨询机构。近年来，美国总统直属机构增设了美国商务代表处、环境质量委员会、科学和技术政策处、国家药品控制政策处、国家紧要物资委员会、国家太空委员会等。

（2）内阁部。美国的内阁是总统和部长集体讨论政府事务的机构，因此是美国行政系统的一部分。但美国内阁从一开始就是作为总统的咨询机构出现的，它从未起过集体决策机构的作用。美国的内阁和英国的内阁不一样。主要表现：第一，美国的内阁不决定任何政策，也没有集体的政治责任。在美国，政策由总统决定，政治责任由总统承担。内阁仅仅是总统的顾问机构和各部部长之间交流信息的机构。第二，美国内阁只向总统负责，不向国会负责。总统与阁员是上下级关系。而英国的内阁则要向议会负责，阁员与首相是同僚关系，若议会提出不信任案，内阁应集体辞职。第三，美国内阁没有固定的组织形式，没有固定的人员，没有固定的会期。参加人员除副总统和部长外，总统还可以任意邀请其他重要行政官员参加，会议也由总统自行决定。在很多时候，内阁会议只是一种形式，很少产生实际效果。

在美国联邦行政机关中，部是最重要的行政机关。联邦政府的部不是一次设立的，而是随着政府职能的扩大逐渐设立的。美国建国200多年来，经历了自由资本主义、私人垄断资本主义和国家垄断资本主义三个发展阶段。随着经济的发展，政府职能不断扩大，联邦行政部也随之增加。1789年，联邦政府成立之初，政府仅设三个部，即国务院、财政部和陆军部。目前，美国有 15 个部：国务院、财政部、国防部、商务部、教育部、能源部、农业部、卫生和服务部、住房和城市发展部、司法部、劳工部、运输部、国土安全部、退役军人事务部。

（3）独立行政机构。它是为某一专门目的而设立的一种重要的行政组织。虽然它比部的行政级别低，但它比政府各部拥有更大的自主权。由于它是行使一定专门职能，执行一定专门任务，对于总统和政府行政部享有相对独立性的行政管理机构，所以称为独立的行政机构。独立行政机构具有如下特点：① 专业性强。管理职能单一，其首长通常是一专家，专业技术性强。② 具有独立性。由于专业技术较强，其法律、政策不因政府的政策变动而变动，故在法律范围内授予自行决定执行中的政策权力。因此，在政策上不受总统控制，其行政首长要经参议会同意后由总统任命。但由于其任期一般比总统长（不少任期在 7 年以上，有的达 14 年），因此总统不能无故免去其职务。其财政预算要受总统一定控制，但总体而言受总统控制较小。③ 行使混合权力。独立行政机构不仅有行政权，同时有准立法权、准司法权，有"第四部门"之称。④办事效率高。由于权力集中，办事程序简化，再加上管理职能单一，管理者长期接触同类问题易于积累经验，因此在处理特定社会矛盾、解决特定社会问题时，独立行政机构往往比其他行政组织更为有效。

独立行政机构的组织形式一般为各种专门委员会。联邦政府第一个具有重要地位的独立行政机构是 1887 年成立的州际商业委员会。20 世纪 30 年代以前，独立行政机构发展不快。此后，政府为对经济加强控制，开始大规模发展独立行政机构。现在的独立行政机构有 60 余个（由每届总统自行决定机构，经常变更）。主要的机构有中央情报局、民权委员会、人事管理局、证券交易委员会、联邦储蓄系统、环境保护署等。

2. 美国州行政组织

联邦政府最初由 13 个州组成，现在由 50 个州组成。州政府根据州的宪法而组织，其和联邦政府一样，也设有立法、行政、司法三个部门。联邦政府与州政府实行分权制，不存在直接的领导和从属关系。州政府有权在本州范围内征税，有关社会福利、教育、医疗卫生、治安和警务等方面的事务由各州自主负责。由于各州的情况不一样，设立的行政机构也不一样。如多山的州设立森林部，有荒地的州设立垦殖部。但大部分行政机构为各州共同设立，如农业、商业、劳动、交通、教育、卫生、公用事业等机关。20 世纪 60 年代和 70 年代，各州新设立的行政机关主要涉及社会计划、环境保护、经济发展、能源、职业安全、保护消费者利益、妇女权利、少数民族权利等方面。

3. 美国地方行政组织

在美国，州以下的政府才称为地方政府。州以下一般划分为郡和市，下设教区或镇，另外还设有特别行政区、学区。目前，美国有 3000 多个郡，19000 多个市，16000 多个镇，14800 个学区，25000 多个特别行政区。

（1）美国郡政府组织。郡政府组织各不相同，但基本结构相同，它是立法、行政的合一。郡的主要行政管理机关是郡委员会。郡委员会既是立法机关，又是行政机关。郡政府的传统职能是执行州的行政职务，它既是州中最大的地方政府，又是州政府在某一地区的代理机关。由于各郡的面积、人口悬殊，最小的郡人口只有 200 人，约 67 平方千米，最大的有 600 万人（仅洛杉矶郡），面积约 5 万平方千米；1 万～2 万人的郡最多。因此，郡政府的职能一般较为简单，主要是对征税财产进行估价、征收财产税，进行土地登记、办理选举、维修公路等。20 世纪以后，郡政府的职能有所扩张，还负责公用事业、社会福利、分区开发等工作。

（2）美国市行政组织。美国市政府，既是州政府的代理，又是市政的自治体，是市民自愿结成的法人团体。市政府的职能主要有公共安全、公共卫生、环境保护、公共交通、公共教育、财政及市场管理等。美国市政府的组织形式大致有四类：① 市长——市议会制。这是最古老和最通行的一种。市长由选举产生，主持市议会，任期 2~4 年。市长可以否决市议会的立法，行政上拥有广泛的职权。② 市经理制。经理由市议会聘任，全面掌管行政工作。③ 委员会制。由市民直接选举产生。市委员会一般由 3~7 人组成，委员会既是立法组织又是行政组织。④ 大都会区制。大都会区指一个大城市及其周围的市镇结成一个整体的特殊行政组织。大都会区的特点是政府组织林立、互相独立、有时重叠，然而在经济方面和社会方面则结合成为一个整体。

（3）美国镇行政组织。在美国只有 20 个州有镇政府，镇政府的组织形式各异，多是由选民选举产生的镇委员会承担行政职能。镇政府的主要职能为办理镇的选举、济贫、修路、管小市场、供水等。

（4）特别行政区。它只执行某一专项职能，不像一般地方政府执行多种职能。最常执行的特别职能是防火、供水、排水、土壤保护、河流管理等，另有专门管理公共教育的学区。这些特别行政区的领导机构为管理委员会。

（三）资本主义时期的法国行政组织

法国自 1789 年大革命以来，至今 200 余年的历史进程中，法国的资产阶级政体经历了多次演变，直到 1956 年戴高乐上台执政以后，其政府体制才较稳定。戴高乐颁布新宪法，建立法兰西第五共和国。法兰西第五共和国把多党议会制政体改为实际的总统制，但又具有议会制的某些特点，因此，被人们称为"半总统半议会制"。法国的半总统半议会制的政府体制具有以下特点。

首先，强化了总统的权力。总统无须对议会负责，只对选民负责，并有任免总理和组织政府、解散国民议会等非常权力。

其次，提高了政府的地位。国民议会无权要总理下台和解散政府，因而加强了政府的稳定性。法兰西第五共和国宪法在确认政府对议会负责的前提下，提高了政府对议会的独立性。

最后，议会的作用因此而明显下降。根据宪法规定，总统的职权和地位不再受到议会的牵制。总理的任命和政府的组成也不需要议会的批准，但议会仍然拥有立法、监督政府和批准政府财政预算的三大职能。法国的这种半总统半议会制的体制成为行政组织运行的基础。

1. 法国中央行政组织

法国中央行政组织由总统、总理和中央各部等行政机构组成。

（1）总统。总统具有任命总理及政府成员而无须议会批准的权力，有主持部长会议、签署部长会议决定的法定权力，有仲裁政府各部门不同意见的权力。1958 年的宪法规定，总统和总理都享有最高行政权，这种现象被法国行政学者称为"行政二头制"。但由于总理是由总统任命的，实际上总统的权力还是大一些。关于半总统制国家中总统与总理的关系，戴高乐认为，总统掌握大政方针，总理处理日常事务。近年来，法国总统权力还有逐步扩大的趋势。总统府是协助总统行使职权的办事机构，指导和监督政府的活动，被称为"隐蔽政府"或"真正政府"。随着总统职权的加强，总统府的规模逐渐扩大。目前，总统府下设的主要机构有总统府办公厅、总秘书处、军事参谋部、私人秘书和总统特别顾问。

（2）总理。总理是政府首脑，总理和部长联合称为政府。各部部长由总理提名，总统任命。总理根据总统的授权，主持部长会议、最高国防会议、国防委员会议，总统所发布的命令要总理副署。总理作为政界首脑，既对总统负责，又对议会负责。总理府是协助总理行使职权的机关，实际上是政府的办事机构。总理府下设四个机构：总理府办公厅、总秘书处、国防总秘书处和总理直属机构。其中，总理府办公厅被视力总理的参谋部，在政府决策和监督决策执行的过程中发挥着重要的作用。总秘书处协助总理组织政府工作，是总理履行职责的重要协助工具。

（3）中央各部。部长是中央专门行政机关的首长。中央各部是某一方面公共事务管理的职能机构，具有全国范围的管辖权。部的数目没有法律限制，随国家行政职能的扩张而增加。法国大革命初期，1791 年时只有 6 个部。目前，法国中央政府设的部有国防部、经济和财政部、对外贸易部、工业部、内政与权力下放部、农业部、贸易和工业部、文化部、劳工部、国民教育部、对外关系部、司法与单宣部、民族团结部、科研与技术部、计划与领土整治部、运输部、卫生部、文娱部、城市规划与住房部、环境保护部、海域部、交通部、邮电部、妇女权利部、退伍军人部、消费部、就业训练部、新闻部 28 个部。

2. 法国地方行政组织

法国的地方行政组织制度，基本上建立于法国大革命时期和拿破仑一世时期。法国大革命时期决定了地方区划的形式，拿破仑一世时期决定了地方行政组织的格局。以后的演变是在这个基础上的改进，主要是改变中央和地方的关系。现在法国的地方行政组织有大区、省和市镇三个层次。

（1）法国大区行政组织。戴高乐执政时期，为了对全国经济的发展合理布局，推行经济大区制度，大区首脑称大区行政长官，由大区首府所在地的省长兼任。大区不是省的上级机关，大区的职权主要限于经济发展和领土整治方面，并代表国家协调两个省以上的活动。大区政府由大区首府所在地省政府兼任，另设一名大区秘书管理大区行政事务，还设某些特派员，管理大区专项事务。作为地方团体的自治行政机关是大区议会，其首脑是议会主席。2016年以前，法国本土有22个行政大区，每个大区包括几个省。2016年，法国通过行政区划改革，将22个大区合并缩减为13个新的超级大区。所以，目前法国大区的数量是13个。

（2）法国省行政组织。省是法国最主要的国家行政区域，建立于法国大革命时期。法国本土现有96个省。省长由政府总理和内政部长提名，经部长会议通过后由总统任命。省长是国家和中央政府在省内的代表，掌握省内的全部国家行政权力，指挥中央各部在省内的分支机构。作为省地方团体自治行政机关的是省议会及议长，议长是省地方团体的行政首脑。当前，省的地方自治权力日益扩大，但省的国家行政组织的作用仍然大于省作为地方团体的作用。

（3）法国市镇行政组织。市镇是法国最古老的地方行政组织，它的起源可以追溯到中世纪时期。法国本土现有36500个市镇，市长是市镇的行政首脑。市长具有两种身份：一方面是地方团体自治行政机关的首长，执行市镇的自治公务；另一方面是国家在市镇的代表，执行国家的公务。前一种身份占主导地位。作为国家的代表，市长接受中央行政领导和省长的指导，执行国家公务；作为地方自治官员，市长接受市议会的控制，执行市镇的自治公务，但要接受省长对其行使自治的监督权。

长期以来，法国行政体制的主要特征是高度中央集权。法国在大革命前，历史上是中央集权的国家。拿破仑统治时期，更把中央集权制推向了顶点，形成了一套严密而完整的官僚体制。法兰西第五共和国成立后，从戴高乐到密特朗，对法国的行政官僚体制进行了一系列改革，在一定程度上扩大了地方的权力，初步改变了高度集权的行政管理体制，使中央和地方的关系得到了调整。但总体而言，法国中央政府对地方政府的控制要严于一般西方国家，一般仍称其为中央集权的国家。中央政府除了在地方各级设有地方国家行政机关，直接控制地方重大事务外，同时中央政府对地方团体自治行政机关还有监督权。地方团体的行为要受到省长和中央政府的合法性监督，在必要时有停止和解散省、市乃至大区的议会的权力。

（四）资本主义时期的外国行政组织的特点

（1）行政组织日趋独立且职能不断扩大，行政组织总量不断增加。行政组织越来越专业化，越来越科学化。

（2）近代资本主义国家行政组织演变的历史表明，行政组织职能不仅扩大，而且也发生了较大的变化，已经从原来的以政治职能为主转变到现在的以经济和社会职能为主。这表现在，近年来，各国行政组织机构中负责管理经济和解决社会问题的部门所占的比例越来越大。

（3）行政权力越来越大。虽然资本主义国家都把三权分立作为政府体制运行的基础，但行政权力在国家权力体系中的地位逐步上升，是一个明显的趋势。

（4）在中央行政组织与地方行政组织的关系上，有地方自治传统的国家在逐步扩大中央集权，如英国；有中央集权传统的国家在逐步扩大地方权力，如法国。如此看来，中央适度集权与地方适度分权是市场经济下各国的共同要求。

第二节　中国行政组织的历史发展

上一节我们学习了外国行政组织各个时期的发展过程和特点，这一节我们把目光投向中国，翻开历史的书卷，一起来看看我国行政组织是如何演变和发展的。

一、中国古代的行政组织

（一）夏商周："亲贵合一"的组织原则

中国是具有悠久历史的文明古国，中国行政组织的演变也经历了一个漫长的历史过程。远在夏朝，中国就创立了王位世袭制度，设立了百官，分掌庶、政、军事、赋税、诉讼、车马、历法等各项事务。商朝已经开始按职能设官定制。在行政事务官中，"司徒"主力役之征，"司空"主工，"司寇"主刑，"小谣（藉）臣"主农。除此以外，还设有宫廷事务官兼管政事，宗教事务官执掌祭祀。周朝行政组织较夏商有很大的发展。中央政府的主要机构是"三司""六太"。"三司"即司徒、司马和司空，分别掌管农业、军事与工程营造。"六太"即太宰、太宗、太上、太变、太视、太卜，分管文书、典籍、天文、历史、祭扫等事务。不同名号的人构成宝塔型的政治组织（王、公、侯、伯、子、男、卿、大夫、士等）。中央各机关之间已有较为明确的分工，同时又各自平行以保证王权的集中。周朝初步确立了地方行政系统，基于分封建置的诸侯国统称为"外服"，具有地方机关的属性。周王直接统治的辖区范围内有国、野、乡、遂的行政区划。

据史料记载，我国奴隶制时期的行政组织实行的是"亲贵合一"的组织原则，因而带有强烈的宗法色彩。奴隶主贵族的家族组织和国家行政组织是相通的。只有奴隶主豪族家族，才有资格担任国家行政官员。这个组织原则反映了我国古代国家行政管理中的由家而国、由亲而贵的政治特色。

（二）秦汉：专制主义中央集权的行政管理体制

秦灭六国后，确立了专制主义中央集权的行政管理体制。中央行政组织称为朝廷。皇帝握有最高的立法权、行政权、司法权与军事权。在中央朝廷内，秦、汉实行三公九卿制。三公的名称多变化，或丞相、太尉、御史大夫，或司空、司马、司徒，但均为宰相。其中，以丞相地位最高，为"百官之长"，是辅助皇帝处理全国政务的最高行政长官。太尉总管军事，御史大夫是皇帝的私人秘书，负责监察。三公之下设九卿，具体负责各项行政工作。九卿之下又各设相应的属官，各属官职掌相对独立。三公和九卿虽属两级建制，但都直接承命于皇帝。汉光武帝以后削弱相权，三公九卿的地位下降，国家的行政管理权逐渐由相府向宫廷转移。内廷掌管皇帝传语、奏章之事的秘书官——尚书，扮演着越来越重要的角色。尚书台下设六曹，分别执掌行政事务。行政组织逐渐形成六部制的雏形。秦朝的地方行政组织设郡、县两级。汉朝有州、郡、县三级地方行政建制。在中央与地方的关系上，秦、汉强化中央集权，使地方之政归中央、中央之政归朝廷、朝廷之政归皇帝，从而集最高权力于一人之手。这是中央集权专制制度的基本要求，成为以后历朝的建制传统。

（三）隋、唐

从魏晋至隋、唐形成了三省六部二十四司的行政组织体制。这是自东汉以来行政管理制度长期发展演变的结果，它反映了统治者治国经验的积累，也表明我国古代行政组织的不断完善。三省职权划分明确，中书省取旨决策，门下省审议封驳，尚书省承旨执行。三省长官即中书令、门下侍中、尚书令，共行宰相之权。其中，尚书省是全国的最高行政机关，下辖吏、户、礼、兵、刑、工六部，每部又各设四个司。隋、唐三省六部二十四司的行政组织设置，结构严谨、分工明确，各部的具体职掌如下。

（1）吏部主管全国人事，包括各级官员的考核、升降与任免等事务。

（2）户部主管全国户口、土地、赋税、财政与库藏等事务。

（3）礼部主管全国的礼仪、祭祀、教育及科举等事项。

（4）兵部主管全国兵政，包括武选、车马、甲械等。

（5）刑部主管全国的司法行政与审判。

（6）工部主管全国的农林水利、工程管造和工匠的管理。

隋、唐时期的中央行政组织，除三省六部以外，还设有由秦、汉九卿演化而来的九寺及五监。九寺、五监与六部无隶属关系，都以尚书省为上级。六部主政务；寺、监掌事务。唐朝最终确立的六部二十四司、九寺五监的行政组织机构，为后世封建王朝所沿袭。

隋、唐的地方行政组织有州、县二级。州的长官称刺史，县的长官为县令，分别负责地方的行政管理。

（四）宋、元、明、清

宋、元、明、清各朝都沿袭了六部二十四司的机构设置，但在权力关系及职能作用上又有一些变化。其间经历了由三省制到一省制，由一省制到废除相制，继而组成内阁的演变过程。宋、元由三省向一省过渡，中书省逐渐成为最高的行政机关，并统辖六部。宋、元设枢密院掌军事，中书省管政务，元朝增设御史台管监察。这是当时中央最重要的三大机关。从秦末开始的君权与相权之争，以明初罢丞相、废中书省而告终。在中国历史上已有一千多年历史的丞相制度和七百多年历史的三省制度至此结束。中书省废除以后，明、清设内阁作为皇帝的咨询、辅助机构。清朝在内阁之外增设军机处，作为中央的中枢机关，但它们都不能直接行使行政管理的职能。中央行政管理职能集中在六部，六部直接向皇帝负责，内阁协调六部事务。由此可见，吏、户、礼、兵、刑、工六部作为我国封建王朝处理国家行政事务的主要职能组织，其地位更加重要。宋朝的地方行政组织有路、州、县三级。路是为加强中央对地方的控制而设的，路是以军政为主，也兼理民政，是地方最高一级政权。元朝对地方的管理创行省制度，这是我国古代地方行政组织的一次重大改革。行省最初是中书省的临时派出机构，后演变为地方最高一级行政机构，总理全省的政务。元共建十二个省，省下设路（府、州）、县二级或三级的行政区划。元朝的行省制度为后世所沿用。明朝的地方行政组织设省、府、县三级。清朝地方行政组织有省、道、府、县四级。清朝还特别注重对少数民族地区的行政管辖。宋、元、明、清对中央与地方的相互关系及行政权限进行过多次调整，最终还是地方行政组织的职权分散削弱，中央对地方的控制较强。

（五）中国古代的行政组织特点

（1）强化中央集权，集国家最高权力于一人之手，是中国古代行政组织发展的主流。皇帝集立法、行政、司法、军事大权于一身，是国家权力的垄断者。中央与地方的行政权限虽经过多次调整，但最终还是形成了高度集权的行政管理体制。集权的程度，大大超过了中世纪的欧洲国家。

（2）中国古代行政组织的演变具有前后因袭、循序渐进的特点。行政组织体制经历了由独相制到三公制，由三省制到一省制，由一省制到内阁的演变。隋、唐建立的吏、户、礼、兵、刑、工六部，是以后各朝最重要的中央行政职能组织，在国家管理活动中发挥了重要的作用。

（3）中国古代行政组织结构严谨、分工精细、层级节制、集中统一，上下隶属关系明确。官员职责明确，对官员有严格的考核和监察制度。总之，经过漫长的历史发展，中国古代的行政组织管理积累了丰富的经验，为人类行政组织的发展做出了贡献。

（4）中国古代的行政组织具有强烈的宗法色彩。中国古代行政组织的发展具有由"家"而"国"，由"私"而"公"，由"内"而"外"的特点。奴隶制时期亲贵合一的组织原则对后世影响很大。等级观念、宗族观念、任人唯亲的思想限制了行政组织的进一步发展。

二、中华民国的行政组织

辛亥革命推翻了封建帝制，中国进入了一个新的发展时期。但这是一个动荡不安的时代，国家行政组织的发展异常曲折，主要可分为以下三个阶段。

（一）南京临时政府时期（1912 年）

先是总统制，后实行内阁制。《中华民国临时政府组织大纲》是1912 年元旦成立的中华民国政府的法律基础。临时政府采取总统制，总统为行政首脑。临时政府的行政部门共设九部：陆军部、海军部、外交部、司法部、财政部、内务部、教育部、实业部和交通部。

1912 年 3 月，公布了《中华民国临时约法》，按照资产阶级三权分立的原则，重新设计政府，改总统制为参议院下的内阁制，并规定：

第一，临时大总统为国家元首，总揽政务，但总统公布法律、发布命令时应由国务员副署。

第二，由国务员组成国务院。国务院总理作为国务员的首领与国务员一起组成国务会议，讨论重大国务问题，为实际的行政机关。行政各部与前一时期相同。

（二）北洋军阀时期（1912—1928 年）

在内阁制、总统制、帝制中变动。1913 年，袁世凯在北京就任大总统。次年 5 月，公布《中华民国约法》，还内阁制为总统制。大总统不再只是象征性的国家元首，而是成为直接领导政府、决定政策的实际行政首脑。《中华民国临时约法》虽然赋予总统"总揽政务"的职权，但实际上总统职权的行使受到严格限制。而《中华民国约法》使总统权力变大，与专制君主相差无几。国务院被撤销，改设政事堂。政府共设九个部，所有各部一律直属于大总统。1915年 12 月，袁世凯又实行由总统制向帝制的过渡，这期间行政机构也做了多次变更。1916 年，洪宪帝制失败。袁世凯死后的中国政局处于更大的动荡之中，历经张勋复辟、南北政府对峙等局面，政制也在帝制、总统制、内阁制之间来回变动。

（三）国民政府时期（1925—1948 年）

国民政府建立的三大原则：直接党制、委员会制、五权分立。1927 年 9 月，南京国民政府成立。其组建的法律依据是《中华民国国民政府组织法》，它名义上是按孙中山的五院制设想来构建的，但实际上与孙中山的主张相去甚远。

国民政府设主席一人（后称总统），由国民党中央执行委员会选任，为中华民国元首和国民政府委员会主席，并兼任陆、海、空军总司令。国民政府委员会委员，由国民党中央执行委员会选任。国民政府主席及委员组成国民政府会议共商国务。国民政府由五院组成。行政院是国民政府的最高行政机关。行政院设院长、副院长各一人，由国民党中央执委会选任。行政院院长总揽全国行政，其角色近似内阁首相。行政院下设部、委员会、署等机构，分管各种行政事务。南京国民政府的行政院在不同的时期中所设的部数目不一样，但有一些部是共同的。主要有内政部、外交部、军政部、财政部、经济部、教育部、交通部、农林部、社会部、粮食部、水利部、司法行政部等。另外，行政院还设有蒙藏委员会、侨务委员会、赈济委员会、卫生署、地政署等。立法院、司法院、考试院与监察院分别是国民政府下属的立法机关、司法机关、考试机关与监察机关，其院长均由国民党中央执委会选任。中华民国地方行政组织一般设省、县两级，在省与县之间，有一级行政督察区。县以下行政机构有区、乡（镇）、保、甲等基层组织。在中央与地方的关系上，国民政府没有也不可能实现孙中山的均权主张，而是中央集权与各地军阀割据并存。

（四）中华民国的行政组织特点

1. 初创时期接受西方三权分立与民主思想

中华民国的行政组织在其初创期，接受了西方三权分立与民主共和国的思想。行政权、立法权、司法权分别执掌，设参众两院（国民大会），建立议会制度和内阁制度。行政组织的设置也开始初具现代的特征，这较之封建时期是一大进步。但这一进步是脆弱的和有限的，北洋政府时期的反动、倒退使最初的愿望未能实现。

2. 孙中山提出的五权并立思想具有历史进步意义

孙中山提出的政权和治权相区别，在国民大会下实行立法、行政、司法、考试、监察五权并立的思想，具有历史的进步意义。但孙中山逝世后，这一体制并未得到真正实现，尽管国民政府是按五院制原则组建的，但实际上：第一，国民大会的权力很小，五院正副院长的产生无须国民大会通过，均由总统提名即可。第二，国会给予总统的权力很大，国民政府表面上是内阁制，实际上是总统的权力大于内阁——行政院。

3. 从法律上确定了国民党一党专政的政治体制

从法律上确立了国民党一党专政的政治体制。国民政府虽在法理上为最高国家机关，但在实施一切纲领、政策、军政、财政等方面，法律规定其都要对国民党中央政治会议负责。国民政府的组织法要由国民党中央执行委员会常务会议通过。法律规定国民政府主席、国民政府委员、五大院正副院长、各部委长官皆由国民党中央执行委员会任命。

4. 中央集权制与地方军阀割据并存

在中央与地方的关系上，国民政府没有也不可能实现孙中山的均权制主张，而是中央集权制与地方军阀割据并存。

三、中华人民共和国的行政组织

中华人民共和国诞生以前的革命根据地政府，为中华人民共和国行政组织的确立探索了道路。1949 年中华人民共和国的建立，标志着中国行政组织的发展进入了一个全新的时期。

（一）第一阶段：中华人民共和国成立初期（1949—1954 年）

制定《中国人民政治协商会议共同纲领》《中华人民共和国中央人民政府组织法》是中华人民共和国行政组织诞生的标志。

1949 年 9 月，中国人民政治协商会议代行全国人民代表大会职权，制定了《中华人民共和国中央人民政府组织法》。在全国政治协商会议闭会期间，中央人民政府委员会暂行国家最高权力，统辖中华人民共和国最高立法、行政、司法、军事权，是典型的议行合一体制。政务院（国务院前身）是中央人民政府下属国家政务的最高执行机关。政务院下设政治法律、财政经济、文化教育、人民监察 4 个委员会，以及 31 个部门管理国家行政工作。政务院初步形成按行业或产品来设置经济管理部门的组织管理模式。

（二）第二阶段：1954 年宪法体制时期（1954—1966 年）

确立全国人民代表大会为最高国家权力机关；国务院为最高国家权力机关的执行机关、最高国家行政机关。国务院由总理、副总理、部长、主任、秘书长组成。

国务院领导体制为集体领导——通过全体会议和常务会议进行工作。组织结构包括职能机构、直属机构、办公机构、秘书机构。总理产生是由国家主席提名、全国人大决定，然后国家主席任命。

1954 年 9 月，第一届全国人民代表大会召开，制定了《中华人民共和国宪法》《中华人民共和国国务院组织法》。按照宪法规定，全国人民代表大会是国家最高权力机关，国务院是最高国家权力机关的执行机关，是最高国家行政机关。国务院由全国人民代表大会产生，对全国人民代表大会负责，并在全国人民代表大会及其常务委员会的监督下，统一领导和管理全国的行政事务。国务院由总理、副总理若干人、各部部长、各委员会主任和秘书长组成。《中华人民共和国国务院组织法》对原政务院的组织机构进行了较大的调整，撤销了政法、财经、文教、监察 4 个委员会，在国务院设置 8 个办公室、1 个秘书厅协助总理分掌各部工作，设置了主办专门业务的 20 个直属机构，35 个部委——职能机构。国务院共计 64 个工作部门，其中经济部门增设到 35 个。经过调整，国务院由职能机构、直属机构、办公机构三大块组成的组织结构基本上稳定下来。

1955—1956 年，为了加强对整个国家的集中统一领导，国务院进行了一系列的调整与充实工作。到 1956 年年底，国务院机构总数达到 81 个。其中，管理经济的部门达 50 个。至此，适应社会主义计划经济要求的行政组织设置格局基本形成。

为了控制机构膨胀过快的势头，克服管理过分集中的弊端，1957—1959 年，开始了以放权与精简为主要内容的行政体制改革。中央把一部分国有工业、商业企业和财政的管理权限下放，并对国务院所属机构进行了大幅度的精简与合并。1959 年，国务院机构减为 60 个，其中经济管理部门减为 36 个。

1959 年，我国国民经济陷入严重困难。1960 年冬，中央提出"调整、巩固、充实、提高"的八字方针，并逐渐恢复、增设了一些机构。重新收权使国务院机构重新膨胀。1961 年年底，国务院机构总数为 62 个，1963 年年底为 73 个，1964 年年底为 77 个，1965 年年底便达到 79 个，其数量与 1956 年大体相等。

（三）第三阶段：权力大下放及机构大精简时期（1967—1974 年）

此阶段为军管会、革命委员会时期。革命委员会后成为党委领导下的政府机构。1975 年宪法规定，国务院总理由全国人大根据中共中央的提议任免。

1979 年的《中华人民共和国地方人民代表大会和地方各级人民政府组织法》规定：县级以上地方人民代表大会设立常务委员会，从此县级以上地方人民政府专司行政。1979 年起，各地方革命委员会改称人民政府。

从 1970 年开始，实行了新一轮机构精简。国务院部门从 79 个减为 32 个。国务院机构总数达到了中华人民共和国成立后的最低点。

（四）第四阶段：1982 年宪法体制时期（1975—1982 年）

1975 年召开的中华人民共和国第四届全国人民代表大会，再次强调现代化建设目标。中央对工交、农业、商业、文化教育、科学技术等各个领域进行整顿工作。国务院机构的设置也相应做了调整和增加。至 1975 年年底，国务院机构总数达到 52 个。

为了进一步加强对国家经济的集中统一管理，从 1978 年开始，进行了又一轮调整。与此同时，又增设了国务院的部属机构。到 1981 年，国务院设部委机构 52 个、直属机构 43 个、办公机构 5 个，共 100 个部门。其中，经济管理部门增加到 71 个，为中华人民共和国成立以来的最高点。

（五）第五阶段：推进国家治理体系和治理能力现代化阶段（1982—至今）

在 1982 年改革之后，国务院又先后在 1988 年、1993 年、1998 年、2003 年、2008 年、2013 年及 2018 年进行了 7 次机构改革。目前，国务院组成部门 26 个，直属特设机构 1 个，直属机构 10 个，办事机构两个，直属事业单位 9 个，部位管理的国家局 16 个。

确立国务院领导体制为总理负责制，总理由国家主席根据全国人大的决定任免。

（六）中华人民共和国地方行政组织及其与中央行政组织的关系

1. 中华人民共和国地方行政组织的层级

在中华人民共和国成立初期，地方行政组织有大区（当时全国设东北、华北、西北、华东、中南、西南六大行政区）、省、县、乡四级。1954年，第一届全国人民代表大会颁布宪法。按照宪法规定，中华人民共和国地方行政组织有省、县、乡三个层级，撤销了大区行政组织。省是地方行政组织中的最高层级，与省同级的有自治区、直辖市、特别行政区。现在全国有23个省、5个自治区、4个直辖市、香港和澳门2个特别行政区。与县同级的有自治县、县级市。与乡同级的有镇、民族乡、民族镇。另外，在省和县之间，有自治州、地级市和省政府的派出机关地区行政公署（它不是一级行政组织）。20世纪80—90年代，我国多数地区逐渐将地级市和地区行政公署合并，并在地级市下设市辖区、县级市，县之下设乡、镇。因此，实际上我国多数地方政府是四级：省、市（地级）、县、乡。另外，在我国还设有行政特区，原来全国有40多个，现在只有6个。

省、县、乡是传统的行政建制，是出于一般地域管理的需要而设置的行政层级。市、镇行政组织是国家对城市地区实行行政管理的机关。市的层级各不相同，有与省同级的中央直辖市，有比省低一级、比其高一级的地级市，也有与县同级的县级市。区域自治的行政组织是在少数民族聚居区设立的少数民族区域自治的行政组织，以保护少数民族的权益，区域自治的行政组织有省级：自治区，地级：自治州，县级：自治县，乡镇级：自治乡和自治镇。特别行政区是国家为某种政治需要而设置的地方特别行政建制，与一般行政建制比较，它有更多的自治权，并有不同的政治制度、社会制度，在我国，主要是为香港、澳门地区而设。行政特区是在工矿区、林区、风景名胜区等地为开发这些资源而设立的，如湖北省的神农架林区、贵州省的六枝特区等。行政特区不具有一般政府的综合管理性质，大多实行政企（事）合一的政府体制。

2. 中华人民共和国地方行政组织的组成、职能与机构设置

地方各级人民政府由地方行政正副省长、自治区主席、市长、州长、县长、乡长、镇长等人组成。地方各级人民政府的职能没有明确的分工，它们之间基本上没有职能的不同，只有管理地域面积的大小不同。一般都拥有如下主要职权。

（1）执行本级人民代表大会及其常委会的决议和上级国家行政机关的决议和命令，规定行政措施，发布决议和命令。其中，省级政府和地级市政府还可根据国家法律、法规，制定本地区的实施细则、规章，实行民族区域自治的地方，可制定自治条例和单行条例，但要经上一级人大常委会批准后生效。

（2）执行本行政区域的国民经济和社会发展计划、编制和执行财政预算，管理本区域内经济、文化建设和民政、财政、公安、司法行政、监察等工作。

（3）领导所属工作部门和下级人民政府的工作，有权改变或撤销它们的不适当的命令、指示和决议。

正因各级地方政府对本区域的政治、经济、文化、社会事务什么都管，因此各地政府机构基本上是对口设置，只是规模大小不同，个别机构不同。一般而言，地方各级政府机构大致分为六类：① 政法管理部门。公安、安全、司法、民族、宗教、民政、法制、监察等部门。② 经济管理部门。各种工业、交通、物资、建筑、商业、粮食油品、农林牧渔、农机、水产、外贸等部门。

③ 综合管理部门。计委、经贸委、财政、税务、劳动、人事、编制。④ 经济和社会的监督部门。审计、物价、工商行政、标准计量、环境保护、土地管理。⑤ 教科文卫事业管理部门。教育、文化、卫生、科技、新闻出版、广播电视、体育、计划生育、医药、文物管理。⑥ 其他管理部门。外事、侨务、档案、旅游、人民防空、参事室、机关事务等。另外，城市政府还设有城市规划、建设与管理部门。国家一般规定省级政府设 40 个左右机构，地级市设 30 个左右机构，县级设 20 个左右机构，因为它们虽然管理的领域全面，但工作量却不同，越是下级政府越有条件将类似机构合并。例如，县就可将文化、教育合并成一个局。

（六）中华人民共和国行政组织的特点

（1）中华人民共和国行政组织具有充分的人民性。这是由我国社会制度所决定的。人民代表大会制度是中华人民共和国的根本政治制度。各族人民当家作主，通过全国人民代表大会统一行使国家权力，由它而产生的中华人民共和国行政组织就具有空前的人民性与民主性。这一点是西方国家的行政组织和旧中国的行政组织都无法比拟的。

（2）中华人民共和国行政组织的设置与运行，本着精简、统一、效能的原则，不断进行调整与改革，并取得了一定的成就。它为社会经济的发展注入了活力。中华人民共和国行政组织的体制，在基本格局形成之后，总体来说，几十年来基本稳定。其中变动较大的主要是政府经济管理部门。从 1949 年至今，政府有关经济管理部门呈波浪式起伏变化。从总体上看，这既反映了我国经济建设的发展对机构设置的要求，又反映出精兵简政方针的不断贯彻；既反映了我们对集权分权适度点的探索，又反映出我们对政府管理经济的职能的认识经历了一个深化的过程。

（3）在处理中央与地方的关系上，我国行政组织基本上贯彻了民主集中制原则。我国实行的是人民代表大会制度，这一制度保证了人民内部的广泛民主和人民意志执行过程的集中统一。在处理中央与地方的关系上，我们一方面强调在民主基础上的集中统一；另一方面又力求在中央集中统一领导下，充分发挥地方的积极性。在新的社会主义市场经济体制下，我国行政组织如何贯彻民主集中制原则，还有待进一步摸索和改革。

（4）中华人民共和国行政组织在其发展的历史过程中，也暴露出一些弊端。我国行政组织进行过多次调整与改革，取得了一定的成效。改革开放后，我们在进行由计划经济体制转入社会主义市场经济体制的过程中认识到，转变政府职能是我国行政组织改革的前提和基础。但究竟如何转变职能才能正确处理政府与社会的关系，尚在摸索之中。

阅读材料

英国的"影子内阁"

英国是典型的议会制君主立宪制国家，其议会包括上院和下院。上院与君主非选举产生，下院由选民选举产生。议会多数党领袖担任英国首相，并由他负责挑选本党人员组成内阁。而最大的在野党随之成为正式的反对党，并组织"影子内阁"。一般来说，"影子内阁"接受政府补助，成员都是有薪水的。我们有时会听到说某某人是"影子内阁"贸易与工业大臣，实际上是说他是在野党负责贸易与工业的议员。

"影子内阁"虽名曰"影子"，但无论从它对国家政治生活的实际作用方式来看，还是考虑到它的前途和归宿，都远非"影子"可比。"影子内阁"不但不附和当任内阁，反而以同它争斗为乐。"影子内阁"负责领导下院中本党成员的一切活动，遇到议会辩论时，各"影子大臣"就会踊跃发言，在阐述本党观点的同时，专挑当任内阁的毛病和缺点进行攻击。

"影子内阁"会给当任内阁施加种种压力，其存在是为了促使当任内阁倒台，并最终取而代之。某党在野时的"影子内阁"往往也就是该党执政时的当任内阁，全套班子有时照搬，有时略作调整，但施政方略不会有根本变化。因此，称"影子内阁"为"预备内阁"或"在野内阁"似乎更为确切。

◎思考

"影子内阁"真的只是可有可无的影子吗？

第三章　行政组织理论

在上一章中我们认识到，人类的行政组织的发展历程，值得我们去认真地总结。那么，与之并存的行政组织理论的发展，也贯穿了古代与现代。本章主要从理论的角度介绍和评价行政组织理论的发展历程，以便更接近当前的实际。通过本章的学习，可了解行政组织理论的发展脉络，熟悉不同历史时期主要的理论流派，掌握其贡献与不足，运用这些理论分析行政组织现实问题。

第一节　外国早期行政组织思想

一、古希腊、古罗马的行政组织思想

（一）柏拉图的行政组织思想

柏拉图是古希腊伟大的哲学家和政治家，也是全部西方哲学乃至整个西方文化最伟大的哲学家和思想家之一，他在行政组织理论方面也有相当大的贡献。

柏拉图的行政组织思想体现在其代表作《理想国》与《政治家篇》里。柏拉图认为，国家起源于劳动分工，因而他将理想国中的公民分为治国者、武士、劳动者三个等级，分别代表智慧、勇敢和欲望三种品性。治国者依靠自己的哲学智慧和道德力量统治国家；武士们辅助治国，用忠诚和勇敢保卫国家的安全；劳动者则为全国提供物质生活资料。三个等级各司其职，各安其位。理想国还很重视教育，因为国民素质与品德的优劣决定国家的好坏。柏拉图自称这是"第一等好"的理想国，其他的政体都是这一理想政体的蜕变。

《政治家篇》约作于柏拉图后两次去叙拉古之间（公元前367—前361年），这是他在叙拉古的政治实践受到挫折，思想发生变化的时期。《政治家篇》主旨是讨论真政治家及政治的定义。柏拉图在这篇对话中提出了政治中道、混合的概念；首次明确论述了法律的作用并以法律作为划分政体的标准。他认为，真政治家（哲学王）无须用法律统治，但现实中真政治家极为罕见。即使有真政治家，法律也还有一定的作用。因为政治不仅是一种艺术，还是一门科学。法律对于政治家，犹如教练和医生的训练方案和处方一样，法律在实践中是必要的。

柏拉图在其最后的作品《法律篇》中进一步发挥了关于法律的作用的思想。从理想出发，他推崇哲学王的统治，"没有任何法律或条例比知识更有威力"；从现实出发，他强调人类必须有法律并且遵守法律，否则他们的生活将如同最野蛮的兽类。

总结起来，他主要的行政组织观点包括以下几个方面：社会分工是国家行政组织存在的基础。人们在分工的基础上合作，从而产生了国家。柏拉图的理想国由三个自由民等级构成：治国者治理城邦、武士保卫国家、工匠从事物质生产；"无学识者不能治国"，只有集知识与权力于一身的哲学家才能承担；

治国者必须重视教育，教育是培养人才的唯一手段。柏拉图晚年提出了依法行政的思想，因为他感到要实现德才兼备的好人治国十分困难。

（二）亚里士多德的行政组织思想

亚里士多德，古代先哲，古希腊人，世界古代史上伟大的哲学家、科学家和教育家，堪称希腊哲学的集大成者。亚里士多德虽然是柏拉图的学生，但却抛弃了他的老师所持的唯心主义观点。同柏拉图一样，他认为城邦高于公民，但是他也主张人有自己的权利，要求实现城邦和公民利益的平衡。他还确立了公平的正义和交换的正义的均衡正义原则。一方面，对于不同出身、财产、地位、能力的人，要平等对待；另一方面，对于特殊的任务，也可以给予特殊的优待。为此，他非常推崇民主制和君主制的结合，在立法问题上实行民主，行政上实行君主制。他希望借此在维护城邦整体利益时保证公民的各种利益，并提出了分权学说。

《政治学》是古希腊思想家亚里士多德最重要的政治学论著。在他的《政治学》里，他表达了其行政组织思想：他提出了三权分立的雏形，即无论哪种政体的国家都应该包括三种机构——议事机构、行政机构、审判机构；设置行政机构的依据是城邦事务管理的实际需要；行政机构的设置要以管理的业务或对象为依据；不同的政体有不同的行政机构与之相适应。他还提出了行政组织应当具有一定的职能，如城邦监护职能、公共财政、军事职能等；行政人员的任用原则是适用、专任、德才兼备；建立行政监督机构对行政人员进行监督；他主张以法治国。

他曾说过，政治学并不制造人类，然而它使人类脱离了自然，并驾驭他们。

二、中世纪时期西欧的行政组织思想

（一）马基雅维利的行政组织思想

尼可罗·马基亚维利（1469—1527 年），意大利政治思想家和历史学家，出生于佛罗伦萨。在中世纪后期的政治思想家中，他第一个明显地摆脱了神学和伦理学的束缚，为政治学和法学开辟了走向独立学科的道路。他主张国家至上，将国家权力作为法的基础。他的代表作《君主论》主要论述为君之道，君主应具备哪些条件和本领，应该如何夺取和巩固政权等。他是名副其实的近代政治思想的主要奠基人之一。

马基雅维利的行政组织思想主要体现在他的《君主论》与《讲话集》里。他是世界上第一个论述国家行政组织管理原则的人。这些原则主要有四项：群众支持原则；组织内聚力原则；领导者必须具有超出常人能力（决策能力、用人能力、应变能力）的原则；存在下去的原则。

他向君主献策，阐述了一套统治权术思想：军队和法律是权力的基础；君主应当大权独揽，注重实力，精通军事；君主不应受任何道德准则的束缚，只需考虑效果是否有利，不必考虑手段是否有害，既可外示仁慈、内怀奸诈，也可效法狐狸与狮子，诡诈、残忍均可兼施；君主可以和贵族为敌，但不能与人民为敌；君主应当不图虚名，注重实际。残酷与仁慈、吝啬与慷慨，都要从实际出发。明智之君宁蒙吝啬之讥而不求慷慨之誉。他所主张的政治权术思想被后人称为马基雅维利主义。

马基雅维利的《君主论》在打破了旧的、自欺式的政治家观点的同时，创立了新的政治学观点，为后人留下了极为宝贵的精神财富。

（二）官房学派的行政组织思想

官房，在欧洲的中世纪原指国家的会计室，中世纪以后指国库或泛指国王的财产。官房学是有关政治、经济知识的总称，包括财政学、国民经济学和产业行政学等科学。当时，德国各大学设官房学一科，主要是培养财务行政官吏和君主的财政顾问，故名官房学派。官方学派是指17—18世纪德意志、奥地利的一些财政及行政改革学家和学者，由于彼此观点接近而形成的一个特殊集团。被国王选为财政金融顾问，作为国王的"智囊团"经常参加在王室私人议事室召开的会议，讨论有关国家的财政金融事务。这些学者被称为官房学者，其学派被称为官房学派，又称作重商主义的官房学派，是重商主义的一种形式，强调促进国家福利状况，认为增加国家的货币财富能增强国家的经济力量。

他们的行政组织思想包括建立统一的、完整有效的行政组织制度与方法；主张选用优秀的人才来治理国家；主张国家行政组织机构应将管辖的事务分为若干部门来管理；加强国家及政府的权利。

三、资产阶级革命时期的行政组织思想

（一）卢梭的行政组织思想

卢梭（1712—1778年），法国18世纪伟大的启蒙思想家、哲学家、教育家、文学家，是18世纪法国大革命的思想先驱，杰出的民主政论家和浪漫主义文学流派的开创者，启蒙运动最卓越的代表人物之一。

他的行政组织思想主要体现在《社会契约论》里。描述人和社会关系的《社会契约论》也许是卢梭最为人知的著作。这本书后来成为反映西方传统政治思想的最有影响力的著作之一。

他的主要观点：政府与公民的关系强调政府官员是人民的仆从；政府与法律的关系要强调政府行为必须以法律为依归。

《社会契约论》开头写道："人是生而自由的，但却无所不在枷锁之中。"这本书于1762年出版，当时无人问津，但后来成了反映西方传统政治思想的最有影响力的著作之一。与他早期作品相反，卢梭认为自然状态是没有法律和道德的兽性状态，好人是因为社会的出现才有的。自然状态下，常有个人能力无法应付的境况，必须通过与其他人的联合才能生存，因而大家都愿意联合起来。人们联合在一起，以一个集体的形式而存在，这就形成了社会。社会的契约是人们对成员的社会地位的协议。

在《论人类不平等的起源和基础》中，卢梭尝试把政府的出现解释为统治者与被统治者的一种契约。人们愿意放弃个人自由并被他人所统治的唯一原因，是他们看到个人的权利、快乐和财产在一个有正规政府的社会比在一个无政府的、人人只顾自己的社会能够得到更好的保护。不过，卢梭又指出原始的契约有明显的缺陷。社会中最富有和最有权力的人"欺骗"了大众，使不平等成为人类社会一个永恒的特点。他在《社会契约论》中提到，统治者与被统治者的契约应该被重新思考。政府不应该是保护少数人的财富和权利，而是应该着眼于每一个人的权利和平等。不管任何形式的政府，如果它没有对每一个人的权利、自由和平等负责，那它就破坏了作为政治职权根本的社会契约。

卢梭的社会契约理论，从分析社会不平等的起源和发展中，得出用暴力手段推翻封建君主专制政权的激进的革命结论；主张建立以社会契约为基础的民主共和国，提出人民主权这一富有彻底反封建的革命精神的民主思想，要求实行体现人民主权、体现公意的法律，强调用法治代替君主专制政治，这些思想具有积极的意义。但是，他的理论也有其局限性。他的理论前提——自然状态是主观臆想出来的，他的社会契约理论是唯心主义的，他忽略了从"恶"的方面考虑问题，没有提出权力之间相互制衡、相互监督的思想。

（二）汉密尔顿的行政组织思想

汉密尔顿（1757—1804 年）是美国的开国元勋之一，宪法的起草人之一，财经专家，是美国的第一任财政部长，是美国政党制度的创建者，在美国金融、财政和工业发展史上，占有重要地位。因政党相争而决斗丧生。2006 年，汉密尔顿被美国的权威期刊《大西洋月刊》评为影响美国的 100 位人物第 5 名。

汉密尔顿的行政组织思想主要体现在《联邦党人文集》里。他的主要观点：主张扩大行政部门的权力；主张建立强有力的行政组织（统一、稳定、充分的法律支持，足够的权力）。

汉密尔顿为结束美国财政混乱不堪的状况做出了卓越贡献。1789 年，当他任财政部长时，国库空空，战债积累不堪重负，信用濒临崩溃。他向国会呈交一系列报告，提出了他的关于整顿财政与发展经济的纲领。他按照这个纲领实行了一系列财政政策，使长期积压的债务问题得以解决，重建了美国在国内外的信用，健全了金融体系，建立了一套完备的财政管理制度。国家有了稳定的财政收入，从根本上结束了财政混乱状况，为工商业的发展创造了有利条件。

（三）密尔的行政组织思想

密尔（1806—1873 年），19 世纪英国著名哲学家、经济学家、逻辑学家、政治理论家。旧译穆勒。西方近代自由主义最重要的代表人物之一。早在维多利亚时代，密尔就因其鲜明的自由主义立场及对自由主义学说的清晰阐释而被称为"自由主义之圣"。密尔在自由主义发展史上的重要性在于，他第一次赋予自由主义完整而全面的理论形式，从心理学、认识论、历史观、伦理观等角度为当时已经达到黄金时期的自由主义提供了哲学基础。其父詹姆斯·密尔是边沁创立的哲学激进派重要人物。

密尔的行政组织思想主要体现在《代议制政府》里。他的主要观点：衡量一个行政组织工作好坏的标准是能否促进社会利益的增长；政府的职能应该以不妨碍个人自由发展为前提；行政组织合理分工，实行个人负责制；政府的全部工作都要由有特殊专业性的人才来担任。

四、对外国早期行政组织思想的评述

早期行政组织思想体现在早期思想家们的治国方略中，与政治思想、法律思想含混在一起，但内容非常丰富。早期行政组织思想值得借鉴的有行政组织的职能，行政组织的分工和机构设置，行政组织的用人原则，行政组织的法制管理，行政组织的内聚力原则等思想。

第二节　传统时期的行政组织理论

一、独立的、系统的行政组织理论（传统行政理论）产生的背景

独立的行政组织理论产生的渊源：由混杂、片断的行政组织思想到独立、系统的行政组织理论的演变完成于 19 世纪末、20 世纪初的西方国家。自此以来行政组织理论经历了传统时期、行为科学时期，以及现代时期三个发展阶段。独立的、系统的行政组织理论的产生不是偶然的，它有着深刻的经济、政治和理论背景。

（一）工业革命的完成要求企业组织管理科学化

这一时期，西方各主要资本主义国家在经济上已先后完成了工业革命，并开始由自由竞争向垄断过渡。伴随着生产规模的急剧扩张，旧的企业组织结构与经验式个人管理方式已越来越不适应经济发展的要求。出现于 19 世纪 60 年代的资本同管理分离的进程在这时得到了进一步强化。企业管理作为一种专业，开始努力探索与时代相符合的新组织结构与新管理方法，并在诸多方面取得了有益的成果。

（二）民主共和国政体的建立与社会文化的发展，要求行政组织管理科学化

这一时期，西方各主要资本主义国家在政治上大多按照三权分立的原则建立了立宪君主或民主共和国的政体，行政组织在结构与功能上与其他国家机关相比已有较明显的区别。而随着自由资本主义向垄断资本主义的过渡，西方各国行政权力日益强大，管理职能日益多样化，组织规模也日趋庞大。行政管理为适应经济、社会、文化发展的要求，就必须分析、研究与逐步建立起新型的组织结构，使组织管理日益科学化。

（三）政治学理论与管理理论的发展，为行政组织理论的发展提供了理论基础

政治学理论与管理学理论的发展主要表现在以下几个方面。

（1）行政学从政治学中分化出来，为行政组织学的独立提供了直接的理论基础。

（2）西方企业组织管理理论的发展为行政组织理论的发展提供了借鉴与基础，致使经济组织理论研究的代表常常成为行政组织理论研究的先驱。

（3）由于种种原因，行政组织理论与一般组织理论的质的差别没有得到科学的说明。行政组织与一般社会、经济组织具有某些相似的内容与相近的规律。而且经济组织理论的研究，较之行政组织理论的研究，在时间上一般要超前。因而，行政组织的研究借鉴于一般的组织理论，特别是经济组织理论的相关成果，应该说具有某种必然性与合理性。但由于西方政治理论把国家视为一种进行公共事务管理的组织，否认行政组织阶级统治的实质，因而，就无法科学地揭示行政组织理论与其他组织理论的质的差别，常常在理论观点上，甚至在历史分期上与其他组织理论混为一谈，使行政组织理论未能取得内容上的真正独立，这一点在学习时要特别注意。

二、威尔逊的行政组织思想

托马斯·伍德罗·威尔逊（Thomas Woodrow Wilson，1856—1924 年），美国第 28 任总统。

1912 年总统大选中，由于西奥多·罗斯福和威廉·塔夫脱的竞争分散了共和党选票，以民主党人身份当选总统。1883 年，威尔逊进入约翰·霍普金斯大学研究生院，并在 3 年后获得历史与政治科学的哲学博士学位。博士论文为《议会制政府：对美国政治的研究》。毕业后，先后在布尔茅尔学院（1885—1888 年）和卫斯理大学（1888—1890 年）任学术职，他是唯一一名拥有哲学博士头衔的美国总统（法学博士衔除外），也是唯一一名任总统以前曾在新泽西州担任公职的美国总统。

威尔逊是独立的行政科学的创始人。1887 年他在《政治学季刊》上发表的《行政学研究》一文，提出了关于行政组织的思想：要求明确行政组织的职能、范围、任务；倡导改进政府机关的组织机构与工作方法；强调行政组织应成为公众信赖的机关。

三、泰勒的组织科学原理

美国工程师泰勒（也有译作泰罗）被称为"科学管理之父"，他于 1911 年出版了代表作《科学管理原理》。他主要以企业组织为研究对象，他的作品中涉及组织思想有四点：主张将管理职能与作业职能分离开；强调组织管理职能的专门化；强调组织工作计划化、标准化、程序化；强调组织管理中的例外原理，即高层管理人员应当适当放权。

泰勒认为，科学管理是过去曾存在的多种要素的结合。他把老的知识收集起来加以分析组合并归类成规律和条例，于是构成了一门科学。工人提高劳动生产率的潜力是非常大的，人的潜力不会自动跑出来，怎样才能最大限度地挖掘这种潜力呢？方法就是把工人多年积累的经验知识和传统的技巧归纳整理并结合起来，然后进行分析比较，从中找出具有共性和规律性的东西，然后利用上述原理将其标准化，这样就形成了科学的方法。用这一方法对工人的操作方法、使用的工具、劳动和休息的时间进行合理搭配，同时对机器安排、环境因素等进行改进，消除种种不合理的因素，把最好的因素结合起来，这就形成一种最好的方法。

泰勒还进一步指出，管理人员的首要责任就是把过去工人自己通过长期实践积累的大量的传统知识、技能和诀窍集中起来，并主动把这些传统的经验收集起来、记录下来、制成表格，然后将它们概括为规律和守则，有些甚至可以概括为数学公式，然后将这些规律、守则、公式在全厂实行。在经验管理的情况下，对工人在劳动中使用什么样的工具、怎样操作机器缺乏科学研究，没有统一标准，而只是凭师傅教徒弟的传授或个人在实际中摸索。泰勒认为，在科学管理的情况下，要想用科学知识代替个人经验，一个很重要的措施就是实行工具标准化、操作标准化、劳动动作标准化、劳动环境标准化等标准化管理。

这是因为只有实行标准化，才能使工人使用更有效的工具，采用更有效的工作方法，从而达到提高劳动生产率的目的。只有实现标准化，才能使工人在标准设备、标准条件下工作，对其工作成绩进行公正合理的衡量。

泰勒不仅提出了实行标准化的主张，而且也为标准化的制定进行了积极的试验。在搬运生铁的试验中，泰勒得出一个适合做搬运工作的工人，在正常情况下，一天至少可搬 47.5 吨铁块的结论；在铲具试验中，他得出铁锹每次铲物在重 21 磅时，劳动效率最高的结论；在长达 26 年的金属切削试验中，他得出影响切割速度的 12 个变数及反映它们之间相关关系的数学公式等，为工作标准化、工具标准化和操作标准化的制定提供了科学的依据。

因此，泰勒认为，标准化对劳资双方都是有利的，不仅每个工人的产量大大增加，工作质量大为提高，得到更高的工资，而且使工人建立一种科学的工作方法，使公司获得更多的利润。

四、法约尔的一般组织理论与原则

法约尔（Henri Fayol，1841—1925 年），古典管理理论的主要代表人之一，也是管理过程学派的创始人。法约尔与泰勒一样同属于管理学派，泰勒的理论侧重于在工厂中提高劳动生产率的问题，而法约尔则侧重于高层管理理论，他们的理论互为补充。法约尔试图提出一种适合于很多领域的一般组织理论。他在 1916 年出版的《工业管理与一般管理》中表达了组织思想：组织与管理密切相关；任何切实有用的理论应当能够应用于所有的各类组织；他探讨了组织的层级机构，主张保持比较小的管理幅度；提出了管理的五要素，并提出了十四条组织管理原则。

五要素：计划、组织、指挥、协调、控制。

十四条原则：劳动分工、权力和责任、纪律、统一指挥、统一领导、个人利益服从整体利益、人员的报酬、集中、等级制度、秩序、公平、人员的稳定、首创精神、人员的团结。

因为法约尔的十四条原则和五要素在现代管理中已作为普遍遵循的准则，因而常被看成极为一般的东西。其实，正因为这一"普遍性"才使他的理论成为管理史上的一个重要的里程碑。泰勒注重"哲学"和方法，法约尔注重"原则"和要素，他们的思想共同构成了古典管理理论的基础。

五、对传统行政组织理论的评述

由于行政组织与一般社会、经济组织具有某些相似的原则与相近的规律，西方行政组织理论的发展，直接综合与借用了一般组织理论，特别是企业组织理论的方法与成就。企业组织的管理原则和方法被成功地运用于政府行政组织。企业组织理论研究的奠基人同时成为行政组织理论的早期代表。

传统行政组织理论主要特点：借鉴了经济组织理论的方法与成就。

传统行政组织理论主要贡献：第一，把专业化分工原理广泛地引入组织管理之中，提出了职能化（专业化）管理的原理，为构造科学管理的组织结构及其发展演变奠定了一般的原则基础。第二，总结概括出管理幅度和管理层次原理，作为组织结构的依据，力图构建高效的等级制组织。第三，倡导"理性化—法律化"的组织形态，强调组织的运作应以法律为规范。

传统行政组织理论主要不足：第一，只研究了组织的静态结构，而忽视了对组织的动态面的研究；第二，他们在强调组织的非人格化、理性化时，忽视了对人的主观能动性及多方面的需求的研究；第三，他们只将组织当作一个封闭型的系统来研究，而未探讨组织与其外在环境之间的相互关系。

第三节　行为科学时期的行政组织理论

行为科学产生于管理工作实践中。它正式被命名为行为科学，是在 1949 年美国芝加哥的一次跨学科的科学会议上。20 世纪 30 年代以前，很多管理学派对管理方法的研究都是以"事"为中心，忽视了对人的研究。对行为科学研究起源于 20 世纪 50 年代的美国。行业科学的英文原名有单复数之分，以复数表示的行为科学为广义的行为科学，是一个学科群。现代管理学中所讲的行为科学专指狭义的行为科学，即应用心理学、社会学、人类学及其他相关学科的成果，来研究管理过程中的行为和人与人之间关系规律的一门科学。

行为科学的产生是生产力和社会矛盾发展到一定阶段的必然结果，也是管理思想发展的必然结果。行为科学的产生既有其政治背景，也有其经济背景和文化背景。泰勒科学管理理论建立以后，社会经济、政治、文化发展状况导致了行为科学的兴起。

今天的行为科学之所以成为根深叶茂的学科大树，很大程度上得益于梅奥及霍桑实验对人性的探索。下面，我们将就行为科学时期的行政组织理论来进行学习和研究。

一、梅奥的人际关系组织理论

梅奥是早期行为科学组织理论的代表人物，是人际关系学说也是行为科学的创始人，代表作是《工业文明的人类问题》。梅奥与其合作者为研究人际关系，于 1924—1926 年和 1927—1932 年两次实施了有名的霍桑实验。

霍桑实验是 1924 年美国国家科学院的全国科学委员会在西方电气公司所属的霍桑工厂进行的一项实验。这项实验的目的是弄清照明的质量对生产效率的影响，但未取得实质性的进展。1927 年，梅奥和哈佛大学的同事应邀参加霍桑实验和研究。这一系列在美国芝加哥西方电器公司所属的霍桑工厂进行的心理学研究是由哈佛大学的心理学教授梅奥主持的。

霍桑工厂是一个制造电话交换机的工厂，具有较完善的娱乐设施、医疗制度和养老金制度，但工人们仍愤愤不平，生产绩效很不理想。为了找出原因，研究小组开展实验研究。

古典管理理论的杰出代表泰勒、法约尔等人在不同的方面对管理思想和管理理论的发展做出了卓越的贡献，并且对管理实践产生了深刻的影响，但是他们有一个共同的特点，就是都强调管理的科学性、合理性、纪律性，而未给管理中人的因素和作用以足够的重视。他们的理论是基于这样一种假设，即社会是由一群无组织的个人所组成的；他们在思想上、行动上力争获得个人利益，追求最大限度的经济收入，成了"经济人"；管理部门面对的仅仅是单一的职工个体或个体的简单总和。基于这种认识，工人被安排去从事固定的、枯燥的和过分简单的工作，成了"活机器"。从 20 世纪 20 年代美国推行科学管理的实践来看，泰勒制在使生产率大幅度提高的同时，也使工人的劳动变得异常紧张、单调和劳累，因而引起了工人们的强烈不满，并导致工人的怠工、罢工及劳资关系日益紧张等事件的出现。随着经济的发展和科学的进步，有较高文化水平和技术水平的工人逐渐占据了主导地位，体力劳动也逐渐让位于脑力劳动，也使西方的资产阶级感到单纯用古典管理理论和方法已不能有效地控制工人以达到提高生产率和利润的目的。这使对新的管理思想、管理理论和管理方法的寻求和探索成为必要。

（一）照明实验（1924 年 11 月至 1927 年 4 月）

当时，关于生产效率的理论占统治地位的是劳动医学的观点，认为影响工人生产效率的可能是疲劳和单调感等。于是，当时的实验假设是"提高照明度有助于减少疲劳，使生产效率提高"。可是，经过两年多的实验发现，照明度的改变对生产效率并无影响。实验的具体结果是，当实验组照明度增大时，实验组和控制组都增产；当实验组照明度减弱时，两组依然都增产，甚至实验组的照明度减至更弱的烛光时，其产量也无明显下降；直至照明减至如月光一般，实在看不清时，产量才急剧下降。研究人员面对此结果感到茫然，失去了信心。

从 1927 年起，以梅奥教授为首的一批哈佛大学心理学工作者将实验工作接管下来，继续进行。

（二）福利实验（继电器装配测试室研究的一个阶段，1927 年 4 月至 1929 年 6 月）

这项实验目的总的来说是查明福利待遇的变换与生产效率的关系。但经过两年多的实验发现，不管福利待遇如何改变（包括工资支付办法的改变、优惠措施的增减、休息时间的增减等），都不影响产量的持续上升，甚至工人自己对生产效率提高的原因也说不清楚。

后经进一步分析发现，导致生产效率上升的主要原因有以下两点。

（1）参加实验的光荣感。实验开始时，6 名参加实验的女工曾被召进部长办公室谈话，她们认为这是莫大的荣誉。这说明，被重视的自豪感对人的积极性有明显的促进作用。

（2）成员间良好的相互关系。

（三）访谈实验

研究者在工厂中开始了访谈计划。此计划的最初想法是要工人就管理当局的规划和政策、工头的态度和工作条件等问题做出回答，但这种规定好的访谈计划在进行过程中却大大出乎研究者的意料。工人想就工作提纲以外的事情进行交谈，工人认为重要的事情并不是公司或调查者认为意义重大的那些事。访谈者了解到这一点，及时把访谈计划改为事先不规定内容，每次访谈的平均时间从 0.5 小时延长到了 1~1.5 个小时，多听少说，详细地记录了工人的不满和意见。访谈计划持续了两年多，工人的产量大幅提高。

工人们长期以来对工厂的各项管理制度和方法存在许多不满，无处发泄。访谈计划的实施恰恰为他们提供了发泄的机会。发泄过后，工人们心情舒畅，士气提高，使产量也得到了提高。

（四）群体实验

梅奥等人在这个试验中选择了 14 名男工人在单独的房间里从事绕线、焊接和检验工作，对这个班组实行特殊的工人计件工资制度。

实验者原来设想，实行这套奖励办法会使工人更加努力工作，以便得到更多的报酬。但观察的结果发现，产量只保持在中等水平上，每个工人的日产量平均都差不多，而且工人并不如实地报告产量。深入调查后发现，这个班组为了维护他们群体的利益，自发地形成了一些规范。他们约定，谁也不能干得太多，突出自己；谁也不能干得太少，影响全组的产量；并且约法三章，不准向管理当局告密，如有人违反这些规定，轻则被挖苦谩骂，重则遭受拳打脚踢。进一步调查发现，工人们之所以维持中等水平的产量，是担心产量提高，管理当局会改变现行的奖励制度，或裁减人员使部分工人失业，或者会使干得慢的伙伴受到惩罚。

这一试验表明，工人们为了维护班组内部的团结，可以放弃物质利益的引诱。研究者由此提出"非正式群体"的概念，认为在正式的组织中存在着自发形成的非正式群体。这种群体有自己特殊的行为规范，对人的行为起着调节和控制作用，同时，也加强了内部的协作关系。

1933 年，梅奥出版了《工业文明的人类问题》。

群体实验的结论：职工是"社会人"；组织中存在着"非正式组织"；新型的领导能力在于提高职工的满足度；存在着霍桑效应。

梅奥的霍桑实验对古典管理理论进行了大胆的突破，第一次把管理研究的重点从工作上和从物的因素上转到人的因素上来，不仅在理论上对古典管理理论作了修正和补充，开辟了管理研究的新理论，还为现代行为科学的发展奠定了基础，而且对管理实践产生了深远的影响。

梅奥的行政组织观点：提出"社会人"理论；指出组织中除了正式的组织外，还有非正式组织。作为新型的组织领导者，其能力主要表现在通过提高组织中成员的满足程度来激励人的士气，以提高组织效率。

梅奥行政组织观点的局限：对"经济人"假设过分否定；对非正式组织的过分倚重；对感情逻辑过分强调。

二、西蒙的决策组织理论

西蒙（1916—2001 年），美国管理学家和社会科学家，经济组织决策管理大师，第十届诺贝尔经济学奖获奖者。西蒙是美国著名的行政学家，他以巴纳德思想作为出发点，建立起一个更加系统、全面、成熟的现代组织理论体系，尤其主要从行为科学的角度探讨了组织决策理论。他是决策理论学派的创始人。

其代表作为《管理行为》(也作《行政行为》)。

西蒙的主要思想：组织首先是个决策过程，组织的基本功能就是决策，"管理就是决策"；组织的目标就是追求决策的合理性，而合理性取决于为实现某一目的而合理选择的手段；组织平衡论；组织影响论，即研究组织如何影响个人的决策行为（主要因素有权威、组织认同、沟通、培训、效率等)；组织设计论。他把行政组织的研究焦点由对静态层面的研究转变到对决策过程的动态研究。

三、巴纳德的组织要素与平衡理论

巴纳德（1886—1961 年），系统组织理论创始人，现代管理理论之父。巴纳德是西方现代管理理论中社会系统学派的创始人。他在人群组织这一复杂问题上的贡献和影响，可能比管理思想发展过程中的任何人都更重要。巴纳德是美国公共行政和组织方面的理论家，他的组织理论事实上已经超出了行为科学的框架，是西方现代组织理论中社会系统学派的创始人。他的主要贡献：指出组织的本质是一个协作系统；提出组织三要素理论（共同目标、协作的意愿、信息沟通）；提出权威来自接受的思想。权威的来源不在于"权威者"或发布命令的人，而在于下级是否接受命令；提出组织平衡的思想。组织能否持续存在，取决于能否维持组织的内外平衡；阐述了非正式组织理论。非正式组织能对正式组织起到补充、限制的作用。

四、对行为科学行政组织理论的评述

行为科学行政组织理论的主要贡献：注重对组织中的人进行研究；注重对非正式组织的研究；注重对组织决策问题的研究。

行为科学行政组织理论的不足：过分偏重对人的行为的研究，贬低了组织结构、法规与制度对行政组织的重要意义；过分注重对个别的事实的研究，而忽视对组织进行整体的系统的研究，致使研究日趋支离破碎，缺乏有力的理论统御；这一时期关于组织的研究仍然带有封闭性质。

第四节　现代行政组织理论

一、柏森斯、卡斯特等人的系统与权变组织理论

巴纳德、西蒙都是现代行政组织理论的创始人，但严格地说，他们是处在行为科学与现代行政组织理论的转变时期的代表人物。真正的现代行政组织理论主要是采用系统分析的方法来研究行政组织。所谓系统，是指具有规律化的交互作用或相互依赖的整合事物。20 世纪 60 年代以后发展起来的系统方法为组织理论与管理知识的汇合，为各种组织理论流派的统一创造了机会，从而使组织理论的研究进入了第三个阶段，即系统权变理论阶段。系统方法给人们提供了一种从整个组织及其与环境的相互作用中看待组织的途径，也为研究组织内部各个部分、各个分系统之间的关系提供了指导。同时，系统理论还为组织及其管理适应环境的权变观念与生态观念提供了基础。最早将一般系统论运用于组织研究的学者是美国的社会学家柏森斯，他的主要著作有《社会系统论》《现代社会的结构和进程》等。

（一）柏森斯的行政组织理论

柏森斯（1902—1979 年）认为，任何一种组织其本身就是一个处在各个社会系统之中的社会分系统，在此社会系统之内又包括了许多小的社会系统。处

在社会系统中的组织，必须具备以下四方面特质：适应环境；达成目标；统一协调；形态维持。这四个方面的特质主要通过组织的三个层级来体现。

1. 决策层级

该层级负责决策和组织方向。如企业的董事会、政府机关的首长等，都处于组织的前锋地位，和客观的社会环境直接发生关系，故这一层次的工作应是完全开放的。

2. 管理层级

该层级的主要任务在于协调组织内部各单位的工作活动，同时也负责维持组织与外在社会团体的接触，又称为协调层级。由于管理层级的主要职责是解决组织的内外协调问题，故这一层级的工作性质应是半开放、半封闭状态的。

3. 技术层级

该层级是组织目标的直接完成者，又称操作层级。处在这一层级的人们一般不与社会环境直接发生关系，他们所面临的问题是组织具体工作目标的达成，故这一层级的工作性质呈封闭状态。柏森斯认为，这三个层级各有"界线"标志，工作性质各不相同：决策层级负责决策，管理层级负责协调，技术层级具体执行。各层级职责清楚，授权分明，各司其职，不得互相干涉。

（二）卡斯特和罗森茨韦克的行政组织理论

继柏森斯之后，美国华盛顿大学的管理学教授卡斯特和罗森茨韦克发展了柏森斯的思想。他们两在1970年合著的《组织与管理——系统方法与权变方法》一书中阐述了他们关于组织的系统权变观念。

1. 卡斯特与罗森茨韦克提出组织是一个开放系统

卡斯特与罗森茨韦克认为，一个企业组织或一个政府机关，都处在一个开放系统与环境的持续相互作用中，并时刻努力达到动态的平衡。任何一个组织都必须接受足够的资源投入，以维持其正常运转，同时也产生足量的经过转换的资源供给外部环境，以便继续这种循环，以保持组织与社会环境的平衡。

2. 卡斯特与罗森茨韦克强调组织是一个整体系统

卡斯特与罗森茨韦克不仅将组织看成一个开放的系统，而且看成一个整体的、与外界环境有一定界线的社会技术系统。他们认为，作为一个整体系统，任何组织一般都由下列五个分系统构成：第一，目标与价值分系统。它指组织的目标与存在的社会价值。第二，技术分系统。组织为达成目标所需要运用的各种技术与知识。不同目标的组织所需的技术与知识当然也有不同。第三，社会心理分系统。它由相互作用的个人与群体组成，包括个人的行为与动机、人们的地位和作用的相互关系、团体与团体间的交互行为等。第四，结构分系统。组织结构与权责分配、信息沟通和工作流程有关，是通过组织图、职位与工作说明规划和程序等方面表现出来的。第五，管理分系统。负责协调各分系统，其主要作用是计划、沟通与协调、管制等，以使组织的任务能顺利完成、组织的目标能顺利达成。

3. 卡斯特和罗森茨韦克提出了组织的权变观念

卡斯特与罗森茨韦克认为，权变观点所要研究的是组织与其环境之间的相互关系和各分系统之间的相互关系，以及确定关系模式，即各变量的形态。权变观点强调的是组织的多变量性，并力图了解组织在变化着的特殊环境中运营的情况。权变观点的最终目的在于提出最适宜于具体情况的组织设计和管理行动。由此可见，权变理论是以系统理论和生态理论为基础的。

第一，权变组织理论强调组织的多变量性，主张应具体地研究组织中各变量间的关系，以及组织和它所处的环境之间的关系。

第二，既然每个组织的外部环境和内部各分系统都处在动态的变化之中，因而不存在普遍适用于所有环境的组织原则和管理方法。

"X 理论"不是一无是处，"Y 理论"也绝非灵丹妙药。究竟采用哪种管理方式对完成组织目标最有效，要依组织所处的具体条件来确定，不能千篇一律。由于组织的任务类型、组织行为的特点、管理者的能力及威望等的不同，可以采取不同的管理方式。

第三，权变组织理论致力于谋求组织与其环境之间及组织内部各分系统之间的动态的、具体的一致性。只有通过组织设计和管理达到这种一致性，才能保证组织具有高效能、高效率。

二、雷格斯的生态行政组织理论

生态理论也是以系统理论为基础的。生态学是研究各种生物相互间及其与环境间的相互关系的学科。最先运用生态理论来研究政府行政现象的学者是美国哈佛大学的教授高斯。他在 1936 年曾发表《美国社会与公共行动》的专论，于 1947 年又发表了《政府生态学》，认为政府组织与行政行为必须考虑到生态环境的因素。继高斯之后，在生态行政理论研究方面取得显著成就的学者是美国著名行政学者、夏威夷大学东西方文化研究中心教授，1917 年出生在中国桂林的雷格斯。他在 1957 年发表了《农业型与工业型行政模式》一文，1961 年出版了他的代表作《行政生态学》一书。雷格斯把公共行政组织看作受经济、文化环境影响的生态系统。

（一）雷格斯提出了三种行政组织模式（见图 3.1）

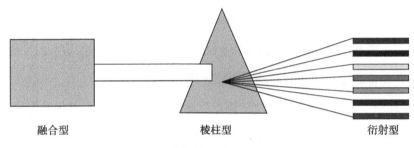

融合型　　　　　　　　　　棱柱型　　　　　　　　　衍射型

图 3.1　雷格斯的三种行政组织模式

融合型——传统农业社会的行政组织。

棱柱型——由农业社会向工业社会过渡时期的行政组织。

衍射型——高度发达的工业化社会的行政组织。

他用物理学的光谱现象解释了这三种类型社会的行政组织模式。他认为，自然光在折射前只是一道无颜色区别的白光，如同传统农业社会的结构是混沌未分的，行政组织与其他立法、司法组织混同，行政组织内部分化程度很低，雷格斯称此为融合型。自然光经过棱柱体的折射后，衍射为赤橙黄绿青蓝紫七色光，如同现代工业社会有明确的分工，行政组织与立法、司法组织分开，行政组织内部分工也很清楚，各司其职，雷格斯称此为衍射型（或绕射型）。而光在折射过程中，既有融合的白光特征，又有衍射后的各种颜色光的因素，这恰似过渡社会既有传统社会的因素，又有现代工业社会的因素，行政组织呈半分化状态，雷格斯称此为棱柱型。

（二）雷格斯重点分析了棱柱型过渡社会的公共行政组织

雷格斯指出棱柱型行政模式具有以下三种特征。

1. 异质性或异种性并存

异质性或异种性并存是指在同一时间的同一社会中，呈现出不同的制度、不同的行为规范与观点。既有农业社会的特征，又有工业社会的特征；它是一种新旧皆有、传统与现代兼容的行政模式。

2. 形式主义

形式主义即法制与事实的严重脱节。政府虽然有堂皇的法律制度，但实际上却没有什么约束和规范的作用。传统农业社会中的某些特征虽然形式已被摒弃，如人情关系，但事实上仍然发生巨大的影响力。

3. 重叠性

重叠性即结构上或组织上的重叠性，指传统社会的结构与现代社会的结构彼此重叠存在。一方面，有国会、行政机构、选举制度；另一方面又有能量很大的家族、宗教团体、同乡会等，其影响不可低估。

（三）雷格斯考察了经济机制、社会机制、社会沟通网络、政治制度、政治信念、意识形态等外部生态环境与公共行政之间的制约关系

雷格斯指出，社会经济机制和生产力水平是影响公共行政最主要的生态因素。社会结构，如家庭、宗教派别、政党、商业团体或社会各阶层等都会对公共行政产生各种各样的影响。除此以外，社会沟通网络和政治制度、认同意识

等也都是影响公共行政的重要的生态因素。只有与生态环境相适应并根据这些生态环境的变化适时地做出调整的行政组织，才有可能健康地发展。因此，他反对在发展中国家照抄照搬西方发达国家的行政组织制度。

三、行政组织中的帕金森定律与彼得原理

（一）帕金森定律

诺斯古德·帕金森是 1909 年出生的英国著名的历史学家和行政学理论家。他在 1958 年出版了《官场病》（又名《帕金森定律》），是一本剖析官场痼疾的书。帕金森通过对当时英国的政治制度、政府机构、人员的设置及行政机关工作作风的剖析，揭露和嘲弄了英国官场的种种弊病。虽然他是就英国的行政现象而言的，但由于这弊病是各国行政组织的通病，所以在读者中引起了强烈的反响，使"帕金森定律"的七个概念在世界各国广为流传，许多人把它当作官僚主义的代名词。原书的出版者说："这本书让全世界的人捧腹——并且深思。"

帕金森对官场针砭时弊，入木三分，令人深思。他所概括的官场通病（也有人称为"帕金森现象"），主要有以下四种。

第一，职工人数与工作量毫不相关，不管工作量如何变化，职工人数总是成倍地增加。这是因为行政主管喜欢增加部属，而不是对手；新增加的部属之间彼此又会制造出许多工作来做。因此，不管工作量是增多还是减少，"行政人员或多或少是注定要增长的"。

第二，现代政府机构如委员会之类的组织形式日益膨胀。在委员会内部，必然出现非正式的核心委员会，过一段时间，这个核心组织又会扩张起来。如

此周而复始，机构就越来越庞杂，人员越来越多，工作效率却越来越低。

第三，组织的低效、无能根源于自发的嫉妒病。机关成立的年代越长，人员的素质就越低劣。因为行政主管大都不喜欢比自己能力强的人，以免树立未来的职位竞争对手。二流水平的领导只能领导三流水平的下级，三流水平的领导又会找来四流水平的下级。这样，用不了多久，整个组织就会面临垮台的境地。

第四，豪华的办公大楼和考究的办公环境，是组织衰退的征兆。当一个机关趋于腐败时，其建筑和办公用品会达到华丽壮观的顶点。因此，华丽的建筑可作为推测机关正趋腐败的证据等。

（二）彼得原理

美国管理组织学家劳伦斯·彼得（1919 年出生于加拿大）与记者雷蒙得·霍尔在 1969 年合作出版了《彼得原理》（又译为《升官病》），这是继《帕金森定律》之后的又一本剖析官场痼疾的书。作者认为，不称职是人类社会的一个普遍现象，每个组织都充斥着不称职者。"在实行梯层等级组织中，组织的每一个成员都趋向于晋升到他所不能胜任的层级。"这一观点便成了组织理论中的"彼得原理"。从此，彼得原理成为专用名词，在世界上广为流传。彼得指出，帕金森揭示了科层组织中人浮于事的现象，但没有找到产生这一现象的根本原因。彼得认为，组织效率低下的真正原因是不称职者的积聚，是等级制的组织不断地把人们提拔到他们力不从心的工作岗位上的结果。假如每个人都降一级，做力所能及的工作，就可能达到更大的工作效率。不称职不仅造成效率低下，而且使机构臃肿不可避免。彼得和霍尔指出，在政府机构这个庞大的相互制约的科层组织系列里，不称职者比比皆是，资本主义和社会主义国家都有冗员和不称职者积聚。政党同样受彼得原理支配。他们甚至认为，人类任何有组织的事业——政府、宗教、企业等，都受彼得原理支配。作者最后告诫人们：应认真地估价自己的潜力，不要盲目地追求晋升、企望升官，这样不仅会给个人带来痛苦，引起"不称职综合征"，而且也会导致组织大滑坡，给社会造成危害，最终将导致整个人类达到"生存不称职级"。

四、企业家政府组织理论

企业家政府理论是在对官僚主义批判的基础上发展起来的，也是美国近年来最为流行的行政学派，是美国学者奥斯本和盖不勒在 1992 年合著的《重新创造政府》中首先提出来的。其基本思想是把企业经营的一些成功经验运用到政府中，使政府能够注重投入，提高行政效率，以重新塑造政府形象。这种理论主张从根本上改变政府的行为方式，希望政府能像企业一样充满活力，参与竞争，树立顾客意识，简政放权，放松规制，从而建立一个花钱少、效率高的政府。他们认为企业家应当具备十大特征。

（1）应掌好舵而不是划桨。政府应当只负责决策，而把一些具体的服务性工作交由一些中介组织去做。

（2）妥善授权，而非事必躬亲。更多地授权给公共自治组织，让它们更加有效地进行管理。

（3）注重引入竞争机制。政府的责任是为竞争提供规则。

（4）注重目标使命，而非繁文缛节。规章制度不应太多，应当以责任驱动政府。

（5）重产出而不是投入。政府按效果拨款，而非按项目的多少拨款。

（6）树立"顾客意识"。政府应像企业那样，制定顾客驱使政府的制度，使政府自觉地为顾客——服务对象服务。

（7）重收益、重集资、重赚钱。政府不应单纯地通过节省来缓解财政问题，而应当通过民间集资等多渠道筹集资金。

（8）重事前预防，而不是事后补救。企业家政府应学会用少量钱对一些社会问题进行预防，就可以省去花大量钱进行补救。

（9）重分权模式和合作式组织。减少层级，部分权力下放，以提高效率，使组织更具备创新精神。

（10）重市场调节机制，非仅仅依靠行政命令。市场有许多优势，概括起来就是效率；单纯的行政命令有许多劣势，归结起来就是非效率。当然，市场本身也有很多缺陷，因而侧重市场调节的同时政府还需要提供规制，以保障公平。

这里应当强调的是，所谓企业家政府是指政府应当具有企业家精神，而不是说政府就是企业。政府的基本使命在于办好事情，而不是赚更多的钱。

五、对现代行政组织理论的评述

通过对传统行政组织理论和行为科学组织理论的批判，现代组织理论提出要建立具有综合性、开放性、有机性和总体性特征的新型政府主张。他们注重对组织的系统性、生态性、权变性的研究，把组织看作一个系统，并且是与内外环境密不可分的一个开放系统。

现代组织理论的不足：一是强调被动地适应环境，而非主动地促进环境的改变；二是过分强调组织的变数，忽略了对组织的基本原则和运行规律的研究。

目前，现代行政组织理论不断倡导变革，要求政府放松规制、下放权力、重视民主参与。

阅读材料
梅奥的思想能够给当代行政组织管理带来什么启示？

（一）人才是组织发展的动力之源

人、财、物是组织必不可少的三大要素，而人又是其中最活跃，最富有创造力的因素。即使有最先进的技术设备，最完备的物质资料，但没有全力的投入，所有的一切将毫无意义。对于人的有效管理不仅是高效利用现有物质资源的前提，而且是一切创新的最基本条件。

但是人的创造性是有条件的，是以其能动性为前提的。硬性而机械式的管理，只能抹杀其才能。因此，组织的管理者要针对不同的组织成员，不同层次的需求分别对待。要悉心分析他们的思想，了解他们的真正需要。不仅要满足他们的必要的物质需求，还要满足更深层次的社会需求，即让他们受到尊重，受到重视，能够体现自我的存在价值。例如，在管理过程中，为了满足成员的社会需求，可以加强成员参与管理的程度，通过民主管理、民主监督的机制，增加他们对组织的关注，增加其主人翁的责任感和个人成就感，将他们的个人目标和组织的长远目标完美地统一起来，从而激发出他们更大的工作热情，发挥其主观能动性和创造性。

（二）有效沟通是管理中的艺术方法

管理是讲究艺术的，对人的管理更是如此。新一代的管理者应认识到这一点。那种高谈阔论、教训下属、以自我为中心的领导方式已不适用了。早在霍桑访谈试验中，梅奥已注意到，亲善的沟通方式不仅可以了解到员工的需求，还可以改善上下级之间的关系，从而使成员更加自愿地努力工作。倾听是一种有效的沟通方式。具有成熟智慧的管理者会认为倾听别人的意见比表现自己渊博的知识更重要。管理者要善于帮助和启发他人表达自己的思想和感情，不主动发表自己的观点。善于聆听别人的意见，激发他们的创造性的思维，这样不仅可以使成员增强对管理者的信任感，还可以使管理者从中获取有用的信息，更有效地组织工作。适时地赞誉别人也是管理中极为有效的手段。采用"与人为善"的管理方式，不仅有助于营造和谐的工作气氛，而且可以提高成员的满意度，使其能继续坚持不懈地为实现组织目标而努力。

（三）组织文化是寻求效率逻辑与感情逻辑之间的动态平衡的有效途径

发现非正式组织的存在是梅奥人际关系理论的重要贡献，作为组织的管理者，也应对此有所重视。成员不是作为一个孤立的个体而存在，而是生活在集体中的一员，他们的行为很大程度上受到集体中其他个体的影响。怎样消除非正式组织施加在成员身上的负面影响，也是当代管理者必须正视的一个问题。只有个人、集体、组织三方的利益保持均衡时，才能最大限度地发挥个人的潜能。培养共同的价值观，创造积极向上的组文化，是协调好组织内部各利益群体关系，发挥组织协同效应和增加组织凝聚力最有效的途径。

总之，管理不仅是对物质生产力的管理，更重要的是对有思想、有感情的人的管理。人的价值是无法估量的，是社会上最宝贵的资源，是生产力中最耀眼的明珠。只有最大限度地开发人力资源，切实树立"重视人、尊重人和理解人"的管理思维模式，组织的发展才可能有美好的未来。

◎思考

如何运用行政组织学相关理论解决当前行政组织现实问题？

第四章 行政组织文化

　　行政文化是整个社会文化的一部分。它是人们关于行政组织系统的价值观念，以及这个观念所要求的行政组织及其成员所应具有的行为模式。由于文化具有社会性、阶级性、历史性和继承性等特征，因而在当今这个发展不平衡的世界之中，几乎各种行政文化同时并存；但在某一个国家里，又有一个主体性的行政文化观念。本章主要分析行政组织文化及认同、行政组织文化整合与批判，以及行政组织文化中的大庆精神传承。其中，行政组织文化中的大庆精神传承也是本书的重点及特点。

第一节 行政组织文化概述

一、组织文化

　　要了解行政组织文化的概念，首先必须要清楚什么是组织文化。每一个组织都具有自己的构成要素，除了"硬性"的机构设置、规章制度之外，更重要的是一种具有内在驱动力的"软约束"要素，而这一要素就是我们所要讨论的组织文化。对于组织文化的概念，国内外不同学者均有自己不同的理解。

西方对组织文化的界定，比较经典的是学者希恩于 1984 年下的定义："组织文化是特定组织在适当处理外部环境和内部整合过程中出现的种种问题时，所发明、发现或发展起来的基本假说的规范。这些规范运行良好，相当有效，因此被用作为教导新成员观察、思考和感受有关问题的正确方式。"❶

在我国，尽管学术界对组织文化的定义众说纷纭，但总体上来讲主要有三种理解。第一种是三层次说，认为组织文化是由三部分组成的：文化层次的外显部分，即物质形态的、大家可以看到的东西；制度文化，即组织的规章制度、纪律规范等；精神文化，即组织的宗旨、信念、价值观等精神形态的东西。第二种是两元说，这种观点较为简单，易于理解，即组织文化是由物质文化与精神文化两个方面构成的。第三种是精神文化说，将组织文化简单地界定为是以价值观念为核心的各种精神现象。从组织的内涵上来理解，组织的成立必定是以共同的目标指引为基础的。组织的正常运作，离不开共同的目的、理想、行为准则及相适应的组织制度。组织文化的任务是创造这些组织成员共同遵守的价值准则、行为规范及规章制度。从这个意义上来说，组织文化就是组织在长期的实践中所形成的，能够为组织全体成员所自觉遵守的并具有本组织自身特色的价值观念、道德观念、行为规范、团体意识等的总和。

二、行政组织文化

（一）行政组织文化的含义

行政组织文化作为组织文化的一种，了解其内涵必定也要从广义及狭义

---

❶ 陈春花，段淳林 . 中国行政组织文化 [M]. 广州：华南理工大学出版社，2005：12.

两个层面出发。"就广义而言，行政组织文化是指行政意识形态，以及与之相适应的行政制度和组织机构。从狭义来说，行政组织文化仅指行政意识形态，即在行政实践活动基础上形成的，直接反映行政活动和行政关系的各种心理现象、道德现象和精神活动状态。" ❶ 概括来讲，广义的行政组织文化的内涵是包括行政物质文化、行政制度文化及意识形态的心理文化、思想文化在内的整体信念系统；狭义行政组织文化则把行政物质文化与制度文化置于行政组织文化之外，将其内涵简单地限定在意识形态层面。本书选定从广义层面来理解行政组织文化的内涵，即行政组织及其全体成员在长期的实践活动中所形成的物质文化和精神文化的总和，包括体现文化特性的象征物、全体行政组织成员所共同奉守的价值观念、行为规范、道德准则及与之相适应的组织规章制度等。

（二）行政组织文化的结构

行政组织文化内涵决定着其结构，行政组织文化的结构体现了对行政组织文化不同角度的理解。角度的不同带来结构分类的不同。有人从行政组织文化的关系性构成出发，将行政组织文化的结构分为主体行政组织文化与客体行政组织文化；有人从行政组织文化的发生性构成出发，将其分为行政心态、行政意志、行政规范、行政评价等要素；有人从行政组织文化的广义内涵出发，将其分为行政思想、行政制度、行政心理和行政物质文化四类构成。由于本书对行政组织文化内涵的界定来自广义范畴，同时这四类构成与公务员职业化塑造有密切的联系，本书所采纳的观点是第三种，从广义内涵角度所划分的行政组织文化的构成。同时，作为一种特别的社会文化，它是由显性元素和隐性元素

---

❶　夏书章.行政管理学 [M].广州：中山大学出版社，2003：149.

构成的，也就是行政文化现象和行政文化精神。❶ 从这两大方面来考虑，行政组织文化的构成要素理应包括行政物质文化、行政组织制度文化和行政组织精神文化。

1. 行政物质文化

顾名思义，物质文化是人们能直接感受到的行政的表层文化，是人们认识行政组织文化的出发点。它主要包括两方面内容，最直观的体现是行政器物，宏观方面包括与行政相关的物质设施、建筑设计、造型布局等，从微观方面来理解包括行政组织人员的着装、礼仪、行为等体现出来的一种文化表征。不同类型、不同宗旨的行政组织的物质设施及建筑，体现出不同组织的文化特征及组织特色，从不同行政组织成员的着装要求、礼仪表现、行为举止之中，必然能够判定一个组织的文化内涵。例如，浙江省杭州市从 2007 年开始便组织开展行政执法工作服试点工作，制定了《浙江省文化市场行政执法工作服穿着管理办法》，要求行政执法人员着装时必须按照规定配套着装。杭州市这种对行政执法人员着装的特殊规定目的是树立良好的执法形象，体现行政执法领域一种严肃性与庄严性的文化内涵及工作作风。行政物质文化的另一个内容是行政组织所提供的公共服务和公共产品。是否能够提供高质量、高效率的公共产品，是行政绩效及行政水平高低的必然体现。

2. 行政组织制度文化

行政组织制度文化是一种强制性的规范，是组织在实践活动中所形成的，为实现特定的目标，对行政主体与行政客体给予一定限制的文化。从表现形式上来看，行政制度文化体现为各种规章制度。对于行政制度是否属于文化的范

---

❶　洪威雷，齿文龙. 行政文化学概论 [M]. 湖北：武汉大学出版社，2009：14.

畴一直存在着不同的争议。有人认为制度是物质的东西，不属于行政组织文化之列。其实，仔细推敲，便可发现这种观点的不足之处。任何制度的形成过程都融入了人的思考、判断、选择等主观意识。一切行政制度的建立或形成，都有自己的基础理论，如"三权分立理论""社会契约论""议政合一"理论、系统管理理论、行为科学理论等。一切行政制度都必定有一套用以确定人们之间的相互关系，以及他们各自行为模式的具体规则和规定。由此可见，行政制度不是纯粹物质的，也不是纯粹精神的，而是物质形态的行政制度和精神形态的行政制度的集合。我们将其中精神层面的行政制度作为行政组织文化的重要内容之一加以研究，主要包括以下几个方面工作制度，即组织工作中的岗位责任制度、奖惩制度、人事管理制度、财务管理制度，以及监督制度和特殊制度等。行政制度文化是行政组织文化整体中的重要组成部分，与思想、价值、精神层面及物质层面的文化紧密联系。行政行为最先是受到观念、思想、价值观的影响与支配，而行政观念、行政思想、行政价值观要能真正起到约束、影响行政行为的效力，就必然要形成行政法律法规和规章制度，它们之间的关系相辅相成，缺一不可。

3. 行政组织精神文化

所谓行政组织精神文化，就是行政组织在成立和发展过程中所形成的具有本组织特色的精神要素的总和，是行政物质文化、行政制度文化的升华，在行政文化中处于核心地位。从组成要素上来说，我们可以将行政精神文化理解成两个层次。第一个层次是组成行政精神文化的基本要素，如人们的世界观、人生观和价值观等。行政价值观是这一层次中的核心因素，不仅会影响行政人员的行为，更会通过行政人员的个体行为影响整个行政组织的行为及行政活动的有效性。第二个层次为较高一级的精神要素，两者缺一不可。不同性质的行政组织在不同时代背景下所需具备的精神要求是截然不同的。我国是社会主义国家，是人民当家作主的人民民主专政国家，我们面对的是社会主义现代化建设及实现人民共同富裕、共赴小康社会的宏伟愿景。在这样的背景及愿景的引领下，对我国行政组织而言，所谓行政组织文化精神，主要体现为全心全意为人民服务的精神、以爱国主义为核心的民族精神、以改革创新为核心的时代精神，以及符合我国国情与发展所需的民主精神与法制精神。同时，作为行政组织主体的行政人员必须具备科学的世界观、人生观和价值观，这是引领一切精神风范的基础。

（三）行政组织文化的功能

行政组织文化作为行政系统的观念维系体，对组织行政活动、组织日常运作、组织成员行为等起着非常重要的作用。行政组织文化对行政系统运行的影响大体上有以下三种：一是影响行政系统存在或变迁的文化环境；二是制约行政系统的行政运行过程；三是约束系统主体的行政行为。❶简单来说，行政组织文化对行政系统的影响主要表现在行政运行过程、行政参与者、行政环境三个方面。影响这三大内容所凭借的力量与方式就是行政组织文化功能的体现。

1. 导向功能

行政组织文化的导向功能体现在对组织、组织的每个成员及社会公众的价值取向与行为规范的引导上。行政组织的任何一项活动都是在一定的理念、价

---

❶　沈亚平，吴志成．当代西方公共行政 [M]．天津：天津大学出版社，2004：12.

值观、宗旨、组织精神等行政组织文化的指导下进行的。良好而健全的行政组织文化可以引领整个行政系统朝着正确的方向发展。行政组织文化的导向功能主要体现在以下三个方面。

第一，对成员个体的导向作用。每个行政组织成员个体由于成长环境、教育背景、性格特征等不同，所坚持的价值观念、道德追求、思想高度、信仰理念等必然也千差万别、参差不齐。英国经济学家亚当·斯密最早提出"经济人"假设理论，认为人都要追求最大的经济利益，人的一切行为动机都来自经济诱因。虽然这一假设被之后的"理性人"假设、"社会人"假设等一系列理论加以反驳，但不可否认，作为社会群体中的个体，身上或多或少存在着"经济人"的因子，每个人的生存与发展都与自身的利益追求相挂钩。如何实现个人利益追求与集体利益的协调，就是行政组织文化需努力的方向。行政组织文化进行利益协调的方式是通过目标引导、通过文化塑造功能，来引导行政组织成员个体的行为，使人们在潜移默化之中接受组织所遵循的主导价值观，自觉地将个人目标与组织目标相结合，将自身利益与组织利益相协调。在两者产生冲突时，前者自觉地服从后者。

第二，对组织群体的导向作用。行政组织文化对组织群体的导向功能主要依赖于行政组织文化的一致性来发挥作用。不同性质的行政组织单位按照各自不同的文化系统来感染、教育和影响组织内部成员，要求整个组织群体按照所在组织文化系统的要求去思考、感受与规范行为。在组织成员中，如果有人在思想与行为取向上与所属组织文化系统标准相矛盾时，行政组织文化就会发挥其导向作用，协调并排异，使之与组织主导文化保持一致性。

第三，对社会公众的导向作用。行政组织是行使国家行政权力、管理国家行政事务和社会公共事务的机构体系。权力来自于民，事务所属于民。对社会公众来说，行政组织的特殊性质与地位决定了它不可避免地会成为公众关注的焦点、期望的对象。同时，行政组织的特殊地位决定了行政组织文化在整个社会文化中的特殊地位，对社会文化的发展具有重要的引导作用。正因如此，江泽民同志提出的"三个代表"重要思想内容之一，就是要党和国家干部始终代表先进文化的前进方向，使人民群众在先进行政组织文化的引领下端正自己的处事态度，树立正确的价值观念与人生理想。

2. 控制功能

行政组织文化的控制功能，指的是行政组织文化通过观念力量的渗透性，对行政实践活动进行直接或间接的影响，对行政参与者的心理情感、价值观念、道德伦理及行为方式产生自觉或不自觉的规范。具体来说，行政组织文化的控制功能主要体现在以下三个方面。

第一，对行政决策行为的影响。行政组织文化对公共决策的影响主要体现在政策问题的确认、政策议程的建立、政策方案的规划三个方面。❶ 行政组织文化影响行政决策的方式主要有两个方面：一是通过影响行政决策过程中的价值前提；二是通过影响行政决策的方式与手段。如果行政组织文化内涵以民主、科学为主导，那么该行政组织在进行行政决策时就会实事求是、尊重民意、群策群力；反之，如果主流行政组织文化体现的是浓厚的官僚主义色彩，那么行政组织在决策时就会表现为专断独裁、经验主义、缺乏民主。

第二，对行政执行行为的影响。行政组织文化对行政执行过程的影响着重体现在两个方面。其一，影响行政执行行为的协调性。行政执行过程中，由于参与主体各自利益基础的不同和价值观念的差异，在行政执行过程中会面临来

---

❶　谭勤伟. 行政文化对公共决策的影响初探 [J]. 中共铜仁地委党校学报，2007（6）：44-47.

自各方的矛盾与阻碍。此时，矛盾的化解依赖行政组织文化一致性作用的发挥，行政主体能否协调一致，行政行为是否能得到统一执行，受行政组织文化影响十分大。其二，影响行政执行力度。行政执行行为效果的好坏，除了受各种客观条件的影响外，主观因素更重要。

第三，对组织管理方式的影响。所谓组织管理是运用组织的权力，通过协调组织内部人力、物力和环境，实现组织目标的活动和过程。在不同行政组织文化影响之下，组织用于协调内部人力、物力和环境的方式不同。例如，官僚等级型的行政组织文化认为，行政权力来自超人意志的上级授予，在人员的任免上任人唯亲，对上级唯命是从；而民主法治型的行政组织文化认为，权力来自于民，在人员任免上坚持原则、任人唯贤。

3. 凝聚功能

行政组织文化的构成要素、特性等决定了行政组织文化是一种潜在的无形的力量，是行政体系中的软件资源，是有效促进行政系统内部高度整合的"凝聚剂"。[1] 行政组织文化是一种群体文化，它能够使行政参与者为了实现共同的行政目标、政治理想而团结一致、齐心协力、勇往直前。行政组织文化的凝聚功能主要体现在两个方面。

第一，团结行政人员。行政系统在长期的行政实践过程中会产生一种为行政组织及全体成员所共同认可的团体意识。作为评判一切行政活动和行政体制科学与否的标准，这种无形的标准是组织所共同坚守的价值观，反映了行政主体行为活动规范的一致性，使行为主体的行动方向保持一致，从而加强了行政组织的向心力及凝聚力。

---

[1] 程万寿. 行政文化的特性、分类与功能探析 [J]. 中共山西省委党校学报，2003（1）：69-70.

第二，凝聚社会资源。党的十八大报告在阐述"加强社会主义核心价值体系建设"时明确提出要广泛开展理想信念教育，把广大人民团结凝聚在中国特色社会主义伟大旗帜下。科学而崇高的理想信念，是激励人民群众在党的领导下奋勇前进的强大动力，是引领民族复兴的旗帜、增强党和国家凝聚力的源泉。现阶段，建设中国特色社会主义是我们全社会的共同理想，全社会、各阶层在此理想信念的影响下，统一意志、集中智慧、激发活力，紧密团结在党中央领导之下，为建设富强、民主、文明的社会主义现代化国家而奋斗。

第二节　行政组织文化及认同

一、认同的含义

汉语中，就字面意思而言，"认同"有"认可、赞同""认为跟自己有相同之处而亲近"❶之意，具有典型的心理学意蕴。但"认同"一词并不是汉语的原有词汇，而是一个外来语，来自对"identity"的译解。"identity"则源于拉丁语"idem"，意为相同的事物，具有"同一""同一性"和"身份"等意思。如果想准确把握"认同"一词的内涵，还需要将其置于哲学、社会心理学和社会学等不同学科背景下考察。

当"identity"不是作为一个事实描述性的词语，而是对其本质进行追问时，它就进入哲学与逻辑学领域，成为一个非常重要的哲学、逻辑学概念。它在哲

---

❶　东方瀛. 双向汉语大辞典 [M]. 长春：长春出版社，1992：945.

学与逻辑学中通常译为"同一性",含有"变化中的同态或差别中的同一"❶之意,也有"一个人或事物保持其自身的一致性而未改变为其他状态或事实"的意思。美国社会心理学家埃里克森第一次把同一性与自我的一致性、连续性结合起来,并首次使用"自我同一性"一词,用以表示"个体在实践活动中认识客观世界的同时也进行自我认识和自我实现"❷,使自我获得保持自身的性质。自我意识和自我同一性也成为社会心理领域中的重要概念。在社会学领域中,"认同"则代表个体在与所归属的社会群体互动维度上建构的自我评价,构成自我概念的一部分。后"identity"被频繁用以考察群体和文化背景中人的独特性,则又获取了表明"我是谁""我扮演何种社会角色"的身份之意。由此可见,"identity"意指与他者相区别,能够表征个体自我同一性的整体特质,这一特质来自与参照群体的交互作用。

"identification"虽然也是"identify"的名词形式,可含义与"identity"不同,它意指分类、鉴别、确认的过程,并没有典型的建构身份之义。弗洛伊德最早提出把"identification"作为心理学概念,指个体"与他人的情感联系"❸,后来拉斯韦尔将认同的概念扩大到更大范围,用于描述个体与规模较大人群间的情感关联。国内也有学者将其译为"认同感"❹。

从上述语源学的梳理中,不难发现,汉语"认同"一词直接对译英文中的三个词语,兼具动词和名词两种词性,因而不能对"认同"进行简单的字面理解,而要顾及相关领域的研究成果,对其含义进行学科界分。本书使用的"认

---

❶ 张海洋. 中国的多元文化与中国人的认同 [M]. 北京:民族出版社,2006:39.

❷ 世瑾. 宗教心理学 [M]. 北京:知识出版社,1989:146.

❸ Freud S. Group Psychology and the Analysis of Ego [M]. New York:Norton,1922:1.

❹ 王彦斌. 管理中的组织认同——理论建构及对转型期中国国有企业的实证分析 [M]. 北京:人民出版社,2004:61.

同"主要包括两层含义：其一，作为动词，意指发现相似之处而承认、接受和赞同，这来自对"鉴别、甄别、确认、等同"等环节的概括和总结；其二，个体不仅接纳与其相似的事物，还把自己与众人区分开来，形成与他者分辨开来的特性——自我身份，也会将栖身的群体特征赋予自我，建立具有群体成员资格的社会身份。在接纳相近价值理念、建构自我和群体身份时，个体还与他者建立情感联系，形成归属意识。实际上，认同的含义是逐层递进的，特立独行的个体不能一直保持自身的孤独，在进入特定组织后必然追求组织边界内的协同与一致效应。当组织建构同一性时，会使组织特质投射到个体身上，激发个体形成独特的自我和群体身份。群体身份的取得又使个体对群体产生强烈的情感依赖。

在 1947 年出版的《管理行为》中认为："认同的过程就是，个人用组织的目标（服务目标和组织存续目标）代替个人目标，作为制定组织决策时所采用的价值指数的过程。"❶

二、组织认同

1970 年巴坦（Patchen）明确提出组织认同概念，认为组织认同是与其他成员有共享目标或经验、有团结感和作为组织一分子的感觉，以及组织成员彼此相互支持与彼此忠诚。此后，阿什福思（Ashforth）和梅尔（Mael）为组织认同找到社会认同理论和自我分类理论的分析框架，提出"组织认同是社会认同的一种特殊形式，是个体根据某一特定的组织成员身份对自我进行定义的一种状态，或一种归属于群体的知觉"。通过"把一个人的自我感知镶嵌在组织中"❷，

❶　赫伯特·西蒙.管理行为[M].詹正茂,译.北京：机械工业出版社，2007：255.
❷　王彦斌.西方组织认同感理论研究综述[J].思想战线，2006（6）：1-6.

组织认同为个体提供了定义自我的群体平台，建立了个人和组织在价值与情感联结中的心理纽带。

关于组织认同的内涵，利基塔（Riketta）在充分总结和批判既有研究成果的基础上提出存在三种视角：① 以个体为出发点的认知视角。施耐特（Schneider）和阿什福思（Ashorth）分别认为，组织认同是个人与组织价值观融合的认知性结构，或对组织归属感和一体化的感知，或者个体将对组织成员资格融入自我认知的过程。② 情感—动机视角。奥莱利（O'Reilly）等人从这一视角出发界定组织认同，认为它是成员基于吸引和期待而与认同客体在情感上保持一致的自我定义。③社会认同理论视角。这一视角可以说是上述认知视角和情感视角的融合。泰福尔（Tajfel）把组织认同定义为个体由于具有组织成员身份从而产生的一种自我定义，由于这种成员身份而产生了价值观上的一致和情感上的归属。此外，利基塔还特别指出巴坦的观点，认为他把组织认同描述为对组织团结一致的感情、态度和行为上对组织的支持、对其他成员共享特征的感知等一系列独立又互相联系的现象的界定最具代表性。❶尽管这些定义的侧重点并不相同，但都表明许多论者已经注意到运用情感、认知或者二者兼而有之的方式将成员身份与自我概念联系在一起。

其实，国外学者对组织认同概念的认识可分两个层面："organizational identification"和"organizational identity"。目前，多数学者认为"organizational identification"可译为"组织认同感"，强调个体与组织或他者建立心理联系，形成共识的过程；而"organizational identity"可译为"组织同一性"，强调通过这一过程使个体具有与组织中的他者共有某种特性。

---

❶　Ricetta M. Organizational Identification：A Meta-analysis[J].Journal of Vocational Behavior，2005，66：358-384.

组织认同侧重于成员自我概念的形成，以及成员与行政组织价值情感沟通网络的建立。正如杜克里奇（Dukerich）所言，组织认同过程是成员认同组织的经历，是组织影响成员形成自我定义的过程。而组织同一性侧重组织整体角色和身份的划定。弋登比德尔（Golden-Biddle）和拉奥（Rao）指出，组织同一性回答了"我们是谁？""我们象征着什么？"等问题，帮助成员形成自我概念和自我归类。埃尔伯特（Albert）和威坦（Whetten）也提出，行政组织认定是组织成员对"我们是谁""我们将成为一个什么样的组织"问题的回答，是组织成员建构的关于组织的核心的、独特的和持续的自我定义，是能够将组织区分开来的特质和基础。❶ 从这个角度说，"组织认同感"与"组织同一性"关系呈现过程与结果的关联性。

不仅如此，在组织认同理论初创时，确实有许多学者对其作为独立研究领域的正当性颇有质疑。"1974年，蒙迪（Mowday）就认为组织认同是组织承诺

---

❶ 国内对于"organizational identification"和"organizational identity"有三种不同的理解方式：第一种理解并不对"organizational identification"和"organizational identity"的内涵进行区分，认为二者意义相同，只是直接用"组织认同"来指代这两个词语。第二种理解将"organizational identification"译作"组织认同感"，多数组织理论学者认为组织认同感涉及组织成员与组织之间的价值一致性感知。它是一个通过提高组织价值和成员个体价值一致性程度从而在组织成员中建立起集体感的过程。而将"organizational identity"译为"组织认同"。国内许多学者接受这一界定方式。第三种理解是将"organizational identification"译为"组织认同"，"organizational identity"译为"组织认定"或"组织同一性"。（参见 Dukerich J M, Golden B R, Shortell S M. Beauty is in the Eye of the Beholder：The Impact of Organizational Identification, Identity and Image on the Cooperative Behaviors of Physicians [J], The Academy of Management Review, 2000, 47（3）：507-533; Golden-Biddle K, Rao H. Breaches in the Boardroom: Organizational Identity and Conflicts of Commitment in a Nonprofit Organization [J]. Organization Science, 1997, 8（6）：593-609; Stuart Albert, David A. Whetten. Organizational Identity [A]. Organizational Identity [C]. Edited by Mary Jo Hatch, Majken Schultz. Oxford：Oxford University Press, 2004：89-118.）

的一个要素" ❶，很多学者延续这一观点将组织认同与组织承诺视为同义词 ❷，直接消解了组织认同理论存在的依据。后来，以阿什福思和梅尔（Meal）为代表的分立派强调"组织认同着重于可感知的认知结构，而并不与某种特定的行为或情感状态相关" ❸，从而将组织认同与组织承诺区分开来，组织认同愈益确立了自身的研究边界。上述成果多针对组织与个人建立相关性的组织认同感作为组织认同的另一种形式，组织同一性则有所不同，是对组织集体建构的自我定义。埃尔伯特和威坦提出组织同一性是组织在与相关组织的反思和比较中型塑的文化特质。作为组织整体状态的演绎与表达，组织认同的外部协同效应又使其与组织形象关系甚密。针对这一现象，阿奇（Hatch）和舒尔茨（Schultz）支持"组织文化是组织同一性的内部定义情境，组织形象则是组织同一性外部定义情境，组织同一性是组织文化和组织形象相互作用的中介" ❹，三者构成使组织内外部环境协同的联动效应。其实，组织认同正是在与组织承诺、组织形象的对比和辨析中持续获得成长动力，不断完备。

三、行政组织文化及认同

目前，关于行政组织文化与行政组织认同间的关系，也尚未形成一致的结

---

❶ 宝贡敏，徐碧祥. 组织认同理论研究述评 [J]. 外国经济与管理，2006，28（1）：39-45.

❷ 此时，蒙迪（1979）把组织承诺定义为个人认同和卷入特定组织的相对强度。组织认同和组织承诺至少存在三个相关因素：①对组织目标和价值观的接受；②为组织努力工作的意愿；③停留在组织中的强烈愿望。亚伦和梅耶尔（1990）将承诺分为情感承诺、持续承诺和规范承诺三种形式，这与蒙迪对组织承诺包括对与被认同组织的情感联系很相似。

❸ Ricetta M. Organizational Identification：A Meta-analysis [J]. Journal of Vocational Behavior，2005，66：358-384.

❹ Mary Jo Hatch，Majken Schultz. The Dynamics of Organizational Identity [A]. Organizational Identity [C]. ed. by Mary Jo Hatch，Majken Schultz. Oxford：Oxford University Press，2004：377-403.

论。奥莱利充分指出二者的相互促进性，认为行政组织提出或倡导何种文化或价值观其实并不重要，重要的是行政组织成员是否真正认同。● 阿奇则明确二者存在差异，"行政组织认同是指行政组织成员对行政组织的认知、感受和看法，是对行政组织特有的价值观和特点的共同理解。行政组织文化则是形成和维持行政组织认同的内部符号背景"●。"行政组织文化有助于使成员明白他们行为的深层含义。" ❸

可见，行政组织认同是自我关注的意义理解嵌入在文化中的一个方面。它定义了我们与从属于更大社会系统的关系时"我们是谁"，认同受到行政组织文化及其他自我，并以相互作用的意义建构系统的影响。也有研究者认为，行政组织认同就是行政文化认同。此时，二者的内涵完全一致，都包括了文化比较（cultural comparison）、文化类属（cultural categorization）和文化定义（cultural definition）等心理机制 ●。切尼（Cheney）指出，"也有学者认为员工感知组织认同的过程，主要靠沟通来完成，而沟通作为一种人际互动，很大程度受到文化背景的影响"●。陈致中等则把行政组织文化认同（administrative culture identity，CI）进行定义："成员接受行政组织文化所认可的态度与行为，并且不

● O'Reilly C，Chatman J，Caldwell D. People and organizational culture：A Profile comparison approach to assessing person- organization fit [J]. Academy of Management Journal，1991，34（3）：487-516.

● Hatch M J. The Dynamics of Organizational Culture [J]. Academy of Management Review，1993，18（4）：657-693.

❸ Fiol M C. Managing Culture as a Competitive Resource：An Identity-based View of Sustainable Competitive Advantage [J]. Journal of Management，1991，17（1）：191-211.

● 魏钧. 组织认同受传统文化影响吗——中国员工认同感知途径分析 [J]. 中国工业经济，2008（6）：118-126.

● Cheney G. The Rhetoric of Identification and the Study of Organizational Communication [J]. Quarterly Journal of Speech，1983，（69）：147-158.

断地将行政组织核心价值体系与行为规范内化至心灵的程度。"❶

本书虽主张行政组织认同和行政组织文化均具有独立的研究领域，但不赞同将二者视为陌路的做法。行政组织认同与行政组织文化虽是两个不同的研究领域，却保留了无法割裂的、互相渗透关照的相关性：一方面，行政组织文化为行政组织认同提供了核心内容，行政组织认同不会舍弃对行政组织目标、价值理念等文化层面的追求。另一方面，成员只有通过对价值观念、行为规范的认同，才能完成文化理念向个体的渗透和转化，从而形成有效力的文化境遇。埃尔伯特曾指出，尽管行政组织的文化未必能够充分回答"我是谁？这是一家什么样的组织？"之类的行政组织认同问题，可行政组织文化却能为其成员解释其行为的意义，帮助行政组织认同确立施力的对象和内容。行政组织文化也在认同中得以传播，正如拉瓦斯（Ravasi）和舒尔茨（Schultz）所言，"行政组织文化是基于共同惯例的默认和自发行为，需要通过外界比较和有意识的自我反思才能获得，这一过程正是行政组织认同的过程"❷。行政组织文化与行政组织认同内在的关联使行政组织文化认同获得了一定的理据支撑，但是成员对行政组织文化的认同怎样实现却是值得深入思考的问题。

第三节　行政组织的文化整合与批判

由上可知，文化因素作为弥补结构和权力控制缺陷的重要方式，需要得到人们更多的关注。实际上，行政组织内既有的控制手段，如权力制衡体系和结

❶ 陈致中，张德. 中国背景下的组织文化认同度模型建构 [J]. 科学学与科学技术管理，2009（12）：64-69.

❷ Ravasi D，Schultz M. Responding to Organizational Identity Threats：Exploring the Role of Organizational Culture [J]. Academy of Management Journal，2006，49（3）：433-458.

构系统等均渗透着文化的身影，因为助其发挥作用的语言、符号及象征意义均是文化熏染的产物。从一定意义上说，文化并不仅仅是行政组织的一部分，它与行政组织是同一的。这种同一性来自孕育行政组织产生并与之打交道的社会文化背景，来自具有文化特质的行政组织成员，更来自行政组织与客观世界的文化互动。正是文化对行政组织功用性的发掘，使行政组织文化作为一个整体走入人们的视线。因此，本书也立足于行政组织文化的功能主义视角考察行政组织与文化的关系，并充分肯定二者的同一性。

　　行政组织与文化的同一性并不意味着行政组织中的文化是静止的。恰恰相反，在行政组织不同阶段，由于其发展状况、成员的互动水平及其对文化认知程度的差异，行政文化也会发生变化。这一过程不仅十分漫长，也很不容易实现。最初存在的行政组织文化仅是一种原生态文化。行政组织诞生之初隐含着一种基于集体互动合作行为的朴素的、原生的文化形式，它可能与行政组织边界重合一致，也可能与其交叉冲突，并未对行政组织信仰和价值观念进行精心设计与雕琢。由于此时行政组织及其成员也仅为松散的经济交换关系或功用性的组合关系，这种文化形态往往处于多价值观念、多行为标准、杂乱无序的文化丛林状态，具有极强的可塑性。随着行政组织精英（领导者）领导地位的确立，他们会更多地将自己的价值观念、行为准则融入经营管理之中，组织也逐渐确立起一种发源于精英阶层并为他们所主导的正式文化（主文化）。对此，沙因曾说："文化有部分源于领导者的创造，而领导最具决定性的功能之一便是文化的创造、管理及有时候甚至是文化的摧毁。"❶但笔者认为，行政组织的精英阶层只是行政组织成员的一部分，地位固然重要，毕竟人数尚少，但行政组织文化绝不是为少数人所占有的文化，而是行政组织中大多数成员所共享的文化，

---

❶　埃德加·沙因. 组织文化与领导 [M]. 陈千玉，译. 台北：五南图书出版股份有限公司，2005：4.

因而有必要对精英主导文化模式进行修正。唯有如此，才能真正客观地把握行政组织文化，发挥其在提高成员责任感、使命感、工作效率等方面的作用。

一、沙因行政组织文化理论分析

最明确阐述行政组织文化理论并给予充分论证的人，当之无愧的是当代美国组织文化创始人沙因。他在行政组织文化构建、转型、变革等方面做出了突出的贡献，对行政组织文化的探讨不仅奠定了该领域的理论基础，还直接影响了欧美学术界行政组织文化研究的走向。他的观点可谓行政组织文化理论的集大成。笔者在此以他的学说为标本，分析、反思行政组织文化研究中有失偏颇和若干尚未解决的问题。

沙因认为："组织文化是群体在解决其外在适应与内部整合的问题时，学得的一组共享的基本假定。因为他们运作得很好，而被视为有效，因此传授给新成员，作为当遇到这些问题时如何去知觉、思考及感觉的正确方法。"● 延续这样的逻辑，沙因率先建构了组织文化理论的大厦，后人除在个别细节有所推进外，均没有超越。

该理论的主要思路：并非聚在一起的人群就能产生特定的文化，必须拥有固定的成员，并在经过长久的学习历程后，才有可能发展出某种组织文化。这种共同学习历史的长期性是保证文化深层假设形成、共享的重要前提。

在此基础上，沙因把组织文化分为三个层次：第一个层次是人为饰物的层次，包括组织可见、可感受到的一切现象，构成组织的物质交往环境。在这一层次中，人们可以看到空间布局、行政组织输入和输出的资源、技术、语言、

● 埃德加·沙因. 组织文化与领导 [M]. 陈千玉，译. 台北：五南图书出版股份有限公司，2005：12.

作品及个体的行为等直接显现物。第二个层次是外显价值层次。文化知识最终都要反映在人们认为"应当是什么"的基本价值观念上。当行政组织面对新任务、出现争论和分歧时，通常行政组织管理者会率先提出自己确信的价值作为解决办法尝试处理当下问题，而这一价值就是沙因所说的外显价值。外显价值一般不具有群体认同基础，往往是个别人的价值判断。只有当群体共同分享到解决问题的成功结果时，他们才会信任这种外显价值，支持并使其发展为内在假设。第三个层次是基本的内在假设。沙因认为："文化就是一组基本假定，用以界定什么是我们要注意的，什么是事情的真谛，对正在发生之事该有怎样的情绪反应，以及在各种不同情境下该如何采取行动。" ● 当解决问题的方法被反复运用后，就会变成理所当然，即当初仅仅为一种价值所支持的假设，后来才渐渐被当作真实的观念依据。行政文化的基本假设对行政组织问题解决的有效性，并非表现在它是否渗透在普通成员的文化理念或行为之中。因为成员共享已作为一个基本前提被弱化，而是突出反映在它是否始终服务于行政组织目标。换言之，行政组织文化基本假设的功用性是行政组织理性借助行政文化软实力而产生出的积极结果。在这一过程中，成员并不需要主动参与行政文化假设的形成，仅反复学习和模仿行政组织领袖所倡导或揭示出来的行政文化假设即可。在这三个层次中，基本假设具有本质意义。一旦掌握了基本假设，就可以比较容易地理解和对待行政组织文化的其他层次乃至组织文化本身。

可是基本假设往往是内隐的，并通过潜意识发挥作用。如何显现出行政组织的基本假设呢？为了解决这个问题，沙因引入领导者概念。他认为，领导者是确立据以行动的信念和价值观的初始来源。行政组织文化的基本假设也来源于此。当领导者把他自己的价值运用于行政组织问题的解决并收到实效时，这

● 埃德加·沙因.组织文化与领导 [M].陈千玉，译.台北：五南图书出版股份有限公司，2005：24.

种价值就具有了成为基本假定的潜质，但还不足以被行政组织内部的多数成员认可，还需要经历长期的磨炼。只有在多次与行政组织面临的问题的博弈中持续发挥功效之后，它才能成为成员所共有的假定，继而在新成员中传递和延续。因此，沙因特别重视领导者与组织文化形成和变革的关联性。

由此可以看到，沙因的组织文化理论主要从生成论层面分析行政组织文化的形成过程。实际上，沙因也是第一个详细阐述该理论的学者，因而他的理论对后续行政组织文化研究具有重要的奠基作用。然而，随着社会环境的变化和行政组织的发展，该组织文化理论中有关"文化基本假设如何共享的问题"亟待重新思考。

第一，沙因虽强调了共享性对基本假设形成的重要意义，却并没有充分阐明文化的基本假设如何为行政组织成员共享。因为在他开始探讨之前就用成员关系的稳固性、互动的多边性和行政组织历史的悠久性，将组织界定在了一个相对稳定、变化性很小的框架内，因而经过长期的合作与知识的学习，这些基本假设不仅可形成，而且也可较容易地被成员接受，以此消解掉行政组织成员与基本假设的共享性无关或冲突这样的问题。后来，沙因也分析了内外部环境与基本假设的关系，但都旨在确定基本假设的内容，并未进一步探讨基本假设如何被成员接纳的问题。

与沙因所预设的相反，由于现代行政组织不得不应对来自社会和行政组织内部环境所造成的高度而复杂的变迁，与行政组织价值相关的基本假设是否可以得到全体成员的共享，这个问题不再是随着组织的历史沉积而自然发生，而是变得越来越突出，已经成为行政组织文化是否具有合理性的关键。现代社会中行政组织不仅要面对复杂的、激烈的竞争环境，还要妥善处理行政组织的生命周期普遍缩短、成员流动性较大、忠诚度降低、离职率持续走高等问题。行政组织领导者再也不能心平气和地、在不断试错中静待基本假设经过悠久历史学习过程而形成。转而侧重制订适应市场变幻趋势的应急方案，"快速投入—回报"的"快餐式"组织文化❶不断涌现。缺少了共享历史的成员是否接纳、怎样接纳这些外显价值就成为一个值得深思的问题。实际上，行政组织文化这棵大树以行政组织成员共享的文化假设为根基。一旦没有了成员共同的心理支撑，行政组织文化就会像无本之木、无源之水一般丧失凝练人心、规范行为、整合组织的基本职能，变得一无用处。

第二，对领导者的推崇使共享问题最终被边缘化。沙因在研究中赋予了领导者极其重要的地位，这在他的理论框架中是行得通的。可是，如果以旁观者的视角来检视现代行政组织内领导者们建构行政组织文化的行为，就会发现这已经为行政组织文化危机的爆发埋下了种子。多数现代行政组织的领导者多从功能主义角度发现了行政组织文化对于行政组织凝聚力、忠诚度等方面的重要意义，十分重视行政组织文化。因此，他们纷纷在自己的行政组织中提炼、倡导、推广文化基本假设。但如前所述，如果缺少成员共享的学习历史，这些假设也会由于缺少成员支持而变成空中楼阁。对沙因思想做片面理解的精英文化论者已经被"领导者塑造行政组织文化"蒙蔽了双眼，一心想要通过自上而下的运动、在领导者的热情鼓动下打造行政组织文化，根本无视普通成员对行政文化的态度。于是，在很多情境下，行政组织文化变异为"领导者文化""精英文化"，而离组织的广大普通成员越来越远。行政组织文化越来越变得空洞和形式化。

第三，对行政组织内交往关系的漠视使行政组织文化缺失了共享的机会和

---

❶　实际上，这种组织文化已经不是沙因所倡导的组织文化的深层基本假设，仅是为个别领导者所持有的外显价值而已。

平台。行政组织是一个多成员组成的统一体，成员的交流互动对文化基本假设的共享有很大助益。但是，现代行政组织在构造行政组织文化时主要遵循由上至下、由领导层逐渐下行的思路，并未关注成员在基本假设形成过程中的参与，也未有效地形成行政组织内信息、情感交流的良性回路。因此，多数成员游离于行政组织文化之外，文化的基本假设根本没有成为他们界定自身、界定行政组织行为的基本准则。一边是行政组织领导层热情似火的文化宣传，另一边是普通成员无动于衷的文化冷漠。行政组织文化在这冰火两重天的对峙中也逐渐归于沉寂，毫无激励、凝聚人心等效力可言。

行政组织文化如果要重新焕发生命力，就必须重视如何达成成员对行政文化基本假设共享性，这是行政组织文化理论与实践摆脱现有危机，进一步发展的必然选择。

二、行政文化认同：行政组织文化共享的焦点

沙因将组织领袖的影响和组织成员的长久历史性学习作为行政组织文化共享的前提，但笔者认为，这一观点虽有一定的解释力，但已经远远脱离了当今行政组织的实际状况。行政组织文化认同才是根本解决行政组织文化共享的钥匙。

从字面意思看，"共享"指共同分享，即将物品或信息的使用权或知情权与其他人共同拥有的活动。共享并不简单地等于共同所有。❶作为一种在现代社

---

❶ 从法律意义上说，"共享"和"共有"分别对应"共同分有"和"共同所有"，二者在意义上并不相同。"共同分有"指多个主体把持部分财产权利，比如分获使用权，但并不能改变对象的占有、收益和处分权利，即不能主张对象的所有权；"共同所有"则是指多主体均可以获得比较完整的财产权，可对对象做出占有、使用、收益和处分等行为。

会中逐渐扩散并广为接受的行为，共享仅指涉对象的一些衍生权利（如使用权），而很少触及占有归属问题，从而使对象保持清晰的产权边界。物品或信息的所有者往往出于公益目的，仅在一定范围内转让（通常为无偿）使用权，一般也不会涉及收益权和处分权。实际上，分有使用权已经很好地实现了扩散知识、促进社会合作的目的。因此，共享也具有容纳多主体的公共性。把对象的使用权限扩大，置于多主体的目光之下，使他们可以共同主张对该对象的使用等权利，这已经远远超越了私人行为的个体性。共享的观念建构出一种多主体互依、互惠、人我互利的共赢思维。

行政组织文化理论中的"共享"，与上述定义相比尚有特殊之处。在行政文化领域中，"共享"不仅仅指对某一思想文化成果跨边界或无边界的共同感知、欣赏和品味，还指不同个体、社群对文化对象的共同持有、享用和传承。通过主观见之于客观的共享行为，主体在借鉴、运用、分有文化成果精神收益的同时，也会运用他们的理性、情感乃至想象力对价值判断、道德法则、行为标准等对象进行改造，形成既源于对象又不同于对象的独特个体和群体认知。因此，行政组织文化理论中的"共享"早已跨越了使用权层面的形式上的分享，进入一种"共同享有—个体化理解和接纳—与原有理念有机契合—形构新价值判断"的建构层面，这也是基于组织理性而对成员目标、理性的重构与再造。因而，共享问题中隐含着对精神文化的"认知与认同"问题。对行政组织文化中的个体而言，基于经验层面的认知环节较容易完成，关键在于"个体对行政组织文化的接纳、契合和内化"这一认同过程难以实现。因此，行政组织文化的共享问题就演化为行政组织成员如何接纳、体认、内化文化基本假设认同的问题。

行政组织文化认同是行政组织界限内成员对文化基本假设的共识和认可，

是对外显价值加工、体认，并使之与自身原有价值观念相调和的再造过程。行政组织文化认同的主体具有广泛性，包括行政组织内全体成员，而不论其层级、身份、进入组织时间的先后等。从某种意义上讲，取得行政组织成员资格的个体都应当认同基本文化假设，这是合格行政组织成员应履行的职责，也是行政组织同一性的来源。行政组织文化认同的对象主要针对在解决行政组织问题方面发挥持续效力的基本假设。它是以行政组织利益和目标为出发点和旨归的基本判断，带有一定的功能主义色彩。当然，成员主观建之于基本假设的文化认同过程，也会出现个人目标与组织目标的冲突与协调问题。但从共享和认同角度出发的行政组织文化建构过程，将大大弱化上述冲突的水平，也会发展出具有建设性、人本主义的化解冲突途径。这样的途径就是下面所要分析的交往和协商共识等问题。

"行政组织文化认同"概念的提出，并不主张盲目追随行政组织，贬低、否定甚至抛弃成员个体的自我，而是强调行政组织内全体成员以具有一定判断力的主体身份共同参与文化假设的生成和演进。在行政组织认可范围内保留成员的独立主体性，这意味着行政组织中必然存在多元价值，至少存在个人、亚群体和组织整体的多重价值。认同虽以弥合这些价值分歧为目标，但并不主张消灭一切区别和对立。因为不同成分或群体间的对话乃至对抗才是行政组织发展、变迁的动力。因此，行政组织文化认同是一种动态的、不断修正的持续行为，即使无限趋近也不会达到完全稳定、均质的状态。因为一旦如此，行政组织也就会丧失发展的动力，濒临毁灭的边缘。

此外，谈及成员对文化基本假设的共识，必然涉及事实描述与价值共享的区别。一般认为，"'是'之类的事实问题并不能直接转化为'应当'之类的价值问题。"❶ 事实问题所具有的客观实在性使人们相对较易对其达成一致认知，而在不同质主体间形成共同的价值认知和判断则较难实现。这种与主观性密切相关的共享形式，迫切需要解决的就是多元文化背景下的信念、价值观能否通约的问题。笔者认为，信念、价值观固然不可完全同化，但并不等于它们之间不可通约，只要准确限制通约的边界和域限即可。正如韦尔曼所言："在一种公共道德存在的地方，其道德标准完全可以为争议者们分享，完全可进一步为这些争议者的朋友与熟人所接受。"❷ 全世界、所有民族范围内的共识短时间内难以达成，但在特定的功能性组织中达成成员间的共识则较有可能。因为无论他们的分歧有多大，最终都不能脱离组织这一共同的背景知识，组织目标、组织理性设置、组织文化的传承等都是决定组织共识往何处去的重要因素。此外，组织共识并不要求对成员个体全部价值观的改变，而仅就组织情境下职业理念的变革而言，只是期望他们的信念和价值观能够在组织情境中、在职责范围内达成高度的一致性。因此，只要行政组织内部持续保持深切的交流与意见沟通，赋予多种声音公平表达的机会与平台，多元交往主体还是可以对组织目标原则、秩序安排、实践策略和部分价值观念达成共同看法的。

　　事实上，有个性的行政组织成员作为行为主体也不会一味消极地接纳行政组织基本假设，而会对基本假设进行富有建设性的主观建构。那么，这是否可能出现经过主体加工后的基本假设因带有过多个体色彩而各不相同，抑或出现与行政组织原有假设差距较大的变异？差异和修正必然存在，"一千个观众心中就有一千个哈姆雷特"，但只要保留了原有文化基本假设的"本真性"，个体成员的差异就可以保持在一个同质限度之内。而且，也正是通过成员的

❶　李萍 . 社会共识是管理伦理的规范基础 [J]. 学习与探索，2007（3）：5-8.
❷　甘绍平 . 道德共识的形成机制 [J]. 哲学动态，2002（8）：26-29.

修正过程，文化的基本假设才能从领导层的外显价值调整并走入成员的文化假设之中。

总之，行政组织文化认同并不是一种思维结果，而是动态的思想过程，是在行为者的互动过程中，在复杂的组织情境下，对文化基本假设的对话和协商。组织中连续的交往活动赋予了成员理性思考的能力，为他们搭建了认同的互动空间。在这种交互作用下，他们不仅共享了行政组织的目标与基本假设，还将其作为自己行为的内在法则，从而产生了极具组织性的集体行动。

第四节　行政组织文化中的大庆精神传承

大庆精神作为一种文化，为全世界所了解，并产生文化认同的效应。在"一带一路"倡议背景下，当今时代的中国行政组织需要大庆精神作为内驱力，构建秉承大庆精神的行政组织文化模型。

一、行政组织成长的文化轨迹

自一个行政组织诞生的那一天开始，它就面临着两个最大的挑战——生存和发展，具体到管理层面表现为两个根本任务——组织控制与战略创新。和自然中的生物相似，行政组织也有自己的生命历程，会经历出生期、青春期、成熟期、凋落期，甚至在这个世界上消逝。不过，和普通意义上的自然生命不完全一样的是，它可以依靠自己的力量对自己的生命活力进行增添和调整。在一定的条件下，行政组织的最终走向不一定是死亡，甚至可能连衰老都可以避免，始终如一地焕发勃勃生机并不是一种幻想。管理的魅力也在于此。此外，由于在行政组织发展的每个时期，行政组织文化的特性和中心都会根据具体情况出现不同，管理的侧重点也要依此调整。

第一，创建初期。在创建初期阶段，行政组织最大的特点就是对行政组织成员的重视和关心，看中创新意识，尊重和发展行政组织成员的想象力和创造精神；普遍比较重视人力资源管理，行政组织成员素质培训；将专业管理、职务与个人技能更好地匹配起来。在这一时期，想要维持行政组织对于外部环境的适应能力，可以通过增强行政组织开放性、加大行政组织成员参与性等方法达到目的。但是与此同时，行政组织的各个成员都是不同的个体，必然存在着一些思想上和习惯上的差异。因此，完全顺畅地进行下一步骤是不太可能的，各人员之间需要不断磨合，尽量做到相互理解和包容。在这个过程中，不同文化、不同传统间就很容易产生冲突和矛盾。只有具备一定惯性的行政组织文化才能够推动行政组织稳步地向前奔跑。显而易见，在此阶段，由于文化的冲突性，此时的行政组织文化并不具备任何惯性，也无法达到主要目标。因此，在组织创建初期，文化多样性会造成矛盾，行政组织文化无法形成自己的惯性，行政组织的发展进程必然是缓慢的。这个时期一定要采取人际交流模式。领导阶层需要能够妥善化解矛盾和冲突，管理的重心是在尽可能短的时间内选择和确立主流文化，并使其获得启动惯性以带动行政组织前进❶。

第二，成长时期。在行政组织的成长时期最大的特点是加大力度维持行政组织内部的等级制度，重视行政组织内部的稳定性，将管理和文化有机结合，使行政组织得到长远的、稳步的发展建设。而想要做到这些，就要求行政组织拥有完善的资料准备、详细的权限明示、明确的预计远景和解决问题的应对方法。

---

❶ 张莹. 企业的文化路径依赖及其超越 [J]. 生产力研究，2004（2）：151.

在这个时期，同样也处在"爬坡"阶段的行政组织文化的首要特征是兼容并蓄，吐故纳新。在这个过程中，行政组织文化不断地获取新鲜的养分，淘汰旧的落后的糟粕，时时刻刻提升自己，并且在提升的过程中保持文化惯性与行政组织的成长路径相一致。此时，需要注重的是内部的调控，因为行政组织文化惯性很有可能和行政组织的成长路径出现偏差。

第三，成熟时期。制定理性的目标是成熟时期的行政组织最显著的特征。为了在复杂多变的环境下实现行政组织的基本目标，保持行政组织的功能性，行政组织需要及时和适当地根据变动中的情况调整战略目标，以及修正工作的内容。因此，处于成熟阶段的行政组织必须建立起高效率的反馈机制，把对行政组织目标的控制重视起来。而经历了之前两个时期的行政组织文化，已经逐步由幼稚走向成熟，由动荡走向平稳，文化所累积的惯性已然达到最佳值，形成了以行政组织目标为核心的共同价值观。作为行政组织的管理阶层，这个时期的工作重点仍然是调控，但却完全不同于成长阶段的调控。首先，调控的类型已经转变了，创建时期和成长时期的调控是面向内部和现阶段的，而成熟时期的调控是面向外部和未来的；其次，行政组织文化要尽量保持原有已经累积起来的惯性，保持现阶段这个行政组织文化的源头；最后，从硬性控制转化为弹性控制，注重自我的管理和价值观的指导，提倡行政组织员工自动和自觉地管理自己的行为。

第四，蜕变时期。一般来说，蜕变时期对行政组织是一个相当大的考验，在这个时期，行政组织随着不断发展，变得机构膨胀、机构臃肿，组织内部的非正式组织负面影响增加，很容易步入落后时期。但正如之前所说，不是所有的行政组织都一定会走向衰亡，衰亡并不是行政组织生命历程必然经历的最终归宿，行政组织完全有机会重生，焕发新的光彩。这时，对行政组织的生死存亡能起到最关键作用的，也就只有保持不变的行政组织文化惯性了。重获新生不是一件易事，能做到的行政组织更是少之又少，能够做到绝处逢生的行政组织都具有超乎寻常的能力。正是前三个时期行政组织管理和行政组织文化所取得的成效，决定了一个行政组织是否具备这种能力；同时，行政组织的文化惯性的调节适应能力和学习创造能力，也对行政组织的涅槃重生产生了极其深远的影响。

二、大庆精神的文化解析

（一）大庆精神的文化内涵

大庆精神的文化内涵主要决定于构成大庆精神的各元素，以及这些元素本身的排列次序、作用力和整体效果。具体来说，大庆精神的文化内涵应该包括以下四个方面。

1. 爱国敬业的精神

爱国与敬业体现了中华民族的传统美德，是大庆精神文化内涵最普遍和最突出的元素。但是，大庆精神中的爱国和敬业与传统意义上的爱国和敬业并不全然相同，而是带有更多鲜明的时代气息和地域特色。大庆人的爱国情感不但有高远的境界，而且有甘于奉献的精神；大庆人的敬业态度不但有严谨的作风，而且有兢兢业业的优良品质；大庆为党和国家做出的巨大贡献，不仅是少数英雄楷模所做出的，更是千千万万大庆石油人的杰出成果。在这个世界上，不论职业和地位，想要成果，就必须有敬业的态度和坚定的信仰。可以说，大庆油田作为企业是成功的企业；大庆员工队伍更是敬业的队伍。

2. 实践求真知的态度

实践是检验真理的唯一标准，是人们在探求真理的路上根据经验和思考所做出的行动。用实践求真知，是大庆精神中极其重要的、不可或缺的要素，实践和真知是两个联结紧密的元素，也就是实践求真知，它们构成了大庆精神文化内涵的一部分。所有事物只有有了实践检验的过程，人们才能判定它的是非对错，好恶与否。回首大庆油田所获得的成绩，其重要原因之一便是由于广大油田人非常重视实践求真知，尤其表现在长期以来自主研发形成自主知识产权等和企业特色方面。几十年来，大庆油田广大干部和群众一直都在坚守和弘扬实践求真知的宝贵精神力量，使各方面的工作都能够因此而具备较强的科学性。同样，也是因为这种工作态度和人生态度，大庆油田才能实现物质文明与精神文明建设的双重胜利，知行合一。

3. 思想化行动的作风

这是大庆精神文化内涵的点睛之笔，可以说"抓生产从思想入手"，是以思想求行动这一精神力量的具体化。我们每个人，都拥有思想。思想是人的灵魂，是人们对客观事物的理性理解，是客观实在通过思想活动引起的结果，是人们对某些事情的清晰思路或者具体想法，并且占主导地位，支配人们的行为。

在大庆油田的战斗队伍中，大庆的优秀作风彰显特色。它们鲜明、强势、有效，有非常大的优势，并且还很普遍，扎根于生活，成为很多人的共同的日常习惯。不管是公正廉洁、艰苦朴素、高风亮节的作风，一丝不苟、严谨精细、准确无误的作风，雷厉风行、敏捷高效、不等不靠的作风，还是攻坚啃硬、不畏困难、勇往直前的作风，都说明了大庆油田的领导干部拥有优秀的思想转化为行为的力量，感染和领导着油田人努力建设家乡。

4. 自主求成功的思想认识

正因为先有了"自主"的思索和行动，大庆油田人才在"不可能"的条件里创造了"可能"，才紧跟时代，把大庆精神创新成为"新"时代的大庆精神；才能不满足于现状，学会"居安思危"，避免"坐吃山空"，对大庆进行科学的战略性调整，实现可持续发展。之后，通过对成功的追求，大庆人在油田开发建设中，设定出理想、合理的各阶段目标，并且不断努力，又创造出辉煌成功的实业。

长期以来，在建设大庆油田更好、更快发展的过程中，大庆人培育了一支高素质的石油专业队伍，这为大庆继续发展累积了强大优势。21世纪，大庆人带着令他们骄傲和自豪的大庆精神，从油城迈向全国，从中国走向世界，大庆这个嘹亮的名字已经享誉世界。以自觉求成功，是大庆精神的主要文化内涵之一，是超越思想、能力和境界的必需精神，也是超越过去、权威、自我的伟大精神。

（二）大庆精神的文化根源

大庆精神是祖国和人民的宝贵财富，为了更好地继承和发扬这笔财富，在研究行政组织文化中的大庆精神传承时，需要探究大庆精的文化源头在哪里，才能够进行下一步或者下几步的研究，以及透彻地研究行政组织文化中的大庆精神传承。因此，这种追本溯源是非常必要的。

首先，它源于中华民族的优良传统，与延安精神、长征精神、井冈山精神等相互交织、一脉相承。大庆精神的主要来源：第一，我国优秀的民族精神和革命精神的继承与发展。第二，中国人民解放军的优良风格和宝贵精神在油田建设中的运用与弘扬。第三，毛泽东的"矛盾论"和"实践论"对石油会战所达成的具有成效的实践结果。第四，在石油大会战中的许多先进企业和楷模的典型事迹及经验的提升。第五，参与石油大会战的各级领导干部与广大工人群众的辛勤劳动和聪明才智。第六，老会战队伍乃至整个中国石油工业长久以来的累积和沉淀。大庆精神是伟大的和厚重的，它扎根于大庆精神和文化遗产，不只属于大庆石油工人，更是中国工人兄弟的共同精神宝藏。很明显，社会普遍都对大庆精神秉持肯定和发扬的态度，这本身已经是大庆精神文化力对中国社会的历史性贡献。

其次，它源于社会主义核心价值体系，是以企业文化为载体的有大庆特色的具体表现形式。社会主义核心价值体系是党和国家及各族人民团结一致、共同奋斗的思想根基。社会主义核心价值体系要求我们必须持之以恒地用马克思主义中国化的最新理论成果武装党和人民，用以爱国主义为核心的民族精神和改革创新为核心的时代精神鼓舞战斗，用中国特色社会主义共同理想凝聚力量，用社会主义荣辱观带领风潮。大庆精神所产生的文化传承，体现了石油工人的优良作风，能够构成行政组织的一项核心竞争力，是行政组织文化可运用的瑰宝，更是我国工业史上的一朵奇葩，是巨大的政治优势，是攻克难题并争取成功的思想武器。

最后，大庆精神文化源于人们不断创新改革、提升自我、永攀新高地的精神。人生是不断充实自我，追求自己的理想，完成自己的社会责任和使命的过程。只有通过不断的学习、积淀和创造，才能使自己的存在更有价值，大庆精神文化便是这种精神的集中体现。大庆精神不仅培育了一支严谨严格、踏实肯干的高素质石油队伍，还自助研发了一系列领先的石油工程技术，为石油勘探做出了技术性的贡献，开辟了具有大庆特色的成功道路。大量事实证明，大庆精神不单单可以适应企业的发展，更能在行政组织中树立文明旗帜、铸就辉煌。

胡锦涛同志曾经夸赞其是永恒的"宝贵精神财富"，能够推动我国行政组织实力和国际竞争力稳步提升。

综上可见，大庆精神文化主要的历史来源是纯正的、深厚的、先进的，源远流传的。大庆精神文化的源头可以让人充分感觉到大庆精神文化的根深蒂固和枝繁叶茂，让人看到大庆精神文化的生机勃勃和美好未来。

三、大庆精神对行政组织文化成长的文化功用

大庆精神对行政组织的生存与发展能够起到十分重要的作用。

（一）凝聚理想信念，引导行政组织精神文明建设

在行政组织管理中，文化处在非常重要的地位。公共服务所体现的道德责任感是一种行政组织文化，制度章程所凝结的宗旨和使命是一种行政组织文化，体系与结构所展现的精神信念是一种行政组织文化，公关人际呈现的交往哲学也是一种行政组织文化。大庆精神在石油会战时期和二次创业时期，再到如今都发挥着十分可观的作用，从管理的软性精神因素出发，探究行政组织管理内部的深层次含义，凝聚成员的理想与信念，解放"文化"生产力。此种文化精神引导力在大庆油田之后的上升阶段更是创造了伟大的管理力量。

（二）弘扬人本理念，帮助行政组织资源整合

过去，行政组织进行资源整合时只是直接调整结构，或者调动成员岗位。这种方法比较硬性，也缺少对个人需求的满足。长此以往，这种方法治标不治本不说，还容易使成员心存抱怨，不能团结一心，无法走向行政组织的最终成功。现在，大庆精神弘扬自觉的人本观念，改变了以往的做法，将优化成员精神世

界作为优化的目的，优化人员时以思想内容、思维方式、价值取向、观念信仰为主，令其自觉自愿地学习专业知识，适应不断变化的外部社会。这样一来，行政组织成员才会为共同的目标自觉自愿地拼搏奋进。

（三）解放思想，不断创新

创新对行政组织非常重要。行政组织文化只有让行政组织不断学习、发展、创新，行政组织才能够避免停滞不前。大庆精神中不断地发展创新意识，正是我国石油企业不断提高效益、扩大影响力的能量之源。

（四）使思想更理性科学，使行政组织战略能够更好地决策

当今社会，决策对一个行政组织来说至关重要，决策的正确和科学与否，小到决定着行政组织某一阶段的成败，大到决定着行政组织的未来走向是成功还是衰落。决策中的价值判断能够影响既定的事情走向，会更好地给人的主观意愿服务。只有在文化和科学的统领下做出的决策才有可能成为真正有效的决策，决策是否有效也需要在实践中检验。大庆精神的求真、求实的内容一直鼓舞着大庆石油人乃至全国石油行业员工攻坚克难、勇于实践、不断探索、提升技术，造就了优秀的大庆精神特色行政组织文化，也造就了蕴含大庆精神的行政组织巨大的战略决策力。

（五）开阔视野，让行政组织应变力更强大

最近几年，我国的行政组织功能发挥越来越好，文化整合的力量能够起到推波助澜的作用。大庆精神的开阔的视野和长远的眼光，加快了行政组织发展的速度，提高了行政组织的建设效率，降低了消耗成本。

四、以大庆精神为依托的行政组织文化核心理念

（一）重视以人为本，实行人本管理

大庆精神注重人的力量，千千万万的石油人为了同一个目标不懈努力，缔造了今天大庆的辉煌。石油生产的本身就是以人为本，其目标就是为人民服务。大庆精神是极具人文关怀的企业精神，激励员工、善待员工、服务人民，展现了企业的人本意识。大庆精神中的以人为本理念，直至今日，对行政组织的运行也有很大的启示。

行政组织运行本质是人的行为。如果把行政组织看成一个有生命的自然生物，它的心脏就是每一个在行政组织中的人。行政组织所有的工作和行为，不论是日常管理还是发展改革，都是以人为主体去实践的。也可以说，人员是企业运作的最初起源，人员的力量是大是小、思想是好是坏，直接决定了行政组织是否能够健康发展。

行政组织发展依靠人的力量。行政组织的运作离不开人，行政组织要更好地运作离不开高素质的人。经济的列车是靠人才作为发动机启动的，科学技术也好，先进的管理思想也好，其来源都是优秀人才的超前理念。人才是组织成功的保障。因此，行政组织需要依靠成员，就要不断地培养成员，在纳入新人的同时加强对老成员的培训，实现人才的整体优化，实现企业的最终目标。

一个行政组织若想拥有优秀的组织文化和强大的后推力，就需要贯彻以人为本思想。除了以行政组织内部的员工为中心外，还要以行政组织所服务的人民群众为中心，回报社会。要以人的需求为本位，不管战略目标和计划如何变动，以人为本的思想价值观始终不能变。具体到行政组织来说，行政组织文化

重点在于加强以人为本的观念建设，建设的最终目的就是要达到通过人本管理，激发组织核能，实现人力资源优化配置，提高工作效率，实现组织可持续发展。行政组织要将人摆在管理活动最核心的位置，并把人看作行政组织最宝贵的资源，合理开发和充分利用人的巨大潜能，使之为行政组织内外两个空间而服务，将个人目标与组织目标有机结合，更好地对行政组织进行建设。

（二）科学地继承和创新传统文化

多年来，通过千万石油人的共同奋斗，孕育和创造了以大庆精神为代表的一系列丰富的优秀文化，为组织发展积淀了优良的传统。大庆精神诞生于极度困难的环境下，是哲学思想与中国石油产业建设实践相结合的产物，也是民族精神在社会主义建设时期的提炼和升华。大庆精神的一个重要来源是我国优秀的传统文化。大庆精神里为人民服务的使命感，就是传统文化中的"天下兴亡，匹夫有责"；大庆精神戒骄戒躁的谦逊准则在传统文化中就是"满招损，谦受益"；大庆精神中忧患意识和爱国情操，就是传统文化中的"生于忧患，死于安乐"。诸如此类的例子还有很多，它为人们奠定了优良的思想基础，形成了共同的荣辱观和价值观，不仅促进了我国石油产业的发展壮大，还推动了我国经济建设和物质精神文明双丰收。具体到行政组织以及行政组织的思想政治工作里，这些文化内容同样有不可小觑的力量，可以为行政组织文化的建设发挥良性功用。因此，要建设具有石油特色的行政组织文化，需要我国优秀传统文化的力量，并需要将其与大庆精神、时代精神相融合，古为今用，创造新文化。

现如今，科技和经济都在迅猛发展，传统文化所积淀和形成的以大庆精神为首的行政组织文化更需要继承和弘扬，千千万万个石油工作者在实践中证明，优秀的传统文化结合了前人的智慧和汗水，有生生不息的活力，对于行政组织的发展有非常大的影响。在继承的同时，也要把它和现在的时代特点及现实情况联系起来，除了爱国精神和时代精神等经久不衰的价值观外，还要有符合新时期发展的现代意识，不断地开拓和探索，最终在优秀传统思想基础上，创造出新的、优良的行政组织文化。总体来说，行政组织应时刻谨记爱国为民的奉献精神，秉承严谨求实的作风，坚持和谐发展的宗旨，创造科学发展的未来。用大庆精神中的优秀传统文化武装成员的思想，去粗取精，引领行政组织形成统一的价值观与道德观。

（三）注重和谐与发展

大庆精神和铁人精神蕴含着十分丰富的和谐理念，爱国、爱民、爱党、团结，都是和谐思想在大庆精神中的具体表现；同时，发展也是大庆精神中的一个重要组成部分，"自力更生，艰苦创业"是大庆精神的重要内涵，促使油田人不断进取、开拓创新。注重和谐发展是新时期石油企业文化建设必须遵循的理念。

行政组织文化建设的总思路，就是要抓住和谐构建与科学发展两大主题，持之以恒地学习中国特色社会主义理论体系，坚定不移地走可持续发展的道路，学习新理念；加强对科学发展观的学习研究，指导成员准确地理解中国特色社会主义理论体系的实质；继续加强成员的主人翁意识，发挥成员的主体作用，使成员明确形势、确立目标、肩负使命、完成任务；努力实现科学发展、平稳过渡、和谐共赢，建设有责任感、有担当的行政组织新文化。

行政组织文化是行政组织的软实力，是一个行政组织生存和发展的灵魂。行政组织应坚持以科学发展为主的大局观念，深化学习邓小平理论和"三个代表"重要思想，坚定不移地走以人为本，科学创新的发展路线，不断反思，不断学习，继承和弘扬大庆精神与红色精神，积极创建有中国特色的社会主义行政组织文化，并且赋予其时代气息。加大行政组织文化战略的实行力度，发挥行政组织文化指导、鼓励和限制的作用，让文化推进行政组织的发展。坚定不移地走和谐发展的道路，坚持科学与创新的思维方式，为大庆精神、红色精神添加新含义，持续培养以社会主义核心价值观为基准的价值观念系统，促使以大庆精神、红色精神为核心，有现代特色和有中国特色的行政组织文化进一步完善。

五、秉承大庆精神的行政组织文化模型

在大庆精神的导引下，可以组建具有大庆精神特色的行政组织文化模型，笔者将这个行政组织文化模型分为以下五个具体的版块。

（一）基本原则

遵循行政组织文化建设和行政组织管理创新以人为本的首要原则，依照建设社会主义核心价值体系的基本要求，发挥人的能动作用，把行政组织成员的素质全面提升上来，以达成行政组织整体目标和提高行政组织工作效率，实现公平与正义为最终目的。

（二）战略设计

进行"三位一体"的思考和整体设计。"三位一体"是历史、战略、管理的一体化。具体地讲，就是行政组织文化要与行政组织发展历史紧密结合；要与行政组织的管理实践紧密结合；要与行政组织的长期发展战略紧密结合。这三个结合被称为行政组织文化建设中的"三位一体"。从我国整体环境来看，很多行政组织在建设组织文化的过程中都有这样或那样的问题，有效地找到问题的

关键点并切合实际地解决问题，真正将行政组织文化渗入组织发展历程、战略、管理、人力资源、业务和各阶层人员的行为等领域中，不管是从行政组织的理论还是实践方面，都有许多问题等着我们探索和研究。

（三）价值理念和行为规范

要把价值理念与行为规范、理念文化与行为文化在行政组织文化建设中有机地统一起来，行政组织文化建设不能缺少行为规范的内容。因为缺少了价值理念，就不能称为文化。但是，如果只有价值理念，忽略了行为规范，成员的行为方式、行为习惯就不能用价值理念来约束，就更不要提如何转化为企业的经营业绩了。中国传统观念里的"知行合一"，恰恰就是在强调这两个方面的统一。行政组织文化中若有了价值理念和行为规范这两个"主力军"，并使其相互促进，一旦形成了内在逻辑一致的关系，优秀的行政组织文化便由此诞生。由此可见，理念引导成员的行为，行政组织文化把理念渗透到行为当中；反过来，员工的行为把理念变成一种有形的物质。有的行政组织文化把二者搞成僵硬的、失去内在逻辑联系的、孤立的两方面，这样的文化我们要坚决予以抵制、摒弃。如果把这个问题恰到好处地解决了，便能将行政组织运行中的文化管理向前不断地推进。但是，这类问题也要求行政组织的管理者认真研究、努力探索，寻找解决问题的办法。

（四）文化融合

现代行政理念和管理理念要与我国传统的优秀文化融合到一起。这里的"融合"是关键，大庆精神可以把行政组织的优秀理念同传统文化有机融合，并不是死板的套用和简单的堆砌。

（五）长效机制

行政组织文化的最终目的就是要形成根植基层的长效机制，那么就要让行政组织文化"落地生根"，在创建和改革发展的同时需要不断地总结和探索多种有效的途径与方法。

行政组织文化是行政组织发展过程中通过管理实践、发展创新，生发、凝结、形成并积淀起来的，不是无缘无故地从天上落下来的，也不是像种子那样从地里种出来的。仅仅停留在文本之中的、说在嘴上的不能称为行政组织文化。真正的行政组织文化必须在耳里听，在心里想，在脑中思考，在行动中实践。让广大成员的心灵深处都要受到行政组织文化的感染和熏陶，并且把行政组织文化的精髓转化为思维的方式、行为的方式、行为的自觉性、行为的规范性、行为的习惯性，要完整地体现在各个层次的行政组织管理上，进而转化为行动。

总体来看，创建大庆精神的行政组织文化模型，要依托大庆固有的文化优势，继续弘扬大庆精神和红色精神，在行政组织文化建设方面深入总结过去的经验和不足，研究和探索行政组织创新发展的出路。也要清楚地看到我们的行政组织文化建设正处在新的起点上，正面临着诸多的挑战。

阅读材料

四个一样

"四个一样"于1963年由李天照任井长的采油一厂二矿五队5-65井组首创，得到周总理的高度赞扬，并与"三老四严"一同写入当年颁布的《中华人民共和国石油工业部工作条例（草例）》，作为工作作风的主要内容颁发。

初夏的一个中午，雨唰唰地下着，一个小时一检查的时刻到了，雨还是下个不停。5-65井组学徒工刘玉智从值班房探出头来，问井长李天照："井长，这雨下不长，等一会儿，咱再去检查吧？"李天照说了一声"不行"，就照常走了出去，在路上又语重心长地说："小刘啊，岗位责任制就是岗位责任心，越是坏天气，越要按照制度办事。这应该定为咱们井组的一条纪律呢！"

一天夜晚，采油队长白荣岗到李天照井组去检查。当时已经十二点了，只见两个工人一同走出值班房，在分离器前停下来，接班人李润纪用手摸摸玻璃管，说："不行，上面还有油泥哩。你擦干净了我才能接。"交班工人二话没说，拿起一片毛毡，把玻璃管擦得亮晶晶的。第二天，有人告诉李润纪："白队长昨天夜里暗查你们哩！"李润纪笑笑说："查也不怕，咱干活，夜里和白班一个样，一点不能马虎。"

这天夜晚，李天照冒雨来到井场，看到值班房里走出一个熟悉的身影，他拿着一把管钳，大步走近井口，细心地独自弯腰检查"采油树"的阀门。李天照走进值班房，说："老张，你今天检查得挺严呀！"张加祥没想到自己的井长冒雨上井，答道："井长，你不用操心啦。干活嘛，领导在不在，咱都是一个样！"

李天照井组的每一件设备都挂着牌。开动的设备挂"开"字牌，停转的设备挂"关字牌"。一天夜里，李天照悄悄上井，把套管阀门上的"开"字牌暗暗换上了"关"字牌。第二天一大早，他又去检查，看到夜班工作记录本上有一条写道："夜1点，发现套管阀门挂错牌，应该把'关'挂成'开'。"李天照笑了，夜班工人一见他笑，自己也笑了，还说："咱是没啥含糊的，查不查都是一个样。"

——《大庆精神铁人精神——经典故事》

◎思考

大庆精神对今天的行政组织文化建构和发展是否还有重要作用，为什么？

第五章　行政组织伦理

行政组织伦理研究是一项前沿性的学科研究。自亚里士多德的《尼各马可伦理学》问世以来，伦理学的研究已经延续了两千三百多年了。但是，在两千多年的研究中并没有关于行政伦理的研究，更不存在关于行政组织在管理社会公共事务中伦理准则和规范的研究。当人们跨进 21 世纪时，约翰·高斯、伦纳·德怀特等人提出了"内律"的概念，强调行政人员应该对自身行为进行伦理反思，行政研究开始逐渐从重视外在技术转向重视内在伦理。在"新公共行政运动"及罗尔斯《正义论》影响下，行政伦理学成了一门独立的学科。

第一节　行政组织伦理概述

一、行政组织伦理的相关概念

（一）组织伦理的概念

组织伦理作为组织的一个重要组成部分，已经被认为是组织获取竞争优势的一个源泉。美国哈佛商学院教授林恩·夏普·佩因博士在他的研究中提出这样的想法："一个普遍被接受的目标和一整套的价值体系是组织力量的中心，也是组织个性标志的源泉，并且这样的这种个性标志能够带来组织的自豪感和满足感并帮助组织适应环境，有利于组织的长期生存、繁荣与发展。在逆境中，一套合理的价值体系是抵御诱惑的缓冲区，可以避免损害长期利益。"❶由此可以看出，组织伦理是一种无形资产，是组织个性的源泉，是组织在逆境中的缓冲区。刘祖云认为，组织伦理就是组织在处理内外关系时所应遵循的道德行为原则和伦理规范。❷

（二）行政组织伦理的概念

就当前的行政活动来看，行政管理的主体以行政组织为主。我国的行政组织在社会公共事务管理中的地位在未来很长的一段时期内是不可替代的。随着社会化大生产的发展，社会分工越来越细，行政组织在管理中的公共性越来越明显，行政组织伦理的作用也越来越凸显。

目前，对于行政组织伦理的定义还没有一个准确的理解，以下仅能就目前的研究水平提炼出行政组织伦理的概念。行政组织伦理是行政管理领域中的角色伦理，以行政组织伦理或者行政组织系统为主体，或者以行政组织为主体，是以"责、权、利"的统一为基础，以协调个人、组织与社会的关系为核心的行政组织行为准则和规范系统，是通过行政组织行为体现出来的社会道德意识形态的重要组成内容。❸

从其定义中可以看出，行政组织伦理不仅包括作为社会行为基本伦理规范的规定性，并且由于其固有的特殊性质和地位，决定了它必然在伦理体制的构

---

❶　林恩·夏普·佩因. 领导、伦理与组织信誉案例战略的观点 [M] 大连：东北财政大学出版社，1990：3-4.
❷　刘祖云. 行政伦理关系研究 [M]. 北京：人民出版社，2007：269.
❸　高力. 公共伦理学 [M]. 北京：高等教育出版社，2006：136.

建上有自己的特殊要求和内在规定性。与行政人员的个人道德相比较，行政组织伦理的特征主要表现在三方面：第一，行政组织伦理必须体现行政价值；第二，行政组织伦理必须坚持程序公正；第三，行政组织伦理必须体现组织形象。

从行政组织全力发展的伦理维度来看，行政组织既要遵守社会伦理规范，又要努力实现组织自我伦理方面的至善追求，最终实现道德的主体性和规范性的高度统一。

行政组织的职能、责任、效率等一起构成了完整的行政组织行为，而行政组织伦理是国家如何治理社会，如何代表公共利益的基本价值准则。因此，如果行政组织伦理的研究缺失，行政组织也就不能发挥其应有的作用。

二、行政组织伦理的研究现状

（一）行政组织伦理的研究对象

目前，关于行政组织伦理的研究对象也一直在争议中发展着，代表观点主要有两种。第一种观点认为："行政伦理要研究各种行政道德现象，并通过对行政道德现象的全面研究，来揭示行政道德的本质特征和发展规律。"❶另一种观点认为：行政伦理的研究对象不仅包括行政人员也包括行政组织，但这些问题最终都是行政人员在相互冲突的价值之间的选择问题。多数学者认为，行政伦理关注的焦点应是行政人员的德行及其实践的价值选择。在众多经典巨著中，行政伦理的研究对象多集中在行政人员上，对于行政组织的关注和研究少之又少，这也就坚定了选择从行政组织这一主体出发来研究行政组织伦理的意志。

---

❶ 张康之.寻找公共行政的伦理视角[M].北京：中国人民大学出版社，2002：3.

（二）我国行政组织伦理的研究阶段与研究内容

对行政组织伦理的研究，在国内外均较为稀少。我国行政伦理理论界的研究大致经历了三个阶段。

第一阶段，20世纪80年代前期，我国学者开始对行政伦理进行系统的、正式的研究，而研究主要从行政人员个体的角度展开。学者们普遍认为，行政人员的职业道德和相应的职业道德规范就是行政伦理研究的主要内容。不可否认，我国行政伦理的研究中有很多西方的思想痕迹。第二阶段，20世纪80年代中期到20世纪末，学者们开始将行政组织纳入行政伦理的主体范畴中。这是对行政伦理研究的一大进步。第三阶段是进入21世纪以来，对行政伦理主体的认识更加宽泛了。行政主体不仅仅是行政机关和公务员等活动主体，还包括配合和参与行政活动的社会各阶级、阶层、团体等"行政相对人"和行政制度、体制、结构、程序等多种行政构件。这大大深化与拓展了行政伦理的研究视野，也对行政组织伦理的研究提供了更丰厚的基础。

张康之在《寻找公共行政的伦理视角》一书中，对公共行政一系列经典理论的历史考察，揭示了现代公共行政的"思想模型"中的各种缺陷。这是一本现代行政伦理学的开拓性著作，书中采用了理论与实践一体性的视角，富有创见性地认为整个世纪公共行政的理论和实践的根本缺陷在于放弃了伦理向度。对于公共行政的这一缺陷的救治问题，作者从公共行政的制度、程序、行政人员的行为等方面提出了伦理化方案，特别提出了在公共行政领域中拒绝权利这一大胆的设想。

万俊人主编的《现代公共管理伦理导论》中，涉及许多有关行政组织伦理方面的研究与论述。该书主要讨论了体现在公共管理中的基本伦理维度、伦理规范和公共伦理精神，并围绕这个中心分别介绍了现代公共伦理的基本精神、公共伦理的基本问题、政府行为和政府信用及公共管理人员的伦理道德等问题。其中，在关于行政组织伦理的研究中，最大的亮点是对于行政组织利益与公共利益产生不同的过程分析。事实上，行政组织和行政人员在实施行政行为时，必然会将他们自己的一些需要和目的加入行政行为的目标函数中，关键在于区别哪些是与公共利益目标是一致的或者是可以兼容的。行政过程交织着不同层次、不同部门的行政主体的活动和关系，不可避免地会导致部门之间利益冲突等问题。同时，该书对行政组织伦理的困境也进行了阐述。

李建华主要从事伦理学和公共管理学的研究。他主编的《行政伦理导论》，不是一本知识体系完备而严密的行政伦理教科书，而是一种前沿性的探索。在市场经济逐渐成熟和法治社会逐渐形成的当下，人们维护权利的要求从自发走向了自觉。人们逐渐认识到，若要实现权利便无法回避权力，权力是权利的现实保障，建构一个真正具有公共性的政府成为普遍的社会需求。而权力的本质、组织构成与运作方式，也日益成为公共话题。对于行政组织伦理的研究，《行政伦理导论》一书将其列为行政伦理的一个主体和类型。该书第一章对行政伦理的分析中讲到作为组织层面的伦理，其基本内涵首先就是行政组织伦理必须坚持程序公正，这是公共伦理的核心。其次，必须强调民主责任。公开化就是强化民主责任的一种手段。最后，行政组织信任。伦理离不开组织的改革，通过制度安排实现有道德的公共管理。

在众多有关行政伦理研究的论著中，将行政组织伦理作为研究对象的比较少，多以寻找伦理困境的解决方式为主。如纪明奇的《公共组织中的伦理困境及其价值回归》、陈静的《公共组织的伦理困境》和张敏的《从组织层面论行政伦理》。文章多认为，对行政组织伦理的研究十分必要，行政组织常常给公共行政人员造成种种伦理道德方面的困境，包括来自组织制度、组织文化和组织责任等。如何实现公共组织伦理价值回归已经成为一个必须要探讨的问题。对组织的改造已经成为与个人自律并行的完善行政伦理建设的两个重要方面。

三、行政组织伦理的主要理论

（一）相关的基础道德理论

研究行政组织伦理时，我们应该特别注意观念和行为准则。不同的价值观念可以导致不同的行为，而不同的价值观念也有不同的理论基础。上帝旨意论认为，道德是由上帝的旨意决定的，上帝可以在世俗的迷惑中为凡人指点迷津。道德相对论强调，行为正确与否最终取决于一个人所处的伦理规范环境。自然法规论视道德法规为人的行为要求的体现，而这些要求是以人性为基础的，因而是适用于全人类的。古典功利主义者注重福利，主张政府有道义上的责任，为最大多数的人谋取最大的福利。康德的道德论则认为，德的要求就是理性的要求，不道德的行为也就是不理性的行为。道德多元论看到在社会上存在众多的道德原则和法规。美德伦理学试图回答的首先是"我应该做个怎样的人"而不是"我应该做些什么"。道德特殊论着眼于道德评判的特殊性，指考虑行为是否道德时，应该具体情况具体分析。❶

（二）义务论

行政组织伦理包含着深刻的伦理道德内涵，行政管理的实践和行政组织

---

❶ 马国泉.行政伦理：美国的理论与实践 [M].上海：复旦大学出版社，2006：113.

对公共权力的行使都需要伦理的理论基础，我们有必要对伦理的一些理论进行阐述。行政管理这一活动是一种社会义务，维护和实现公共利益是行政管理的社会功利目的。因此，义务论和功利论是行政管理过程中不可或缺的重要伦理理论。

在社会生活中，有各种类型的义务，政治义务、道德义务、法律义务等，它们统称为社会义务。而在行政组织的活动中，政治义务贯穿了其活动的整个过程。就其概念而言，义务论是指组织或个人对社会、对他人应尽的责任，是社会对组织和个人行为的一般要求。义务与社会中每个成员都有密切的关系，同样与行政组织，这个最大的公共性组织的关系也是密不可分的。义务不是抽象存在的，而是社会运转中对每一个社会角色的一种规范。由于人们在社会关系中充当多种角色，所以必然要行使该角色的义务。角色可以定义为一定社会关系赋予个人相应的义务和责任，并由此决定着个人地位、作用和社会形象。●

行政组织伦理就是行政管理领域中的角色伦理。行政组织因其职能的不同而表现出不同的角色，但行政组织的共同职责是实现公共利益的最大化。因此，所有的行政组织均可称作为公民服务的公利性组织。行政组织因其特有的公共性和权威性使其具有最大的责任和权力。义务作为道德规范的一种表现形式，与责任密切联系。义务是行为评价的标准，而责任则是评价的方式或结果。在每一个个体身上，义务是一种责任意识，是自律的义务。每一个有道德意识、有行为能力的人，都对自己的行为负有责任。同理，作为一个具有完全公共性的组织——行政组织，从它产生的那一刻起，就有责任履行实现公共利益的义务，并且对它行为的过程和结果负责任。义务与权利也是密切相关的。在伦理

● 高力.公共伦理学[M].北京：高等教育出版社，2006：19.

学中，权利是否在伦理的范畴之内，一直是一个争论不休的问题。权利是一个法律概念。在法律上，权利和义务不可分离。没有无义务的权利，也没有无权利的义务。伦理学存在道德权利是合理的。就行政组织而言，道德行为可以满足行政组织主体的价值需求，道德权利的直接要求就是价值满足，这就是道德权利存在的意义，也是义务与权利的联系所在。

（三）功利论

独立的个人因履行义务而获得殊荣，人性得以完善，就是其社会功利性的实现。同样，在由个体科学组成的行政组织中，义务与功利是一致的。功利的含义是利益和好处，功利主义的核心就是最大多数人的最大幸福。著名伦理学家亨利·西季威尔曾说过："功利主义在这里所指的是这样的伦理学理论，在特定的环境下，客观的、正当的行为是将能产生最大整体幸福的行为，即把其幸福将受到影响的所有存在物都考虑进来的行为。" ❶ 目前，我们的功利主义坚持从公共的利益出发，主张个人利益和公共利益的统一。在行政组织的运行过程中，也同样渗透着功利主义的因子。张国庆的《公共行政学》一书中明确提出，行政组织伦理原则的第一条要求便是公正、公平，这正是公共主义的功利主义。

第二节　行政组织伦理的原则与规范

从目前的行政管理领域来看，对行政伦理的研究已经越来越成为行政管理研究的重点之一。公共行政，既离不开行政人员，也离不开行政组织。当今，社会是一个组织结构的社会，行政组织在国家政治生活中有不可替代的地位和

---

❶ 亨利·西季威尔. 伦理学方法 [M]. 北京：中国社会科学出版社，1993：425.

作用，承担着众多公共事务。更重要的是，行政组织是行使公共权力的主体，它的性质就是公共性，功能就在于依法管理社会公共事务，目标就是维护和实现公共利益为其价值取向的。因此，从行政组织的性质、功能和目标上来说，必须有一系列伦理原则和规范来约束行政组织的行为，从而使行政组织真正具有代表性，能够回应社会价值的要求。

一、行政组织伦理的基本原则

原则是一项行为活动的总方向，具有最高的指导性和制约性，贯穿于一项活动的各方面和全过程，指导着规范准则的行使。约束和规范行政组织行为的基本伦理原则具有以上特性。一方面，它指引着行政组织在行使公共权力、发挥其独特功能的过程中具有方向性；另一方面，又是公共利益的最集中体现。同时，行政组织伦理的基本原则还包含了两个层面的内容：第一，它是社会道德基本要求的体现；第二，它也是行政管理这个特殊领域中的伦理要求的反映。从行政管理的性质和公众的客观需求出发，以具体指引行政组织的功能和目标为导向，可以将行政组织伦理的基本原则归纳为公正原则和服务原则。从行政组织功能的内容中，不难发现这两个原则始终贯穿于它的行为过程之中。

（一）公正原则

公正也称为公平、正义、公道，它是社会制度的首要价值，更是社会关系治理文明的标志。同时，公正也体现了个人人品和为人处事的根本性要求。因此，公正具有指导制度属性和个人品行的双重意义，是行政组织伦理的首要原则。因为行政组织是行政管理主体中重要的一个组成部分，它掌握着一定的公共权力，所以无论作为决策者还是作为决策的执行者，行政组织的行为对社会公共事务的管理及人民群众的生活都有莫大的关系。同时，行政组织的功能和目标涵盖了政治、经济、文化和社会四大领域。在社会各个领域、各种关系错综复杂的交织下，公正作为一种处理伦理关系和利益关系的原则就显得尤为重要。因此，必须强化行政组织在行使公共权力时属守公正原则。

在春秋战国时期，众多学派的思想家已经论及公正与政治、经济、社会、伦理之间的密切关系。《墨子·天志上》曰："义者正也。何以知义为正也天下有义则治，无义则乱，吾以此知义为正也。"《韩非子·解老》说："所谓直者，义必公正，公心不偏党也。"《荀子·正名》篇讲到正义而为谓之行，就是说按照正当的礼仪做事就叫有德行。在古希腊，公正是四德目之一，四德目指智慧、勇敢、正义、节制。柏拉图以公正来确定不平等的存在是合理的，而亚里士多德对公正做出了如下的分类（见图5.1）。

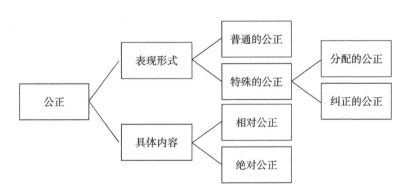

图5.1　亚里士多德对公正的分类

那么，什么是公正的标准呢？公正是一个复杂的关系结构范畴，至少包含两个层面的含义。在本体意义上，公正以客观物质为基础，实现经济运行效率和社会财富的分配。由此可引申出效率和公平的关系问题在权利与义务的具体分配准则上的公正问题，即规则公平和结果公平、机会均等与结果均等的关系问题。由此可见，效率公平、规则公平与结果公平、机会均等与结果均等之间都存在矛盾。公正的标准并不在于公正自身，更在于公正所指导的行为。

对于行政组织而言，公正是一种社会制度是否完善的标准之一，相对的社会公正取决于社会物质文明和精神文明成熟的程度。从行政组织的众多功能和目标中，均能体现出公正的含义行政人员是否正直无私、自觉地履行义务，是否敢于伸张正义，行政组织制定的决策是否能合理分配权利与义务，是否能合理调节各种利益关系，实现公共利益的最大化。这都要求行政组织伦理必须坚持公正原则，坚持公平、正当、合理的利益分配尺度，以促进社会的健康发展。

（二）服务原则

在我国，"为人民服务"是适应时代要求而产生的一种新的道德思想，成为中国共产党的根本宗旨。在《论联合政府》中，毛泽东详细阐明了这一宗旨："是有别于其他任何政党的又一个显著标志，就是和最广大的人民群众取得最密切的联系。全心全意地为人民服务，一刻也不脱离群众一切从人民的利益出发，而不是从个人或小集体的利益出发向人民负责和向党的领导机关负责的一致性这些就是我们的出发点。"

将"服务"作为行政组织伦理的基本原则之一，是因为人民群众是公共权力的赋予者、是历史的创造者、是国家真正的主人。因此，作为行政管理的主体，及公共权力的行使者，行政组织在其运行的过程中必须将服务的原则作为基本标准和行动指引，指引自身的行动。

在行政管理的过程中，"为人民服务"不是一句空口号，是政府制度、管理运行与组织行为的基本精神。从行政组织的体制和管理运行过程中可以看到，在政治功能方面，传统计划经济体制下，政府组织是全能的统治主体。政府运用公共权力全面干预、控制经济发展，造成行政组织机构的膨胀，管理成本增加。这不仅对经济的发展不利，而且权力与经济的结合还是腐败滋生的温床。进入市场经济时代，市场体制要求建立廉洁、高效的政府和公共服务理念的行政体制。在管理体制的改革和创新下，政府职能转变、行政组织功能调整，行政组织简化或调整了行政审批环节和程序，降低了行政成本，正在逐渐建立真实有效的服务机制。在经济功能方面，行政组织的活动和功能同样体现出服务原则的重要性。行政组织退出对行业的垄断，实行政企分开，表明政府、市场、企业的关系真正的转入了社会主义市场经济体制的轨道上。同时，国家颁布《中华人民共和国反不正当竞争法》以防止地方保护主义的滋生和蔓延，真正做到了维护国家利益和社会公共利益，这些行为表现都是服务原则和公共服务精神的体现。在文化和社会功能方面，行政组织提供满足人民需求的基本公共产品和公共服务，如构建完整的法律体系和社会保障体系、推行公民教育、保障国家安全、完善市政建设、健全卫生保健体系等。由此可见，服务原则在行政组织伦理中作为基本原则是至关重要且不可替代的。

二、行政组织伦理规范

规范是指对组织或个人的行为和关系所作出的规定。组织规范是指组织中形成的每个成员自觉遵守的行为标准和准则。组织规范大多是不成文的或约定俗成的非正式的行为准则，这种准则对成员具有较强的约束力，能调节成员的行为。伦理规范，可将其定义为在人类社会发展的过程中，由于需要而产生的促进人的善行、社会的良性发展，明确规定主要是通过激励个体的人或者组织的善行来实现社会关系的和谐。与法律制度等明文规定性规范不同的是，伦理规范是通过口传心授和在行为示范中学习得来的。而行政组织伦理规范同样也是从这一组织设立开始，因其性质、代表群体、职能目标的不同而形成的系统化行为准则。

（一）忠于职守

行政组织是依法设置的，是若干要素依据一定权力结构、目标结构、层级结构组成的权责明确、有序协调的有机系统。在若干独立的行政组织组成的行政系统中，每个组织单位都按不同区域和管理功能进行了划分，并相应设置了组织的职责、功能和目标。由于每一层级、不同部门的行政组织都担负着各自应处理的社会公共事务，所以对于行政组织和其中的行政人员来说，忠于职守是他们的天职。只有真正做到忠于职守、爱岗敬业、尽职尽责，行政组织系统才能实现高效率工作，才能完成提高公共利益的目标。

（二）遵纪守法

依法治国是党领导人民治理国家的基本方略，行政组织作为代表国家行使公共权力、管理国家公共事务的主要机构，必须要做到遵纪守法、依法治国。行政组织的建立、撤销都是在宪法和法律的规定下实现的，其行为和活动也都必须在宪法和法律规定的范围内进行。组织的功能、目标、职责和权力均由国家的宪法和法律赋予。同样，组织内成员的权力、义务、职责，以及组织行使职权和实施管理的程序、方式，均以法律为基本依据。

作为国家权力的行使机构，行政组织在法律的依托下拥有凌驾于整个社会之上的权威性，其运用合法的手段和方式维持着一个国家的政治生活、经济生活和社会生活。在行政组织管理公共事务的过程中，其管辖对象有义务服从于行政组织做出的一切合法规章和命令。对于不服从的人员，行政组织同样会运用法律和政纪对其进行制裁，这种强制服从的权威性同样是行政组织遵纪守法的伦理规范的表现。权责一致一直以来是我国行政管理中的明确规定，依法行使公共权力的行政组织同样要对其活动承担相应的法律责任。因此，并不会因为某个行政组织只是一个没有生命的团体就认为它是组织内成员的"挡箭牌"。里格斯在其研究的生态行政学中层明确指出，组织是有其生命周期的一个系统。

（三）求真务实

在开放的社会系统下，国与国之间、组织与组织之间都密切联系，协调发展。行政组织作为一个开放性的系统同样也依附并受制于其他各种组织。面对历史条件、国家政治制度、经济发展、文化传承等因素的影响和制约，行政组织的体制、结构、功能、目标都在不断地调整和改革。因此，行政组织的一切管理活动都必须遵守求真务实的伦理规范。

行政组织管理活动中的求真务实包含以下两方面内容：第一，用发展的眼光看待问题；第二，重视调查研究，不可主观臆断。毛泽东曾说过，"没有调查就没有发言权"。一个独立的行政组织的主要工作就是做出正确的决策和执行正确的决策。如果上级行政组织在制定政策时，不深入群众，不去做周密的调查研究，很难想象它会做出多么正确的决策。如果下一层级的行政组织在执行政策时同样不知变通地服从上级错误的决策，那么这种错误的决断必将会给人民群众造成难以弥补的影响和损失。

（四）团结协作

公共管理研究在经历了科学管理时期、行为科学时期和多元发展时期之后，进入"服务行政"。在这一时期，行政组织被看成一个开放的、整体的、全变的系统，强调社会治理方式以服务性为主的行政管理模式。在日益繁杂多变的公共事务和开放的行政环境下，行政组织活动不可能仅依靠一个或少数几个行政组织的力量就能很好地完成管理工作，通常都需要多个组织配合。甚至是国与国之间合作才能实现共同的公共利益追求。

每隔四年，全球都会因地球生态环境的变化而召开一次全球性的气候会议。在这样大型的会议上，全球一百多个国家平等地商讨改善环境的政策，并签署一系列条约。从条约内容来看，多数是以全球的、长远的利益为出发点，在短期内会对一些国家的经济利益造成损害，但是为了全世界的和谐发展，大多数国家都能严格遵守条约，相互协作完成各自的承诺。由此可以看出，现代国家中行政组织早已不再是"各人自扫门前雪，莫管他人瓦上霜"的狭隘组织了，而是眼光长远、心怀天下的开放性组织。无论是国与国之间的行政组织合作，还是国家内部的行政组织之间的协调配合，都离不开团结协作的伦理规范。因此，行政组织活动的开展应在充分发挥自身长处的同时，紧紧地把握与其他行政组织和社会组织的联系，调动各方积极性、密切配合，从而更好地完成组织的目标。

三、行政组织伦理失范

（一）行政组织伦理失范的含义及表现

1. 行政伦理失范

失范也叫违规，是指社会组织或个体违反社会规范的行为，主要是指对社会有负面作用的破坏性越轨行为。行政伦理失范就是行政主体在行政权力运行过程中，往往置行政伦理的规范与原则于不顾，用公共权力满足私利，从而导致公共利益受到损害。❶

2. 行政组织伦理失范的表现

库珀曾经列举过一系列行政人员伦理失范的行为，这些行为均被视为"看上去足以影响行政人员客观地行使他们的职责"，如贪污腐败、接受馈赠予消费、安排亲属就业等，这些行为往往是为了直接或间接的经济利益。然而，行政组织伦理的失范与个人的行为有所不同：一是组织中行政人员不道德的行为连续出现；二是一些不道德的行为在行政组织中普遍存在；三是找不到具体的人来为不道德的行为负责，获利的不是个人，而是一种组织现象。

（1）违反行政程序。正当的行政程序包括两类，一是予以法律化的正当程序；二是未予以法律化的正当程序，这些未予以法律化的程序也要遵守，因为它们是基于自然规律、自然正义而存在的正当程序。❷

例如，顺序问题作为生活的一部分，虽无明文规定，但大家都心照不宣。然而，在行政程序的执行中，有大量违反行政程序公正的行为，仅以告知和执行为例，在告知程序中存在的严重问题：不予告知、未予以有效告知、未告知教示权利、未予送达等四个问题。而在具体执行的时候，又存在执行低效、执行中寻租、虚假执行和执行手段不当的现象，损害了行政程序的公正。

（2）降低组织信任。

（3）制度激励不当。制度作为一种正式安排，它在社会中起到多种作用。然而，在针对公务员制度激励中，由于安排的不合理导致了违反行政组织伦理

---

❶　张国庆. 行政管理学概论 [M]. 北京：北京大学出版社，2000：541.
❷　于立深. 违反行政程序司法审查中的争点问题 [J]. 中国法学，2010（05）：88-112.

的现象出现。例如，"GDP崇拜"和"政绩工程"，GDP（国民生产总值）常常公认为是衡量国家经济状况的最佳指标。它的意思是指在一定时期内（一个季度或者一年），一个国家或地区的经济中所产出的全部最终产品和劳务的价值。自从第二次世界大战以后得到了最充分的体现。因为当时多数国家都面临着尽快发展生产力，提高经济水平的重任，所以都把经济增长作为首要目标，"GDP崇拜"成为一种普遍现象。对地方政府的政绩考核中，GDP占有了较大的权重，因此在一些地方政府陷入了"GDP崇拜"不能自拔，在政绩冲动之下做出了很多的极端行为，只顾了眼前利益却忽视了长远利益；而政绩本来是指政府官员在任职期内的业绩而言的，是对做了好事、做了贡献的正面肯定和含有褒义之词。但是，现在说到加了引号的"政绩工程"却成了一个新的贬义词。❶

（4）忽视民主责任。行政组织的目标是公共利益的最大化，但在常常表现为在一定程度上是追求自身利益的"经济人"，为了保护自己地区的利益，地方政府有意保护本地企业，在市场上通过行政手段对外来竞争者设置壁垒；或者在社会福利、入学教育等方面通过户籍来进行限制外来人口；在人员招聘、晋升等方面暗中照顾本地人等地方保护主义的举措。另外，在行政组织中存在不同程度的"门难进、话难听、脸难看、事难办"的情况。一些工作人员的工作不积极，敷衍塞责，互相推诿，为人民服务不热情，态度生硬，语气专横，居高临下，完全忘记了为人民服务的宗旨，也是行政组织伦理失范的表现。

（二）行政组织伦理失范的根源

1.行政责任冲突造成的伦理选择困境

伦理选择"是指人在一定的伦理道德意识支配下，依据某种伦理道德标准

---

❶ 夏书章.政绩工程[J].中国行政管理，2008（6）：106.

在善恶冲突之间或不同的价值追求之间所做出的自觉自愿的选择，包括确立行为动机、设计行为方案、确定行为手段与结果等"❶。

除了无意识的活动，人的大多数行为是选择的结果，但并非所有人们选择的行为都合乎伦理道德，公共行政人员的行为也是如此。行政人员和其他社会人一样，对伦理道德有不同的认知和选择，因此，行政人员经常陷入诸如服从还是检举、腐败还是不腐败的伦理选择困境。

行政人员的伦理选择困境根源于行政责任上的冲突。行政责任是联结行政伦理与政府公信力的重要纽带，行政责任的实现既是政府获得公信力的途径，同时也是行政伦理的价值追求。行政人员在公共行政过程中，经常面临行政责任冲突的局面，行政责任冲突涉及如何对行政伦理价值观和原则进行排序和选择，因此经常使行政个体陷入伦理选择的困境。在这种困境之下，如果该行政个体缺乏良好的伦理约束，就很容易导致行政伦理失范行为的发生，行政责任难以实现，公共行政价值观被扭曲，政府权威和公共形象遭到损害，以致政府公信力的流失。

行政责任冲突被库珀分为三种类型：角色冲突、权力冲突和利益冲突。角色冲突是行政责任冲突的根本，正是角色的冲突才引发利益和权力上的冲突。"角色的差异性和多元化是现代与后现代社会的重要特征，因为现代社会中的个人身份认同和社会关系变得越来越复杂，人们不再将自己的身份认同为某一角色或某一类角色，而是复杂的网络系统中相互关联的角色群。"❷

随着社会的发展和个体社会化的深入，这一角色群现象将会越来越突出，角色的多元化与差异性也越来越明显。公共行政部门的行政个体也不例

---

❶ 王集权. 现代伦理学通论 [M]. 南京：河海大学出版社，2002：197.

❷ 特里·L.库珀. 行政伦理学：实现行政责任的途径 [M]. 北京：中国人民大学出版社，2001：46.

外，行政角色只是他们多元化的社会角色群中的一种职业性角色。除此之外，他们很可能还担任着许多其他的社会角色：公民、父母、子女、配偶、同学、亲戚、朋友和投资人等。每一个社会角色的背后都包含一系列的责任、义务、利益甚至权力，因此，极易引发行政个体不同角色之间的冲突，直接涉及行政伦理失范的行政个体角色冲突，主要表现为行政职业角色与其他社会角色之间的冲突。

随之而来的是利益冲突。利益与道德紧密相连，"人们奋斗所争取的一切都同他们的利益有关" ❶，行政个体具有的双重人格决定，行政人员作为社会中的个体理应拥有自己的私人生活和个人利益追求。同时，作为一名国家公务人员，行政人员又承担着维护公共利益和组织利益的义务。造成行政伦理失范行为发生的利益冲突主要表现为个人利益与组织利益之间，以及个人利益与公共利益之间的冲突。

权力冲突也是导致行政责任冲突的重要原因。行政责任的基本结构体现在公共行政组织的架构和权力配置中："一个官员行使着对其下属的权威，下属层的每个人又行使着对各自部下的权威，这样一直到达阶梯的底部。为了取得职能专门化和协调分工的效率，形成了等级制或金字塔形的结构。" ❷ 行政责任的结构决定了行政个体的行政职业角色又分为不同的子角色，行政个体在所在的行政组织中往往同时担当着一部分人的下属角色、一部分人的上级角色和一些人的同事角色等。这些行政子角色决定了行政人员的权力辖属范围、大小，以及在组织内对谁负责受谁监督等。从组织运行的角度考虑，行政个体的职业角色似乎只能服从和效忠。"然而，从道德的立场出发，当组织目标严重

---

❶ 马克思，恩格斯. 马克思恩格斯选集·第一卷 [M]. 北京：人民出版社，1972：92.

❷ 查尔斯·林德布洛姆著. 政治与市场：世界的政治经济制度 [M]. 王逸舟，译. 上海：上海三联书店，1992：195-196.

偏离法律的要求，公众利益被私人利益所取代时，捍卫民主政府，维护公众利益，反对腐败和违法行为，是公务员个人的负责任行为，也是公众对他们的责任要求。"❶

一旦存在两种子角色对行政个体的行为要求不一致，如人民公仆的角色要求你这样做而上级却要求你那样做，那么行政个体手中的权力应该对人民负责，还是应对上级负责？权力冲突就此产生。在公共行政过程中，角色冲突、利益冲突和权力冲突引发的行政责任冲突逐渐常态化。也就是说，行政个体面临经常性的及不可避免的伦理选择困境。

2. 伦理自主性的缺失

行政个体伦理失范行为的出现，除了行政人员面临伦理选择困境这一原因外，行政个体伦理自主性的缺失也难辞其咎。在很多时候，伦理选择困境是不可避免且不受行政个体人为控制而出现的。在伦理选择困境下，如何做出合乎行政伦理道德的行为选择，避免行政伦理失范行为的发生，关键在于行政个体是否具备伦理自主性。

公共行政个体的伦理自主性是指"当行政人员在具体的伦理困境中界定自己的责任内容和界限时，他们使自己具有了'伦理身份'，这种伦理身份认同形成了他们的道德品性"❷。

行政自由裁量权的存在表明："行政个体在公共行政管理活动中并不只是被关在笼中的狮子，也不只是完全受人摆布的机器，而是具有独立意识的行

---

❶ 特里·L·库珀. 行政伦理学：实现行政责任的途径 [M]. 北京：中国人民大学出版社，2001：195.

❷ Harmon.Responsibility as Paradox：A Critique of Rational Discourse on Government [J]. Thousand Oaks，Calif：Sage，1995.

政主体,并且可以将其独立意识渗透于行政行为之中。"❶公共行政的具体结果在很大程度上取决于行政人员的行为选择，而行为的选择基于行政个体伦理自主性影响下的价值判断和排序。在面临伦理选择困境时，公共行政人员能深刻地体会到个人利益与公共利益之间的矛盾，或对组织所应承担的责任和对公众应承担的责任之间的冲突。他们保持自我人格、身份认同感、道德准则感的能力受到挑战和威胁。在人类普遍具有的"自私"本性、政治压力和团队合作伦理等的作用之下，如果行政个体自身缺乏伦理自主性，就很有可能选择沉默或参与违背伦理道德、损害公众利益的行政伦理失范行为，降低政府公信力。

行政个体伦理自主性缺失的实质是行政个体未能将行政伦理、社会公德等伦理道德真正内化为有效的内在约束力。其主要原因包括以下三点。

第一，行政个体私德的沦丧。行政个体私德的沦丧主要表现为行政人员在公共生活和私人生活领域对社会公德的违背、对公共秩序的扰乱及个人品德和素质的低下。一些政府官员在日常生活中骄奢淫逸，如存在影响极其恶劣的个人生活作风问题，一些公共行政人员不遵守社会的基本行为规则等。导致私德沦丧的个体层面的主要原因是行政个体不注意、不重视、不加强对自身思想品德的修养，漠视社会公德和公共生活领域的秩序。

第二，行政伦理观的扭曲。公共行政伦理观由公共行政的基本原则决定，应从价值观的高度来审视和指导公共行政人员的行政行为。在现代民主政治中，树立正确的行政伦理观就是要求公共行政人员遵循公共行政的基本价值，树立勤政、廉洁、负责、诚信、公正的伦理价值观念。行政个体伦理价值观扭曲的

---

❶ 张泽想.论行政法的自由意志理念——法律下的行政自由裁量、参与及合意 [J]. 中国法学，2003（2）：178.

最主要原因是，行政人员对公共行政基本价值和目的的不理解、不认同、不遵守、不追求，以及不重视对古今中外优秀的行政伦理观的学习和吸收，不能树立正确的行政伦理观念。

第三，行政职业道德的违背。公共行政职业道德是行政人员在工作中应遵守的行为规范和道德准则，其核心在于处理个人利益和公共利益之间的关系。行政个体违背职业道德在很大程度上源于不明确公共行政职业道德的，违背公共行政的基本价值观，为了牟取个人私利，不惜超越行政职业道德规范和行政组织伦理制度规范的底线，损害甚至是牺牲公共利益。行政个体违背行政职业道德的实质是，角色冲突及利益冲突下的权力异化现象。其主要表现为权力寻租行为和失职、渎职行为，如贪污腐败、不负责任、渎职犯罪、弄虚作假等。

3. 组织伦理氛围的失宜

一个公共行政组织能否为行政个体伦理内在化提供适宜的环境，是否高度重视行政伦理体系的建设工作，以及能否有效地监督制约行政伦理的实践状况等，是评价公共行政组织内部伦理氛围的重要指标。一旦行政组织伦理氛围失宜，行政伦理就如同无水之鱼、无根之木，失去赖以生长和发展的内部环境条件，从而对行政伦理失范的发生起着推波助澜的作用，容易造成政府公信力的流失。

一方面，公共组织行政伦理氛围的失宜体现为组织内部行政伦理生存空间的缺乏。由于历史和现实的原因，我国政治体制改革方面相对滞后，公共行政组织中存在官僚主义严重、权力制约机制不健全、人事管理制度不健全等问题，现代公共行政的基本价值观念尚未深入行政主体的思想和价值观念中。这侵蚀了行政伦理得以发展和发挥的组织空间，为行政主体滥用自由裁量权提供了可能性，往往导致行政伦理失范行为的发生。

另一方面，公共组织行政伦理氛围的失宜体现为行政伦理践行动力不足。在充斥着各种现实压力的现代社会中，人们似乎已无暇顾及或反思价值与伦理问题。在公共行政组织运行中，反映公共行政基本价值的行政伦理观念、原则和规范等，在政治压力、财政预算、收益率、组织结构等面前，很多时候被某些行政主体看得无足轻重。在我国的一些行政组织中，追求行政伦理尚未成为一种风尚和习惯，不仅缺乏倡导优秀的行政伦理观念的热情，也缺乏对行政个体进行职业道德培训和行政伦理培育的动力。在这样的行政组织伦理氛围中，行政人员看不到加强个人道德修养、职业道德素养、行政伦理系统学习的积极意义，因此很难将行政伦理真正贯彻到具体行为和实际工作中。

4. 行政伦理法制化的不足

制度化、法制化是组织伦理的精髓所在。行政伦理在本质上是一种规范性伦理，因此必须内含制度化和法律化的内容。伦理立法通过将伦理行为上升为法律行为而使之具有法律效力和作用。"那些被视为社会交往中基本且必要的道德正义原则，在一切社会中都被赋予具有强大力量的强制性质。这些道德原则约束力的增强，是通过将它们转化为法律规则实现的。"❶ 比如对抢劫等伤害他人行为的禁止，以及对契约合同的缔结和履行过程中失信、欺诈的禁止等，都是道德转化为法律的实例。由此可见，行政伦理立法在本质上是"一种集体性的道德裁决，是在公共行政过程中建立起来的最低道德标

---

❶ 埃德加·博登海默. 法理学——法哲学及其方法 [M]. 北京：华夏出版社，1987：361.

准"❶。行政伦理法制化方面的缺失是导致行政伦理失范的组织层面的重要因素。行政伦理法制化的缺失在很大程度上制约了行政伦理功能的发挥，因为缺少国家强制力的保障，行政伦理变为空洞而苍白的说教，降低了约束和规范行政主体行为的可操作性和全面性，从而为行政伦理失范现象的发生提供了温床。

第三节　行政组织伦理建设

一、完善行政伦理立法

行政伦理立法是将行政伦理的原则及道德要求，以法律的形式进行规范，使之具备强制性。对一般社会人来说，道德是一种自觉自主的约束力，并不具备强制性，但行政人员是公共权力的运用者，而且他们自身也有追逐利益的驱动性，因此，不能对行政人员的道德水平进行理想化想象。一旦他们利用公权力进行谋私，将产生恶劣的影响，因此必须要有外在力量去约束和监督行政人员。

在现代国家的法制建设中，越来越多的国家将行政伦理规范纳入法律体系之中，并形成了行政伦理规范专门法。将行政伦理规范法制化也是我国当前行政伦理建设的重要内容。笔者认为，行政伦理法规体系应包含三方面内容：一是制定行政伦理法；二是明确公务员的服务伦理；三是制定专门的廉政法或反腐败法。

---

❶　江秀平. 公正责任与行政伦理 [J]. 中国社会科学院研究生院学报，1999（3）.

二、重视行政组织职业道德建设

随着社会进步，公共行政部门不再是政治活动的附属，而是一个独立的、为社会提供公共服务的职业领域。因此，从事这一职业的人必须具备相应的职业道德。这不仅关系到公共行政的服务质量和水平，而且由于公共行政部门的特殊性，这一行业的职业道德还会对社会公共道德有较大影响。因此，我国在行政伦理建设中，必须加强行政职业道德建设。

首先，要将行政职业道德与政治思想相剥离，明确行政职业道德的独立性，既不是政治思想的附属，也不需依靠政治力量来推行。

其次，要对行政人员进行行政伦理品质教育，人的道德并非天生就有，而是需要后天培养。因此，有必要对行政人员进行伦理道德品质培训。

最后，行政人员自身也要加强学习，这既包括伦理道德方面的学习，也包括一般知识文化的学习。知识的学习能够陶冶行政人员的伦理情感，从而巩固其遵循行政伦理规范的信念。

三、加强组织伦理建设

行政组织伦理的缺失，容易导致组织内的政策或程序助长行政人员的道德失范行为。美国亚利桑那州立大学公共事务学院登哈特教授认为，政府的伦理建设就是要进行行政组织改革，具体包括四项改革内容：一是培养组织良心；二是保护那些违反组织政策和程序，但具备道德立场的人；三是对组织的分权和分工状况进行改革；四是将道德讨论作为组织活动的一部分，并提升其地位。

我国公共管理学专家张国庆教授则对行政组织的伦理内容进行了总结概括，

认为其主要包括程序公正、组织信任、民主责任及制度激励四个方面的内容。我国在加强组织伦理建设过程中，要改革组织制度，鼓励行政人员的道德行为，为其遵循行政伦理的行为提供良好的环境。此外，要建设行政组织伦理，还需要加强行政文化建设，促使行政人员在心理及思想层面上形成良好的行政观念，并在实践中践行行政伦理。

四、建立专门的行政伦理管理监督机构

在行政伦理管理机构建设上，国内存在两种意见：一种认为，我国需要借鉴国外做法，成立独立的行政管理机构；另一种认为，我国目前的行政机构庞大，不需要再重新设立专门的机构，而可以由中央纪委、监察部等监督机构行使行政伦理监督管理职能。不论通过何种途径，我国必须尽快建立能够独立行使行政伦理监管的机构，可以从两个方面着手。

第一，在法律上明确行政伦理管理机构的合法地位和独立性，行政伦理管理机构本身需要成为一个行政伦理组织，道德法规是它的建立依据，而同时它又是道德法规的贯彻者。

第二，必须明确行政伦理管理机构的权责范围、机构设置、人员构成及机构设置等，这样它才能够真正成为一个有章可循的专业化组织。在行政伦理监督机制上，除了设立专门的监督机构外，还需要拓宽行政组织伦理的监督渠道，加强群众监督和舆论监督，让公民参与到对行政人员的伦理监督活动中来。这种监督会更有力量，对于促进行政伦理建设具有积极意义。

阅读材料

尼克松的"水门事件"

在 1972 年的总统大选中,为了取得民主党内部竞选策略的情报,1972 年 6 月 17 日,以美国共和党尼克松竞选班子的首席安全问题顾问詹姆斯·麦科德(James W. McCord, Jr.)为首(20 多年后,专家考证,幕后策划是白宫律师迪安)的 5 人闯入位于华盛顿水门大厦的民主党全国委员会办公室,在安装窃听器并偷拍有关文件时,当场被捕。

事件发生后,尼克松曾一度竭力掩盖并为其开脱,但在随后对这一案件的继续调查中,尼克松政府里的许多人被陆续揭发出来,并直接涉及尼克松本人,从而引发了严重的宪法危机。

1973 年 10 月,特别检察官考克斯对总统尼克松的调查进入关键时刻,前者要求尼克松交出与水门事件有关的证据。

1973 年 10 月 20 日,周六晚,尼克松下令,要求司法部长理查德森罢免考克斯的职务。但理查德森拒绝了总统的要求,随即辞职。司法部副部长拉克尔·肖斯接任司法部长后,也因拒绝罢免特别检察官而辞职。最后,司法部的三号人物博克成为司法部代理部长,才答应罢免特别检察官。尼克松更动员 FBI 封锁特别检察官及司法长官、次长的办公室,宣布废除特别联邦检察局,把此案的调查权移回司法部。面对尼克松滥用行政权力来维护自己,招来国民严重指责。

1973 年 10 月 31 日,美国众议院决定由该院司法委员会负责调查、收集尼克松的罪证,为弹劾尼克松做准备。1974 年 6 月 25 日,司法委员会决定公布与弹劾尼克松有关的全部证据。7 月底,司法委员会陆续通过了三项弹劾尼克松的条款。尼克松于 1974 年 8 月 8 日 11 点 35 分致信国务卿基辛格宣布将于次日辞职，从而成为美国历史上首位辞职的总统。

◎ **思考**

　　从行政伦理的角度，如何解读以上材料中的内容？

第六章　行政组织结构

在行政机制的运行中，良好的行政组织结构是完成行政组织目标、提高行政效率的物质基础，有重要的行政功能。为了充分发挥行政组织结构的功能，必须建立合理的组织结构。

第一节　行政组织结构概述

一、行政组织结构的含义

"结构"一词是生物学上的名词，是指一个生物体的各种要素科学的特定安排。行政组织结构，是指行政组织各种要素的一种特定安排，即行政组织各种要素的排列组合方式。

什么是行政组织要素？本书对此有两种提法。第一种是行政组织是由人、目标、特定的人际关系这三种要素组合而成。第二种是行政组织有物质要素和精神要素两大类。物质要素由人员、经费、物质条件所构成；精神要素由目标、权责结构、人际关系构成。后一种提法实际上是前一种的具体化和展开。

在物质要素中最基本的是人——行政组织的成员，经费、物质条件皆是为人服务的。精神要素中最基本的是目标和特定的人际关系——权责关系。综合行政组织的物质要素和精神要素，最主要仍然是人、目标、特定的人际关系这三种要素。本章所要研究的组织结构就是研究行政组织的成员如何按照目标的要求，结成一定的权责分工关系。也就是说，研究行政组织要素如何排列组合成一定的结构。

人、目标、权责这三者的最初结合，就是职位。职位，就是根据工作目标的需要，具有一定权力和相应责任的工作岗位。它由行政组织的个体成员担任。职位是构成行政组织结构的基本要素，行政组织的整体框架皆由行政组织的各种职位排列组合而成，由它组合形成一个单位、部门、层级、整个国家行政系统这四个层次的行政组织结构。现将其如何具体排列组合为四个层次分述如下。

第一个层次是由行政组织的基本要素和细胞，即职位——工作人员的排列组合，形成一个行政工作单位。经过有机排列组合后的工作人员已不是单纯的个人，而是充当由其工作目标、责任和权力所决定的特定角色，其在该工作单位的分工关系中所处的地位转化成了职位。职位包含了这个工作人员的工作目标、责任、权力，及其在工作单位中所处的地位、作用和关系。因此，准确地说，行政组织结构的第一个层次的内容就是工作职位的有机排列组合的方式，并由此形成一个工作单位、工作职位排列组合的有机性，主要要求职位的工作性质相同、程序相关，便于完成该工作单位的总体目标。

第二个层次是由各个工作单位的有机排列组合，并由此形成一个工作部门。其排列组合的根据是各单位的目标、责任、权力及其在分工中的地位关系，并以这种组合形成一个部门。工作单位排列组合的有机性，要体现每个工作单位的工作性虽相同、程序相关，便于完成该部门的总体目标。

第三个层次是由各个行政部门之间的有机排列组合,由此构成一级政府组织。其排列组合的根据是各个工作部门的目标、责任、权力及其在分工中的地位关系,并以此而形成一级政府。各个部门排列组合的有机性,主要体现在各个部门的目标是否与社会的各种需求一致,以及社会对政府的各种要求能否从各个部门中得到满足。

第四个层次是由各级政府之间的有机排列组合,由此形成一个国家的政府系统。它是由各级政府的目标、责任、权力及其在分工中的地位关系排列组合,并以此综合而成一个国家政府系统的目标和它在整个社会中的地位关系。各级政府有机排列组合成一个国家的政府系统,其有机性要根据各国政府的权力分工体制而定。集权制、分权制、均权制国家,对各级政府的目标、责任、权力的排列组合方式皆有所不同。这点在下一章"行政组织体制"中将专门阐述。

行政组织就是由这以个层次的要素排列组合而成的一个国家的整个行政组织系统。行政组织的结构就是行政组织的物质框架,它是行政组织实体的具体表现。这个框架由四个层次组合而成,构成这个框架的实质是分工根据目标、责任和权力进行个人的、单位的、部门的、层级的分工。行政组织结构中这四个层次的要素排列组合是紧密相连的。它们之间的排列组合,既是相互联系、相互依存的,又是有严密的逻辑顺序的、不可颠倒的。其中,以职位排列为基础,并以形成一个国家的整体行政组织系统为目的。

构成行政组织基本框架的实质是分工,职位是构成行政组织结构的基本要素,整个框架由四个层次组成。

在职位的基础上,有四个层级:一个工作单位——一个工作部门——一级政府组织——一个国家政府系统。

二、行政组织结构的功能

在行政机构的运行中，良好的行政组织结构是完成行政组织目标、提高行政效率的物质基础，它发挥着重要的行政功能。

（一）合理的组织结构能有效地满足行政组织目标的需要

组织是一群人为实现既定的目标而有机地结合的整体。合理的组织结构能使组织中的每一个工作职位、工作单位、部门、一级政府，乃至整个国家的行政组织系统的设置，恰到好处地满足行政组织目标的需要。

（二）合理的组织结构有利于稳定工作人员的情绪，调动工作人员的积极性

首先，合理的组织结构能为每个工作人员确定明确的任务、责任和权力，使组织人员既有归属感，又有明确的奋斗方向。其次，合理的组织结构能因事择人，因材施用，使事得其人，人用其当，人尽其才。既能充分满足工作的需要，又能满足工作人员事业心的要求，有利于组织人员安心工作，稳定情绪。最后，合理的组织结构能使工作人员之间分工协作，为建立良好的人际关系提供了组织保障，使其能够心情舒畅地工作。

（三）合理的组织结构能使组织保持良好的沟通关系

首先，组织结构是组织的框架，是构成行政信息沟通的主要渠道。

其次，合理的组织结构能够发挥行政组织沟通的功能。它能使行政信息的上行沟通、下行沟通、平行沟通和斜向沟通均能保持畅通无阻；有助于消除意见分歧，乃至冲突与摩擦；易于使人员、单位、部门之间达成思想一致，从而

实现行动上的合作；加强人们的团体意识、责任心、荣誉感，提高人员的士气和服务精神；使上级经常了解下级的情况，便于做出实事求是的决策。

（四）合理的组织结构是提高微观和宏观行政效率的前提条件

行政效率的高低在很大程度上取决于行政组织结构的设计是否合理。一个结构紊乱、分工不明、职责重叠的组织，不仅使一个部门、单位的行政效率低下，而且也使整个行政组织效率低下。因为任何一个单位要想提高行政效率，不仅要使本单位内部分工协作的结构良好，而且也要其他的单位与之相配合，行动协调一致，这就需要整个行政组织系统都有良好的组织结构。

（五）合理的组织结构有助于推动行政方式的创新

组织结构是职位、权力、责任和行政经费的结合体。不同的组织结构意味着职位数量不同、权力运行方式和层次不同、责任配置不同，以及不同数额的行政经费。合理的组织结构有助于根据行政组织的整体目标合理设置职位，合理安排行政权力的运行方式和责任，从而降低行政成本，往往能够更好地把组织成员、上下级行政组织的积极性、创造性调动起来，通过权责一致和发挥自主权为行政方式的创新提供条件。

三、合理的行政组织结构标准

（一）任务与组织平衡

任务与组织平衡的外在表现是，组织能够及时有效地实现目标，组织成员能够在额定工作量内完成其职责。

（二）各个组织、人员之间按比例配置

按照各个单位、各个人员之间的工作衔接关系及其工作量的比例关系来设置单位和人员，使整个行政工作的流程能够畅通地、按比例地协调发展，各个行政组织工作刚好是互相衔接的，没有因漏设或工作量轻重不均而使工作流程中断的现象发生。

组织、人员之间的配置比例并非是静态的，而是随着组织外部环境和技术、人员素质及资金等组织要素的变化而呈动态变化。随着行政方式的创新，行政组织出现了"流程再造"的趋势，主要做法是实现职务扩大化和职务丰富化，通过改变流程提高工作效率、推动组织创新。

（三）分工明确，合作良好

行政组织结构的实质是以职能为内容进行分工：个人之间、单位之间、部门之间、各级之间的职能分工。分工要明确、清楚，尽量做到专业化，以便于精通业务。在设计行政组织结构时，在对各个单位、个人之间进行分工时，不仅要做到分工明确，而且要考虑这种分工是否有利于合作。要使各个单位、个人之间有通畅的沟通渠道和良好的协调关系，并为这种沟通协调提供组织结构上的保证。

（四）适应环境，具有弹性

现代行政组织是一个适应环境的开放系统，组织系统能否适应环境并且具有弹性，是衡量组织结构是否合理的又一标准。任何行政组织结构都是稳定性与可变性的统一。为了保持合理性，组织结构必须随着环境的变化适时地加以调整，使结构具有适应性、伸缩性和应变性，以适应新环境的需要。

四、行政组织结构的影响因素

（一）战略与结构

组织结构是行政组织实现其目标的手段，由于组织目标取决于组织的战略，所以，组织的结构往往围绕组织战略来设计。

简单易行的组织战略往往导致组织结构比较松散、简单和程度较低的正规化。复杂多变的组织战略往往导致组织结构的复杂化和较高程度的正规化。创新性的组织战略往往导致较少的组织层级和较高的组织结构弹性。

（二）规模与结构

在其他条件不变的情况下，组织规模的扩大往往导致组织结构正规化程度的提高、组织横向幅度更宽广和纵向层级的增加。由于规模的扩大往往给组织领导带来更多的内部管理和外部任务压力，所以组织往往借助于增加组织幅度或层级应付这些任务和要求。

规模较小的组织由于较小的内部管理和外部组织任务压力，往往追求扁平化的组织结构。

（三）技术、任务与结构

行政组织的存在是为了解决行政问题，将行政投入转化为行政产出，因此，行政组织所使用的技术和所要解决的问题对行政组织结构有重要的影响。

第二节　行政组织的纵向结构

行政组织的上下层级之间存在领导与被领导的关系，这种排列组织的方式称为行政组织的层级化，也就是行政组织的纵向结构。

一、行政组织的宏观纵向分工

行政组织的宏观纵向分工是反映不同层级政府之间的分工。行政组织所管辖的事务遍布全国，在内容上涉及社会所有的领域。在如此广大、复杂的范围内行使管理职能是任何一个组织所不能完成的任务。政府为了有效地发挥行政组织的功能，首先要将国家所辖地域分成许多块，由不同的行政组织进行管理（在联邦制国家，是先有联邦成员——一般叫州，再有联邦中央政府）。这就是行政组织的纵向分工，即以层级制为基础的垂直分工。为此，除了设置管理全国社会事务的中央行政组织外，还设有局部地区的地方行政组织。现在世界上除了极少数几个人口在万人左右的国家没有设地方行政组织外，其余的国家均设有地方行政组织。例如，圣马力诺共和国仅有 2 万人左右，也设有地方行政组织。

宏观纵向分工的特点：层级越高，管辖地域的范围越广，但组织的数量越少。例如，各国最高行政组织，即中央行政机关，只能有一个。层级越低，管辖地域的范围越窄，但组织的数量越多。例如，我国最基层的政府是乡政府，其数量就以数万计。宏观的垂直分工是以管辖地域的大小为分工的内容。不同层级行政组织之间管辖的职能，既有相同的一面，即每级行政组织都要管政治、经济、文化、教育、社会服务等事务；又有不同的一面，一般而言，凡属全国性的宏观问题，归中央行政组织管，凡属本地方的社会事务归地方行政组织管。究竟不同层级行政组织之间如何分工，这要看各国纵向权力分配体制而定。低层级的行政组织管辖的区域，在高一层级行政组织所管辖的地域之内，低层级的政府就属管理本地区的高一层级行政组织领导，但也有例外。在单一制国家，中央行政组织与地方行政组织是垂直领导关系。在联邦制国家，中央联邦行政组织与各联邦成员的行政组织不是垂直领导关系，联邦成员在不违反联邦宪法的前提下，独自管辖本区域的社会事务。联邦制国家将州以下的政府称为地方政府，州对地方政府一般都是垂直领导关系。由于行政组织数量的多少与层级的高低成反比，层级越低，行政组织数量越多；层级越高，行政组织的数量越少，最高的行政组织只有一个。从总体结构上看，它呈现出一个金字塔型的结构。

二、行政组织的微观纵向分工

行政组织的微观纵向分工是指各级政府或各个部门内部层级的分工。微观纵向分工的原因：各级政府或各个部门承担本辖区范围内或本部门的行政任务。为完成任务，达到目标，就必须将任务层层分解，直至落实到每一个职位。例如，中央政府内部依职能分工，设有部、司（局）、处等三至四个层级。省级政府内设有厅、处、科等二至三个层级。微观纵向分工的特点：它们之间的分工关系是以职能的隶属关系为准。中央行政组织的财政部、商业部的职能皆属于中央行政组织总职能范围之内，故属中央行政组织领导。商业部的计划处、基建处、供应处属于管理商业事务总职能范围之内，故属商业部领导。正因为如此，它们之间形成了领导与被领导的关系，负责子系统的职能部门属负责总系统职能的单位领导。由于各系统的职能可以分解为许多子系统职能，所以它们之间的层级领导也呈现出金字塔式的垂直领导关系。

三、行政组织纵向分工的职责分配关系

最高层次的行政组织为决策层，负责制定本部门行政的总目标、总方针、

总政策，最大限度满足社会对本部门的需要，最优地完成本部门的工作目标。最高层次的行政组织是一个开放的、面向社会的行政组织。

中层行政组织为协调指挥层，负责执行本部门最高行政组织制定的总决策、目标、方针和政策，以此为依据结合本单位具体工作对象的实际，制定本单位的具体工作目标、工作方案，并负责组织、协调、指挥等工作。因此，中层行政组织为半开放半封闭系统。

基层行政组织为技术操作层，其任务是执行中层行政组织的实施方案，基本为封闭型。

四、行政组织纵向结构的优缺点

行政组织纵向结构的优点：分层负责，使各级政府在各自管辖地域范围内，能做到事权集中，统一指挥；行动迅速，能及时地根据本地情况做出决策，就地实施；能发挥各个层级行政组织的积极性、创造性；各层级行政首长负责全面管理工作，有利于培养全面型管理人才。

行政组织纵向结构的缺点：行政首长管辖的事务过多，难以事事精通；容易形成地方政府的条块分割；不利于各地经济和文化的交流与发展；容易犯地方主义的错误，不利于中央对地方的宏观控制；容易导致信息传递失真，难以直接有效地实现组织目标，降低行政组织的反应速度，无法体现结果导向。

第三节　行政组织的横向结构

现代行政管理的特征是既高度分工又高度综合。任何一个国家行政组织为完成各种行政任务，在纵向分工构成层级化的基础上，都需要进一步进行科学的横向分工，以适应分门别类地处理不同行政事务及不同职能的需要。这种横向分工构成了行政组织的横向结构，即行政组织的部门化。

一、行政组织横向分工的含义

行政组织的横向分工就是行政组织的部门分工。横向分工有宏观分工与微观分工。宏观的横向分工是指一级政府内的部门分工，微观的横向分工是指一个部门内部的各个机构和职位的划分，形成了组织的机构系列和职位系列。在不同层级的行政组织中均有部门划分，如中央政府有部、委、省政府有厅、局、委、在每个厅、局、委内又有各个处、室，而在各个处、室内又有各个职位的划分。

二、行政组织横向分工的必要性

第一，适应各项社会事务管理的需要。由于任何一个层级行政组织管辖的范围涉及本级所辖领域的所有的社会事务，其管理事务的复杂程度是任何一个单一的行政组织所不能胜任的。为此，必须在划分层级的基础上，在各个层级，按照社会事务性质的异同，设置平行的不同部门的行政组织。如省政府这一级，必须下设工业、农业等厅，以便有效地管理好这些业务。否则，只有省政府这一层级，下属不设各职能部门，是无法把全省的各行各业管理好的。

第二，适应行政管理专业化、技术化的需要。由于科学的进步和社会分工的发展，促使社会各项业务专业性日益增强，政府要对其进行有效的管理，使政府工作人员熟悉这些专业技术知识。为此，政府职能需要分部化，政府工作人员通过分部化的机构设置，熟悉此专业知识，可适应社会日益科技化、专业化的需要。

第三，适应行政管理综合协调、宏观管理的需要。随着生产社会化、生活社会化的发展，人们之间相互依存、相互竞争的关系日益密切，范围也日益扩大，客观上就需要政府加强宏观管理，使这些既相互矛盾又相互统一的社会的各个方面能够形成有机的统一体，实现协调、和谐、健康的发展。因此，政府的各种综合协调职能在不断地扩张，这也要求政府组织设置综合协调部门，行使综合管理职能，如发展计划委员会、经济贸易委员会等部门。

第四，适应行政管理程序的需要。为使行政组织决策、执行，以及监督信息反馈等过程专业化、程序化，也必须按这些行政活动的程序设置部门，从而保证在部门分工的基础上使行政组织的成员精通，熟悉自己程序的业务活动，从而达到提高行政组织效率的目的。

简而言之，行政组织上的横向分工，是为了行政组织分门别类地管理好社会的各项事务，管理好自身的运行程序，提高行政组织的效率，更有效地促进社会的发展。

三、行政组织横向分工（或横向划分）种类

（一）按行政业务性质分工的含义及优缺点

1. 按行政业务性质分工的含义

按业务性质分工是指根据行政管理的业务性质的异同来组成行政组织单位。根据行政业务性质的异同划分行政部门，是行政组织平行分部化的基本方式。行政组织中绝大多数部门，皆是按业务性质不同而设置的。

2. 按行政业务性质分工的优点

（1）符合行政分工专业化的原则。每个部门只负责某一项业务工作，有利于行政人员熟悉本专业工作，提高行政效率。

（2）有利于统一行政业务的方针、政策和法规。同一性质的业务由同一单位管理，使行政组织易于统一同一性质的行政业务的方针、政策、法规，避免政出多门的混乱状态。

（3）体现事权一致的原则，便于协调。同一性质的行政业务由同一单位管理，做到事权归一，行政工作更易于协调，使本部门能对现有设备、器材、人力作更经济有效地统一调配。

3. 按行政业务性质分工的缺点

（1）业务事权过于集中，容易形成条条分割。同一性质的业务工作归同一部门管理，如忽视部门之间的沟通，就不利于不同业务性质工作之间的合作、协调，不利于行政组织总体目标的实现。

（2）分工过细，易造成部门林立。如对业务性质的分工划分过细，设置部门过多，必然造成部门林立，不利于经济节约的原则，更不利于部门之间的合作、协调。

（3）业务性质不清，易产生组织冲突。由于有些业务性质混淆不清，不易做出明确的划分，所以难以完全科学地根据业务性质的异同设置行政组织。这就使部门之间的职责难以划清，而职责不清则是产生行政组织冲突的最好土壤。

（二）按行政管理程序分工的含义及优缺点

1. 按管理程序分工的含义

行政管理过程有咨询、决策、执行、信息反馈和监督等环节，根据这些程序划分行政咨询部门、领导决策部门、执行部门、信息部门和监督部门等。每个部门在管理程序过程中各自发挥其功能作用，使行政管理的功能齐全、管理过程井然有序。把行政组织划分为咨询、决策、信息反馈和监督等部门，这是按行政管理程序分工。

2. 按行政管理程序分工的优点

（1）按程序分工，注重本项工作的技术方法，有利于提高行政人员的专业技术知识。

（2）从事该项工作采用同样的技术设备、工作程序，有利于节省人力、物力、财力。

（3）使行政管理中的重要程序有专门机构去完成，有利于提高行政管理的整体效能。

3. 按行政管理程序分工的缺点

（1）在该行政组织中的工作人员，久而久之，容易产生重技术、轻政策，重过程、轻目的的倾向。

（2）在使用上有一定的局限性，只能对那些有较大独立性的程序才可以设置部门，而多数工作程序则无法。

（3）容易导致负责各个程序的行政组织忽视相互间的协调，从而出现推诿、扯皮等现象，妨碍行政效率的提高。

（三）行政组织按管理对象分工的含义及优缺点

1. 按管理对象分工的含义

按管理对象分工指按行政组织服务的人群、财物为对象进行的部门设置。如政府经济行业主管部门的设置，国务院侨务办公室负责有关归国华侨的问题。

2. 按管理对象分工的优点

（1）根据政府管理服务对象分工，可使行政工作专业化，使政府在这一方面工作中能够做到政令统一，统筹考虑，从各个角度来满足其管理对象的需要，有利于提高行政效率。

（2）使政民关系简化。群众对政府这些部门的工作职责一目了然，易于沟通政民关系。

3. 按管理对象进行分工的缺点

（1）随着政府管理的对象日益增多，势必导致行政组织部门林立，不利于精简节约。

（2）以管理对象为基础设置部门，容易忽视甚至割裂管理对象之间的相互联系，可能产生综合性的工作无人管理的现象。

（3）容易造成行业的本位主义。管理对象多以原行业性质为基础设置部门，考虑问题易从本行业利益出发，有碍于整体的利益，不利于国民经济按比例协调发展。

（4）按服务对象划分部门往往与按业务性质划分部门发生重复、交叉关系。

（5）不利于市场经济的发展。按产品设置部门，使政府易于对企业进行微观管理，不利于政企分开，不利于企业自主经营。

（四）行政组织按地区分工的含义及优缺点

1. 按地区分工的含义

按地区分工指根据不同的行政区划设置行政部门。例如，全国划分为若干个省、直辖市和自治区；省划分为若干个市、县；县划分为若干镇、乡。

2. 按地区分工的优点

（1）便于各地方政府因地制宜决定政策，以适应各地不同的需要，避免事事请示汇报，旷日费时，影响工作。

（2）便于一个地区各项工作的协调、互相配合，为发展地方经济、文化而努力。

（3）能分担上级政府的工作，使上级政府能更好地集中精力抓大政方针，有利于国家的统一和民族的团结。

3. 按地区分工的缺点

（1）形成区划的客观因素比较原则和抽象，不易具体掌握，因此在划分行政区域时，不可能准确地照顾到各个居民点的具体要求，容易造成各地区之间经济、文化与心理的矛盾。

（2）各地区行政组织易产生地方主义观念，妨碍国家民族的整体团结和事业的整体发展。

四、行政组织横向结构的优缺点

行政组织横向结构基本上属行政组织的职能制（按地区分工除外），其在行政运行过程中，总体而言有如下的优缺点。

（一）行政组织横向分工的优点

（1）职能不同，分工管理，使行政组织成员能在专的基础上精通业务。

（2）在对同一业务工作进行统一的管理中，易于形成统一的方针政策，有利于社会各项事务有秩序地健康发展。

（3）各个部门分工负责，使各个层级的行政首长能集中精力考虑全局的大问题。

（二）行政组织横向分工的缺点

（1）易形成各个部门分割，各个不同的业务部门之间难于相互沟通与协调。

（2）自上而下的各部门形成的条条分割伸向各个基层，不利于地方层级的行政组织因地制宜地贯彻上级的政策，抑制了地方行政组织的积极性。

第四节　管理层次与管理幅度的关系

一、管理层次与管理幅度的反比例关系

如上所述，行政组织结构有纵向结构和横向结构。纵向结构形成行政组织的层级制，横向结构形成行政组织的职能制。它们之间各有优缺点，互相制约，互相补充。因此，各个国家的行政组织都将层级制和职能制结合起来，既设有层级的行政组织，又将各个层级的行政组织分设为平行的若干部门，力图使它们互相取长补短。于是，在各国行政组织中，客观上存在着纵向结构—管理层次与横向结构—管理幅度的关系。

（1）行政组织的纵向结构形成行政组织的层级制，横向结构形成行政组织

的职能制。层级制形成管理层次，管理层次体现着决策者与执行者之间的距离。距离越近，上下级之间沟通越及时，执行决策就越及时、准确;反之亦然。因此，为了提高行政效率，行政层次越少越好。职能制形成管理幅度，包括各级政府的分部化，以及各级政府所管辖地区分部化所产生的下级政府的数目。管理幅度越窄，行政首长对其管理的效率越高；管理幅度越宽，行政首长对其管理的效率越低。

（2）在同一个行政组织中，管理层次和管理幅度之间的关系表现：在一定的被管理工作量或地域条件下,管理幅度与管理层次成反比例关系,即幅度越大,层次就越少；反之，管理幅度越小，则管理层级就越多。这就是行政管理层次和幅度相互关系规律。例如，在被管理者的工件量固定为6的情况下，管理幅度与管理层次将发生如下的变化：如管理层级为一级，被管理单位或人数为6，领导单位或人数为1，如图6.1。如管理层次设两级，第一级被管理单位或人数为3，第二级被管理单位或人数为6，每两个单位或人数被一个单位或人数管理。如图6.2。

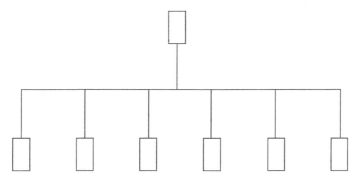

图6.1　当管理层次为"1"时，管理幅度最大

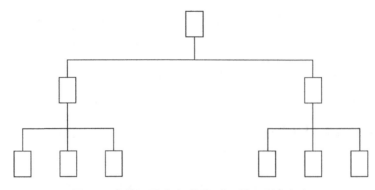

图6.2 当管理层次为"2"时，管理幅度变小

（3）对实际的行政管理的启示。根据上述规律，当管理幅度能够增大时，就可以减少管理层次，精简行政组织机构，使行政领导接近基层，有利于及时处理问题，提高行政效率。但是当管理幅度过大，上级机关及领导者超负荷运行时，就会影响管理工作的有效性。这时，应当适当增加管理层次，缩小管理幅度，使行政管理工作正常运行。这种选择的科学性体现管理的艺术，根据国情和行政管理的需求，以及各管理因素的变量关系来确定。

二、如何正确处理管理层次和管理幅度的关系

（1）管理幅度和管理者所处的层次有关。行政组织结构在纵向上一般可分为高层、中层和基层。高层处于核心地位，其职能是从事决策、计划、协调等工作，采用宏观管理的方式，可以有较大的幅度。中层行政组织处于中间地位，能够上传下达，既有决策，又有执行，其管理幅度应当小于高层行政组织。基层行政组织起执行作用，其职能是从事大量的、具体事务性处理工作，其管理幅度小于中层。

（2）下属工作性质及其难易程度制约着管理幅度与管理层次。如果所管理的工作有较大的稳定性、常规性，则管理幅度可适当加大，管理层次适当减少；如果管理的工作比较复杂，而且极不稳定，则应当缩小管理的幅度，适当增加管理的层次。

（3）领导者的领导水平与能力直接制约着管理幅度。领导水平与管理幅度成正比关系。能力强、水平高的领导的管理幅度可适当加大，管理层次减少；相反，应当减少管理幅度，增加管理层次。

（4）被管理者的素质高低也制约着管理幅度。如果被领导者素质高、能力强，能独立胜任工作，领导者的管理幅度可适当加大，管理层次适当减少；反之，应当减少管理幅度，增加管理层次。

（5）集权、分权与授权程度影响着管理层次与管理幅度。集权型组织的权力主要集中在上级机关，使上级机关的工作量增大，故管理幅度不能太大，其层次必然要增加；分权型组织，由于上级机关集中管理大事，具体事务较少，所以管理幅度可加宽，管理层次可减少。此外，组织内部如果能充分授权，领导者比较超脱，则管理幅度可增大，管理层次减少；反之则减少管理幅度，增加管理层次。

（6）下级单位所在地的集中程度及交通和信息传递情况影响着管理幅度。如集中程度较高，交通方便，领导者可适当加大管理幅度；反之，则减少管理幅度。

（7）技术设备与工作条件也制约着管理幅度与管理层次。技术设备越先进，工作条件越好，越应加大管理幅度；反之，减少管理幅度。

三、中国行政组织机构设置的原则

行政组织的机构设置既要遵循行政管理的一般规律，又要考虑到各个国家不同的国情。只有把行政组织机构设置的一般原则与各国行政组织的具体实际结合起来，才能达到优化行政组织结构、提高行政组织效率的目的。依据这一思路，我国行政组织结构设置应遵循以下六个基本原则。

（一）服务原则

为人民服务是我国行政组织机构设置的根本宗旨。这要求将为人民谋利益作为组织建立与组织全部活动的出发点和归宿。各级、各类行政组织的建立，目的就在于更好地进行创造性的工作，保障国家主权的独立完整，维护安定团结的政治局面，促进政治、经济、文化建设事业的长期、稳定、协调发展，从而不断满足人民群众日益增长的物质和文化需要，促进社会的全面发展。

（二）职能原则

1. 根据行政组织职能设立相应的机构

行政组织职能是行政组织所要达到的目标或结果。在我国，任何行政组织的机构设置都要根据客观实际的需要，都是为了完成一定的组织目标，实现特定的组织职能。一定要因事设位、因事择人，反对因人设位、因位生事。只有坚持机构设置与组织职能之间的一致性，才能控制机构的总量，确保机构设置的必要性、严肃性和科学性，减少乃至避免内耗，保证行政效率的提高。

2. 围绕组织职能确立组织结构

要根据组织职能的难易程度来确定组织的规模、大小和繁简。在机构的层次划分及部门分工时，要把总职能逐级分解为部门职能和个人职能，根据具体职能来设置机构与职位。只有围绕职能来设计组织结构，才能形成用总职能指导分职能，用分职能支持总职能的良性循环，达到以职能为中心的、既分工又合作的优良组织结构。

3. 根据职能的发展变化，适时地调整行政组织

随着组织目标、组织职能的发展、变化或消亡，我国行政机构的设置也应相应地增加、调整或撤销。在机构设置上和人员编制上，要反对"一劳永逸"的思维，适时的改革与完善应成为组织建设中一项经常性的工作。

（三）统一原则

1. 机构设置要统一

我国在国家结构形式上实行的是单一制，各级政府的组织与领导体制、主要职能部门的设置在原则上应该基本一致；不同地区的同级政府内设的行政机构，其名称、级别与功能也应基本统一。机构设置上的统一与规范，有助于国家政令统一而迅速地实施。当然，我国地域广阔、民族众多，各地方的经济、社会发展差距较大，各级政府职能不尽相同，政府机构的设置也必须与其具体职能和当地的具体情况结合。因此，机构设置的统一原则具有相对性，要反对一刀切和片面地追求上下对口、左右对等，机构设置要一切从实际出发。

2. 领导指挥要统一

行政组织中的命令、指挥关系要尽量集中与单一。一般来说，一个下级组织或人员只应听命于一个上级组织或领导在双重领导或多重领导体制下的行政组织，其命令、指挥关系要区分主次，指挥机关本身也应保持最大限度的协调。同时，一个上级组织或领导也应只指挥命令它的下一个层次的组织人员。除非特殊情况，一般不要越级下达命令和越级直接指挥。否则，会损伤下级机关及其工作人员的积极性，增加其依赖性和违规意识。

3. 职责与职权要统一

行政组织是各法定职位的集合。职位是因工作需要而设置的工作岗位，是职权与职责的统一。每一个职位所应享受的行政权力与所应承担的行政、法律责任应保持一致。职权与职责都应有法定的、明确的说明。这些说明应具有严肃性和稳定性，不因特定成员的去留而变更。坚持职责与职权的统一，就是要反对权大责小、有权无责和权小责大、有责无权的现象；就是要防止法定职权与实际职权的不一致；就是要与踢皮球、无人负责或滥用权力、不负责任的官僚主义现象作坚决的斗争。

（四）系统原则

1. 保持整体功能

行政组织系统的结构如何，对系统整体功能的发挥有重大的影响。组织结构合理，则系统的整体功能大于部分之和；组织结构不合理，则系统的整体功能小于部分之和。在我国，要谋求行政组织整体功能的优化，主要是使决策、咨询、执行、监督、信息反馈五大子系统的机构完整、配置合理，形成一个功能完整的动态系统。具体来说，要进一步提高中心决策系统的素质与水平，减少不必要的副职、闲职；要调整、充实和加强执行系统，使其人员精干、手段完备、行动快捷；要进一步培育和完善信息反馈、咨询与监督系统，使之既能辅助决策与执行系统的工作，又能保障其正确的工作方向；还要反对头重脚轻、官多兵少，辅助人员多、业务人员少等违反正常比例的做法。

2. 坚持平衡

行政组织是社会乃至自然界大系统中的一个子系统，其建立的原则要随着外界环境的变化而变化，坚持行政组织与外在环境的平衡。同时，行政组织本身要与其成员平衡，要使行政组织成员对组织的贡献与行政组织对成员需要的满足相平衡。只有内外部都达到了平衡，行政组织才能高效率地发挥作用。

3. 坚持开放

行政组织是一个开放的系统，它只有不断地与外界进行信息、人员与物质的交换，才能求得生存和发展。行政组织的自我封闭，即意味着慢性自杀、自取灭亡。我国社会主义制度的确立，使行政组织具有广泛的人民性，更应该坚持开放、反对封闭，应要求行政组织的决策、人事、执行、监督、信息反馈制度都向人民群众开放，在各个环节上吸收人民群众参与管理和监督，更好地听取人民群众的意见，据此改进自己的工作、调整自己的行为。尤其是随着社会主义市场经济的发展，平等观念日益深入人心，人们不再把行政组织视为神秘莫测、高高在上的组织，而是视为为纳税人服务的公共行政机关。因此，行政组织更必须在与社会环境不断进行的信息、能量交换中求得生存与发展。在对社会——人民群众的开放中焕发生机与活力。

4. 形成管理封闭回路

行政组织作为一个功能完整的系统，其信息的流通要经历一个输入、处理、输出、反馈的过程。这个头尾相连、螺旋式的发展过程不可中断。我国行政组织的机构设置和工作程序安排，都要保障行政指令和信息流通形成这样的一个封闭回路。

（五）效能原则

1. 机构设置和人员编制要尽量精简

机构设置要围绕组织目标，贯彻最低机构数量原则，不设重复无用的机构；人员编制则要贯彻低职位数量原则，少设副职、不设闲职。精干是提高效率的前提条件。在需要的范围之外，多设一个机构、职位，等于多设一个障碍，只会降低工作效率。

2. 层级与幅度要适中

为了有效地进行管理，行政组织必须自上而下地划分力不同的行政层级，但层级过多易造成沟通困难、影响效率。另一方面，行政领导由于个人时间、精力与学识的限制，其直接控制的下级数量（控制幅度）也应有一个合理的限度。超过这个限度就会造成控制松散、指挥乏力的情况，会影响行政效率。本着精简与效能的原则，在机构设置中应尽量减少不必要的行政层次，并应相应地调整控制的幅度，使两者达到动态适应。

3. 进行专业化分工

专业化分工是指将性质相同或相近的工作归类，划分给某个人或某个部门去做。对于同一项工作，不能同时交给两个人或两个部门去做，以避免政出多门、分工过细、部门林立的弊端。

4.简化办事程序

办事程序是行政组织开展工作的顺序和步骤，它对行政效率有着重大的影响。为提高行政效率，应尽量简化办事程序，使其明确化、具体化，用最少量的时间和程序完成最大量的工作。

（六）法治原则

1.政府机构的设置及其体制要有法律上的根据和保障

这种法律的依据主要体现在《中华人民共和国国务院组织法》和《中华人民共和国地方各级人民代表大会和地方各级人民政府组织法》这两个基本法律文件之中。此外，其他一些具有一定法律效力的各种条例和地方性法规，对于中央政府机构和地方各级政府机构都做了具体的规定。在1998年政府机构改革中，又提出了修改《中华人民共和国国务院组织法》和《中华人民共和国地方各级人民代表大会和地方各级人民政府组织法》的任务，目的是为政府机构改革与机构设置工作，确立新的符合社会主义市场经济要求的法律规范和法律保障。

2.机构的设置与变更要依照法定的程序进行

《中华人民共和国国务院组织法》和《中华人民共和国地方各级人民代表大会和地方各级人民政府组织法》，对政府机构设置的程序均有具体规定，各级人民政府均不得违反，不得擅自增设或减少机构，要坚决杜绝领导者个人决定增设机构的人治现象。

阅读材料

浦东新区的扁平化实践

1993年1月1日,上海市浦东新区管理委员会正式成立,同时成立了作为上海市委、市政府派出机构的浦东新区党工委、管委会,主要领导由市政府一名副市长担任。

在确定"两委"职能时,提出新区的行政管理机构首先要考虑做好职能设计,突出计划协调、经济发展、社会发展、市政建设,以及工商、财政、治安、土地、人事、规划、统计、海关、商检等管理职能。于是,在人们还习惯于"一个行业就有一个政府部门管理"的20世纪90年代初,新成立的浦东新区只有10个职能部门,800名机关人员编制。政府不直接管理企业,不设行业管理部门,职能部门实行大系统整合。例如,把教育、医疗、计划生育、体育等进行管理的职能部门合并为社会发展局,把对规划、土地、预算、统计、经济改革等进行管理的职能部门合并为发展和改革委员会,把环保、环卫、绿化、水务、市容等进行管理的职能部门合并为环境保护和市容管理局。

随着前十年经济和社会的快速发展,浦东的城区面积不断扩大,社会事务大量增加,涉及新区有关部门职能行使中的法律地位问题也需要及时解决。因此,在2000年,上海市委决定调整浦东新区的管理体制,建立"四套班子",浦东新区的行政管理体制也由此进入"正式建政"阶段。新成立的浦东新区区委、区政府仍然保持了大部门制的行政管理格局,共设8个区委工作部门和13个区政府工作部门。直至2005年,浦东新区区级机关行政编制也只有1170名,管理着570平方公里上的近300万人口。

考验面前,"新浦东"仍然坚持了建立符合大部门体制的服务型政府方向。

浦东新区组织部有关负责人对本刊记者介绍，当时浦东的机构改革方案在整体组织结构上，将政府机构划分为综合统筹、经济服务、社会建设、城建管理、法制监督等 5 个职能模块，探索按职能模块设置机构，最终确定党委工作部门 7 个，政府工作部门 19 个，仍然是上海委办局最少的区县。

根据浦东新区的"十二五"规划纲要，未来 5 年浦东将实现"上面机构轻型化，下面管理扁平化"，通过优化政府结构、行政层级，推进区级层面简政放权、优化流程；与此同时，管理跨度过大的问题不能通过增加行政层级来解决，而要完善开发区管理体制，强化各镇整合资源、统筹发展的综合管理能力。

目前，浦东新区的行政体制架构已经较为精简，下一步浦东将按照职能、编制、工作程序法定化的要求，理顺部门职能分工，加快政府行政机构重组，降低行政成本。承担经济调节、市场监管、社会管理、公共服务职责的部门将得以加强和完善，从事或干预微观经济活动和社会事务的机构将得以归并乃至撤销。●

◎思考

从行政伦理的角度，如何解读以上材料中的内容？

● 季明 . 浦东"扁平化"实践：政府管得没有那么宽那么杂 [J]. 瞭望新闻周刊，2011（2）.

第七章 行政组织体制

"体制"一词在中文里含义很广，一般而言是指某一个组织的制度及运行方式，其实质是权力关系的制度化、程序化。行政组织是行使国家权力，对社会公共事务进行管理的执行性机构。在它代表国家对社会事务进行管理的时候，首先要将国家权力在行政组织内部进行分配，然后各个行政组织再依据自身权力的大小对社会公共事务进行管理。这就是我们研究行政组织体制的对象，即行政组织内部各个层级、各个部门之间的权力分配关系。

第一节 行政组织体制概述

一、行政组织体制的含义

在人类历史上，行政组织各个层级、各个部门之间的权力关系有多种形式，并形成了多种权力分配关系。将多种权力关系制度化，并按此制度运行，就是行政组织体制。行政组织体制是指国家行政组织内部的各层级之间、各部门之间的权责配置关系和结构体系的各种制度规范的总和。

二、行政组织体制的地位与作用

（一）行政组织体制与行政组织结构的关系

行政组织结构所表现出来的层级制的纵向分工和职能制的横向分工，实际上就是行政组织纵向分权和横向分权关系。可以说，行政组织结构是行政组织的载体，而行政组织权力分配关系则是行政组织结构的灵魂和核心，也是整个行政组织运行的动力。没有权力的分配，也就没有结构的分工；没有权力中服从与被服从、指挥与被指挥的关系，行政组织就无法有共同的目标和共同的行动。

（二）行政组织体制科学与否的重要性

行政权力分配科学与否，关系到行政组织阶级职能和社会职能完成的好坏，关系到行政组织效率的高低。因此，必须加紧研究行政组织体制，以促进行政权力分配的科学化。

三、行政组织体制的类型

根据人类社会行政管理实践中出现的各种情况，对行政组织体制可以从不同的角度进行划分。从中央政府与地方政府关系看，有集权制、分权制与均权制；从决策权归属看，有首长制、委员会制与混合制；从层级与部门关系看，有完整制与分离制；从新出现的城市行政首长权力关系看，有名誉市长制与市经理制等。

第二节　集权制、分权制与均权制

根据中央行政组织与地方行政组织权力分配关系的不同，行政组织体制可以分为集权制、分权制与均权制。

一、集权制

（一）集权制的含义

集权制是指行政决策权主要集中于中央级行政组织，中央行政组织对地方行政组织有完全的指挥、监督的权力，地方行政组织接受中央行政组织命令的一种行政组织体制。此种体制的基本特征是中央政府高度集权，严格控制全国各地行政事务，地方政府没有或极少有自主权。

法国是实行集权制较为典型的国家。虽然法国宪法确立了地方自治管理的原则，但其仍为高度集权体制的国家。戴高乐曾说过"高度中央集权长期以来，一直是法国统一的不可缺少的条件"。具体体现在以下三方面。

（1）1982年以前，法国中央政府对地方政府的控制非常严格，表现为地方议会的权力受中央严格控制，省级地方政府的重要事务皆由中央政府决定，无须地方议会讨论；禁止省级议会讨论"政治问题"，中央政府有权废除省议会的法案等。

（2）省长皆由总理和内政部长提名、总理任命，是中央政府的代表；市长也一身二任，既是地方行政长官，又是中央代表，他们都负有监督地方政府的职责。

（3）中央政府通过财政手段对地方政府进行严格控制。法国中央政府的财政收入占全国财政收入的 80% 左右，地方财政开支的一半来自中央的财政援助。而中央提供财政援助是有条件的，中央以此为手段严格控制地方政府的行为，使其纳入中央政策的目标体系之中。

（二）集权制的优点

（1）政令统一，统筹全局，防止政出多门。

（2）层级节制，指挥灵便，令行禁止，有利于提高效率。

（3）集中全国的人力、财力和物力用于重点建设，避免人、财、物分散，盲目建设及资源浪费。

（三）集权制的缺点

（1）事事听从中央政府安排，就会压抑地方政府的积极性，不利于地方政府因地制宜地处理本地事务。

（2）中央严密控制地方，易导致中央机关专制和个人独裁。

（3）层次繁多，事事层层汇报，易费时误事，不能及时、果断地处理行政事务。

（4）下级对上级唯命是从，过分依赖，不利于下级人员工作责任心及工作能力的培养。

（5）无法有效地满足地方对公共物品和服务的差异性需求，妨碍了地方政府行政方式的创新。

二、分权制

（一）分权制的含义

分权制是指地方行政组织对其管辖地区内的地方行政事务有自主决定权，中央行政组织一般不加干涉的一种行政组织体制。该体制的基本特征是地方政府受中央政府的控制较小，地方政府在行政业务上具有较大的独立性，其地方事务可完全根据地方需要实施管理。

美国是一个典型的分权制国家，实行联邦制。美国州政府的自主权很大，体现在以下四个方面。

（1）美国联邦政府与州政府之间，各有自己的职权范围。宪法与法律明文规定了分别授予联邦与各州的权力。州政府在自己的职权范围内可独立行使职权，不受联邦政府的干预。

（2）州长是各州的最高行政长官，由本州选民直接或间接选举产生，对选民负责。州政府以下的地方政府虽然是根据州的法律建立的，但由于它们的主要官员均由地方议会或选民选举产生，因此它们直接对地方议会或选民负责，而非直接对上级政府负责。

（3）一些具有法人资格的地方政府则具有更大的自主权，它们除了行政上的独立性之外，还有财务上的独立性：可以自己决定预算，自己决定征税、收费或举债，而无须联邦政府或上级政府的审查。

（4）美国的州，在不违背联邦宪法的前提下，还有独立的立法权。因此，美国的州政府，从严格意义上说，不是一般意义上的地方政府。

通过联邦制，美国既保证了中央政府的统一和强大，又由于宪法的缘故，不至于侵犯各州的权力，从而实现了中央政府和各州政府的分权。

（二）分权制的优点

（1）政府能够因地制宜，更加灵活机动地处理本地事务。

（2）分权分工，可以防止上级专断与个人独裁。

（3）分级治事，符合民主原则则，可以发挥员工的主动性，激发其责任心，培养其独立工作的能力。

（4）有效满足地方对公共物品和服务的差异性需求。

（5）有利于发挥地方国家权力机关对地方政府的监督作用，培养公民的参与精神，完善对地方政府的监督机制。

（三）分权制的缺点

（1）地方权力过大，容易形成地方主义，甚至导致国家分裂。

（2）过度分权，导致全国各地经济的畸形发展，加剧地区间的不平衡。

（3）地方权限过大，中央统一的政策、法规难以得到有效贯彻。

三、均权制

均权制是指中央行政组织与地方行政组织的权力保持平衡，既不偏于集权、也不偏于分权的一种行政组织体制。其基本特征是折中于中央集权与地方分权二者之间，主要根据事权的性质进行合理的划分。凡适宜中央管辖的事务划归中央政府管，凡适宜地方管辖的事务划归地方政府管，并维持中央与地方之间的协调、配合关系。

四、集权制、分权制与均权制的正确运用

首先，要明确制约中央政府与地方政府权力分配关系的两个因素：一是社会的需要，特别是经济上的需要。这是决定任何一个国家中央与地方分权模式的根本因素。二是国家的结构形式。单一制国家多实行集权制；凡实行联邦制的国家，多实行分权制。

其次，需要思考我国社会主义市场经济条件下，如何分配中央政府与地方政府的权力关系。

要了解市场经济对政府职能总的要求。在当今市场经济条件下，市场竞争机制起着配置资源、提高劳动生产率、促进效益分配的功能。正因为市场竞争机制有这样重要的功能，所以它对经济生活起着基础性的调节作用。但是市场竞争机制也有它的不足，主要表现在经济增长忽高忽低，收入分配的不公平性，以及对垄断、公共产品和外部性的非效率性。这些不足与失误要由政府来补充、纠正。由此决定了政府具有调控宏观经济发展方向、比例、速度的职能，维持市场秩序、纪律的职能，以及各种保障职能——社会公共产品和服务的保障、公民基本生活的保障、环境保护等。这三大职能如何在中央政府与地方政府之间进行分配，成为当今市场经济条件下中央与地方权力分配关系的基本内容。

市场经济要求中央政府具有国民经济宏观调控和维护市场秩序的职能。由于市场经济是高度社会化的经济，它的社会性、开放性要求在全国，乃至全世界形成统一的市场。它天生反对地方分割、地方垄断与地方封锁。它要求全国的生产要素在全国范围内进行最优的配置。市场经济的这个要求只有中央政府才能够承担，只有它才能站在全国利益的立场上，促成市场经济的最优发展。

同时，也只有中央政府才有权力、有条件对全国的经济进行宏观的统一调控。所有这些都是任何一个地方政府所不能做到的，地方政府只是地方利益的代表者，它只有权力、有条件对纯属地方的事务进行调配。因此，市场经济要求，凡是对国民经济进行宏观调控的事务，都应划归中央政府及其在全国各地的分支机构，地方政府不得染指。

市场经济要求地方政府在中央统一法制规范下主要负责实施本地区的各种保障职能。地方政府主要负责与本地公民生活直接有关的公共事务。其一，要为本地公民提供社会公共产品和公共服务，包括地区性的邮电、通信、道路、桥梁、水利等基础设施，水、电、气的供应，以及部分高等教育，全部中、初级教育，地方文化、艺术、图书馆和地方治安工作之类的公用事业。其二，地方政府应在全国法律规范下，负责本地区的社会保障工作。其三，凡属地区性的环境保护工作，由地方政府负责；凡属全国性或跨地区性的环境保护工作，由中央政府负责或与受益地区共同负责。此外，城市政府应以城市规划、建设、管理为中心任务。

综上所述，市场经济要求凡属宏观经济及社会事务的调节与控制（包括全国市场秩序的维护）都属中央政府及其在各地的分支机构管理，地方政府不得染指；凡属纯地方事务，在中央的统一法制规范下，由地方政府自主决策，独立经办，中央政府一般不加干涉。只有少数事项，由中央与地方共同负责。

这种按事权的性质进行分工的体制，除了能适应市场经济的要求外，还有两个很大的优点：第一，它们之间是按职能分工的，不是按管理程序分工的；按职能分工，就是中央与地方各管一块，不会出现职能不清、互相推诿的现象。如果是按程序分工，中央管决策，地方管执行，就会因决策和执行难以划清，从而必然导致中央与地方之间职责不清、互相推诿的问题；甚至还会造成地方政府利用执行中央政府宏观调控政策之权，使中央宏观调控政策扭曲、乏力的弊端。第二，按职能分工基本上不会造成中央集权过多或地方分权过多的问题。它们之间的权力界限基本上是清楚的，因而也能稳定，不会造成一放就乱、一收就死的现象。

第三节　首长制、委员会制与混合制

根据行政组织中掌握最高决策权的人数多少，行政组织体制分为首长制、委员会制与混合制。

一、首长制

（一）首长制的含义

首长制又称一长制或独任制，是指行政组织的法定最高决策权由行政首长一人执掌的行政组织体制。其基本特征是，行政首长对行政机关各种事务拥有最终决定权，一人决定一切行政措施。其他领导成员均为行政首长的幕僚，只有建议权，而无决定权。

美国的总统制是首长制的典型。如林肯总统某次召集七位部长开会讨论一个重要问题，七位部长均反对林肯的意见，但林肯仍坚持自己的主张，并最后宣布说："七人反对，一人赞成，赞成者胜利。"

（二）首长制的优点

（1）事权集中、办事果断、指挥统一、行动迅速，利于行政效率的提高。

（2）责任明确、权责利统一，可避免职责不清、互相推诿、无人负责等弊端的发生。

（3）易于保密、减少扯皮。

（三）首长制的缺点

（1）首长个人独揽全权，易形成个人专制。

（2）若无有效的监督，首长易滥用职权、拉帮结派、营私舞弊。

（3）首长一人智力、精力有限，若不充分发挥民主，易陷于短见，很难对问题的考虑周全。

二、委员会制

（一）委员会制的含义

委员会制又称合议制，是指行政组织的法定最高决策权由两个以上人员组成的集体或委员会所执掌的一种行政组织体制。其基本特处是行政组织的决策是由两个以上的地位平等的委员所负责，行政组织的最高决策权属于全体委员，一切行政措施均由委员会按照"少数服从多数"的原则集体讨论决定。

瑞士是实行委员会制的典型国家。瑞士的行政权力由合议制机构行使，政府由行政委员会组成。该委员会由议会两院联席会议选举产生，其组成成员地位平等，每个委员主持某一个部的工作。遇到重大问题，均由委员会集体讨论决定。主席由委员们轮流担任，主席是名义上的国家元首，对外代表国家。主席仅负责召集行政委员会会议，并不拥有对重大事务的最后决定权。

（三）委员会制的优点

（1）能够集思广益，容纳各方面的意见，集中多人的智慧，考虑问题比较全面。

（2）集体承担责任，利于一致地推行计划。

（3）互相监督，不徇私舞弊。

（四）委员会制的缺点

（1）责任分散且很不明确，对决策后果易出现争功诿过的现象。

（2）议而不决，决而不行，浪费时间。

（3）委员之间地位平等，权责相同，难于彼此协调；人多嘴杂，也难以保守国家秘密。

三、混合制

（一）混合制的含义

混合制又称委员会和首长并立制，是指行政组织的事权一部分由委员会集体讨论决定，另一部分由行政首长个人决定的一种行政组织体制。其基本特征是行政组织中既设有合议制的委员会，又设有专门的行政首长，重大问题的决策权由委员会集体讨论行使，具体问题的决策权由行政首长个人行使。

（二）混合制的优点

混合制可同时兼顾首长制和委员会制的优点，而避免二者的弊端；既有利于权责集中统一，又便于集思广益；既可避免个人独裁，又可避免无人负责。

（三）混合制的缺点

混合制若运用不当，则会同时兼有首长制与委员会制的弊端。一方面是个人专断，以权谋私；另一方面是权责不清，争功诿过。

四、首长制、委员会制与混合制的正确运用

首长制、委员会制各有利弊，并无绝对优劣，应视情况而灵活运用，不偏于一隅。至于如何运用，古今中外思想家对其进行了反复探讨，并提出了各自独特的见解。我国明代张居正曾指出："天下之事，虑之贵祥，行之贵力，谋在于众，断在于独。"执行中最重要的是办事要迅速，交给一人办比交给多人办更好；决策要深思熟虑，交给多人办比交给一人办更好。美国行政学家怀特也主张执行与指挥的事务应采用首长制，制定政策法分宜采用委员会制，因为集体的智慧高于个人的智慧。综上所述，古今中外的思想家在探讨首长制与委员会制的运用时，基本上表明了较类似的看法，即首长制运用于行政、执行、技术和军事等事务，委员会制则运用于顾问、讨论、立法、决策、调节等事务。

中华人民共和国成立初期，我国最高行政机关——政务院实行委员会制。政务院的会议必须由政务委员过半数出席才能举行，而且必须由与会政务委员过半数同意才能通过决议。政务院各政务委员权力平等，政务院的最高决策权不属于总理一人，而属于全体政务委员。当政务委员们在某一问题上发生分歧时，必须按照少数服从多数的原则做出决定。政务院总理仅负责领导政务院的工作，主持政务院的会议，并无最后决定权。

1954年，我国颁布了宪法，基本上采取委员会制与首长制相结合的制度。根据该宪法及其他有关法规的规定，国务院与地方各级人民委员会实行委员会的集

体领导制度，国务院总理与地方各级人民委员会的行政首长仅仅具有处理日常工作的权力，一切重大事务均由集体讨论决定。而国务院所属各部、委，以及省、市人民委员会的工作部门（指厅、局、处、科等）则实行首长制。此种制度对于促进我国经济的发展，完善社会主义民主与法制，均起过较大的积极作用。然而，在"文革"时期，此制度遭到严重的破坏，未扬二者之长，反而采二者之短。"集体领导"致使职责不清、无人负责，乃至发生功则相争、过则相诿的现象。有鉴于此，1982 年颁布的宪法明确规定，从中央到地方各级行政组织均实行首长负责制，即中央人民政府实行总理负责制，各部、委实行部长、主任负责制，地方各级政府实行省长、市长、县长、乡长、镇长负责制，以纠正职责不清、无人负责的弊端，同时健全各种监督机制，防止领导者个人独断专行。

第四节　完整制与分离制

根据行政组织中的同一层级各个行政部门所隶属领导的不同，行政组织体制可分为完整制与分离制。这只是对地方政府而言，中央政府不存在这个问题。

一、完整制

（一）完整制的含义

完整制是指同一层级地方政府的各个行政部门均受同一行政组织首脑机关领导的一种行政组织体制。其基本特征是指挥、控制权集中于本层级的行政组织，本层级地方政府的首脑机关对该层级的所有工作部门实行一元化领导。凡是采用分权制的国家，大多采用完整制，其高级地方政府的行政部门一般均属同级政府首脑机关领导。前南斯拉夫是采用完整制的典型国家。那时的南斯拉夫实行的是联邦制度，其联邦与共和国和自治省之间是合作关系、协调关系，而非上下级关系。前南斯拉夫联邦的各共和国、自治省等高级地方政府机构（严格说，它不是一般意义的地方政府），有权决定本区一切重大事务，而不受联邦政府机构的任何干预。美国州政府的各行政部门，也实行的是完整制的领导关系，州级各行政部门只属州政府领导，不受联邦即中央政府各部门的领导。

（二）完整制的优点

（1）在一般政府内，权责集中、指挥统一，可令行禁止，防止推诿。

（2）各部门互相合作、协调配合，可减少单位间的摩擦与冲突，并避免单位间的工作重复。

（三）完整制的缺点

（1）权力过分集中于地方政府，易形成一级行政首长的个人专权。

（2）易形成地方本位主义，不利于上级方针政策的贯彻落实，不利于中央政府对全国的宏观控制。

二、分离制

（一）分离制的含义

分离制是指同一层级的地方政府各个行政部门分属两个以上行政组织领导的行政组织体制。其基本特征是地方政府中的各行政部门，既受同级政府首脑机关领导，又受上级政府同类部门的领导。因此，分离制是实行二元领导的组织体制。我国行政组织体制基本上属于分离制，很多行政机关均实行

"双重领导"域"双重负责"制。在分离制的双重领导体制中，有的部门实行以地方政府领导为主，有的实行以上级同类部门领导为主。例如，监察部就是以部门领导为主。在上级部门领导为辅的体制中，有的只有业务指导关系，如气象局技术性单位。

（二）分离制的优点

（1）领导权力分散、互相牵制，可防止一级行政首长的独裁专权。

（2）实行二元化领导，既有利于上级方针政策的有效贯彻，也有利于下级政府因地制宜地实施。

（三）分离制的缺点

（1）权力分散，易导致多头指挥、政令冲突，使任何一个领导机关均指挥不灵。

（2）政出多门，易导致下级无所适从或利用矛盾为自己服务。

三、完整制与分离制的正确运用

完整制与分离制各有利弊。主要应根据国家结构形式——单一制或联邦制的不同而加以灵活运用。凡联邦制国家，在联邦成员单位（有的叫共和国，有的叫州或自治省）这一级政府内，实行完整制。该级政府各部门只受本级政府领导，不受联邦政府领导；但在成员以下的地方政府，仍实行分离制，既受同级政府领导，又受成员单位政府同一部门的领导。在单一制国家，凡实行中央集权制的国家，各级地方政府的各部门均实行分离制，既受同级政府领导，又受上级政府的同一类部门领导；凡实行分权制的国家，高级地方政府的各个部门一般只受同级政府领导，基本上不受中央政府同一类部门领导。一般而言，在当今市场经济条件下，高级地方政府主要适宜采用完整制。

第五节　名誉市长制与市经理制

根据城市政府行政首长的产生及职权不同，在美国行政组织体制中还出现了名誉市长制与市经理制这两种新体制。这两种新体制既涉及行政组织与立法组织的关系，又涉及行政组织内部分权的关系。由于其体制不同于一般，故特作评价。

一、名誉市长制

（一）名誉市长制的含义

名誉市长制是指城市政府仅设立一个名誉市长，行政及立法权皆由民选的市议会或民选的委员会所执掌的行政组织体制。其基本特征是否定"权力分立"，实现"立法与行政的统一"。市的一切立法与行政权均由民选的市议会或民选的委员会统一行使。市议会或委员会的组成成员中，除一人被指定为"市长"外，其他委员均负责主管市政府各行政部门的具体工作。市长仅为名誉性或礼仪性的，并不掌握行政实权。与其他委员一样，市长只领导一个部门的工作。

（二）名誉市长制的优点

名誉市长制权责集中、机构精简，可有效避免行政与立法机构之间的对立与冲突。

（三）名誉市长制的缺点

（1）没有一个统一负责的行政首长，各行政部门之间难以协调。

（2）行政、立法职能由同一委员会行使，使行政失去了立法的控制与监督。

（3）议会或与委员会的组成人员由选举产生，难以保证其能力和专长适宜其所从事的行政工作。

二、市经理制

（一）市经理制的含义

市经理制又称委员会经理制，是指城市的立法权由民选的市委员会或市议会所掌握，再由市委员会或议会聘任一名市经理执掌行政权的行政组织体制。该体制产生于美国，其基本特征与做法：作为立法机关的市议会或市委员会由选民选举产生，专门负责制定各种政策和法律并控制财权。市委员会根据市政管理的需要，聘请一位受过专门训练的市政专家为市经理，以专门负责领导与管理市政府的各项行政工作。市议会对市经理有聘任、监督和随时撤换的权力，市经理要执行市委员会的政策和法规，并对之负责。市经理的待遇及任期不定，完全取决于任职期间的工作业绩。

（二）市经理制的优点

（1）有一个统一而高度负责的行政首长，便于统一指挥，提高行政工作效率。

（2）行政首长由市政专家担任，有利于提高城市管理的科学化水平。

（3）市经理对民选的市委员会负责，市委员会对选民负责，使专家的特长与民选的意志得以较好结合。

（三）市经理制的缺点

市经理制的弊端是可能产生急于求成的短期行为。

阅读材料

美国的分权制度

美国的分权制度包括两个方面：一是纵向分权，即中央政府和州政府实行分权，这种分权称为联邦制；二是横向分权，即政府内部之间立法、行政和司法三个部门之间的分权，这种分权称之为三权分立。

先说纵向分权。美国刚建国的时候实行的是邦联制。1781 年，经 13 个州批准生效的《邦联条例》，标志着美国成为一个邦联制国家。但是，美国邦联不是一个真正统一的国家，而是一个松散的政治联合体。在这个联合体中，各州都依然保持着自己的独立、自由和主权，拥有自己的主权和军队。组成邦联的 13 个州，实际上是互相独立的国家。它们组成邦联的主要目的是团结一致，共同对付英国的殖民统治。在战争期间，它们之间虽然也有很多的矛盾和问题，可是为了彻底摆脱英国的殖民统治，它们就放弃了各州的成见，团结一致，保持了邦联的统一和团结。但是战争结束后，它们彼此之间的矛盾凸显，国家面临着分裂，旧的邦联制已经不能维持。当美国和平地解决了这个问题后，经过了激烈的争论，1787 年费城制宪会议通过的美国宪法，废除了邦联制，确立了联邦制。这也是美国的一个创举，它是第一个实行联邦制的国家。

联邦宪法并未对联邦政府与州政府的权力划分原则明确表示，直到宪法第十条修正案才做出补充规定：“本宪法既未授予合众国，又未禁止各州行使的权力，皆由各州或人民保留之。”两级政府的这一划分原则，是根据联邦宪法制定前的政治现实确立的。在联邦成立之前，各州都是保持独立与主权的政治实体。制宪会议所确定的联邦政府的权限，实际上是各州把自己的一部分权力让与联邦政府。所以，联邦政府的权力被视为各州及其人民对联邦的授予权，以列举的方式，载于联邦宪法。各州没有让与的权力，由自己保留，因此州政府的权力被称为保留权。由此可以看出，联邦和州的权力都是美国宪法赋予的，宪法是保护各州的权力的。 这也是联邦制和单一制最大的不同。单一制下，地方政府的权力是中央授予的，并且是可以收回的。

联邦的权力分为三类，第一类是授予权，这些权力列举于宪法第一条第八项；第二类权力是暗含权，是暗含在授予权中的权力；第三项是派生权，是由两种或多种授予权为基础推出来的权力。而州政府有警察权，管理地方政府的权力和管理选举的权力。当然，还有一些权力是联邦和州政府所共有的，不再论述。

通过联邦制，美国既保证了中央政府的统一和强大，又不至于侵犯各州的权力。这样一来，美国实现了中央政府和各州政府的分权。

再说横向分权。美国的横向分权来源于三权分立。三权分立首先是一种理论学说。1688 年“光荣革命”胜利后，革命时期产生的分权思想在洛克的思想中得到了再生。这是当时英国君主立宪政体的一种直接反映，还不是一种完善的三权分立理论。第一次系统地阐述和论证三权分立学说的是法国思想家孟德斯鸠，他的分权理论对美国的政治进程产生了很大的影响。麦迪逊曾说：“立法、行政和司法权置于同一手中，不论是一个人、少数人或许多人，不论是世袭的、自己任命的或选举的，均可公正的断定是虐政。”华盛顿和约翰·亚当斯也发表过类似的看法。总之，当时的美国政治领袖都认为，只有根据孟德斯鸠的学说，实行三权分立、互相制约，才能防止专制暴政，保障人民的自由。

三权分立作为一种政治制度最早在英国得到实施，但是美国在1787年制宪会议上提出了更加完善的三权分立学说。在宪法第一、二、三条的首句："本宪法所授予的全部立法权均属于由参议院和众议院组成的合众国国会""行政权属于美利坚合众国总统""合众国的司法权属于最高法院及国会随时规定并设置的下级法院"。美国的三权分立原则包括两个方面：权力的分立和权力的制衡。

权力的分立体现在以下两个方面：三个部门在组织上各自独立，其中各部门通过不同的方式产生，并且各部门的任期不同。国会参议员由各州议会选举产生，任期6年，每2年改选其中的3/1；众议员由全国选民直接选举产生，任期2年，任满全部改选；总统由全国选民经选举人团间接选举产生，任期4年；联邦法院的法官则由总统提名经参议院同意任命，法官一经任命，除经弹劾罢免之外终身任职。不同的方式和任期，对保障司法独立尤为重要。

为防止一个部门侵犯削弱另一个部门，保障三个部门权力的平衡，宪法又使三个部门的权力相互制约。总统可以运用否决权制约国会，法院的司法审查权对国会立法也具有强有力的制约作用。国会可以利用行政监督权和弹劾权制约总统，法院运用司法审查权审查国会立法是否违宪，也可以审查总统的行政法令是否违宪。此外，当总统被国会弹劾受审判时，联邦最高法院首席法官主持审判。国会通过包括除联邦最高法院根据宪法规定建立之外，其下级法院由国会通过立法设置等多项措施制约法院，总统可以通过对法官的提名权和赦免权对联邦法院进行制约。

◎思考

美国的"三权分立"制有哪些优势和不足？

第八章 行政组织编制

行政组织建立原则确定后，就要将行政组织建立原则与实际工作需要相结合，对行政组织的机构和人员进行具体的配置，这就是行政组织的编制管理。这个工作是建立行政组织实体的一个关键环节。没有这个环节，行政组织就无法建立，行政活动也就没有物质载体。

第一节 行政组织设置的一般原则

一、行政组织编制的含义和种类

（一）行政组织编制的含义

行政组织编制是行政组织的结构表现形式，它有狭义与广义之分。

狭义的行政组织编制是指一个行政组织、一个行政单位的人员定额，以及各种人员的比例结构。其中，人员的定额是指人员数额上的限制；人员的比例结构是指各种职务、职级人员的比例关系。人员数量和结构是按职能的需要设置的。人员定额和结构合理是任何单位、任何部门得以开展活动的基本条件，也是编制的基本要求。简单地说，编制是一切法定社会组织内的机构设置及其职责权限、人员配备和人员定额、结构比例等的规定。所谓行政编制管理，就是按法律规定的制度和程序，为有效控制机构设置、人员配备、人员定额和结构比例所进行的管理。

广义的行政组织编制是指行政组织的职能范围，包括权责关系、机构设置、规格级别、人员结构和数额，以及职位配置等。

（二）行政编制的种类

任何组织都有编制，编制的种类归根到底是由社会组织的种类所决定的。现代人类社会有五人类型的组织，即国家机关组织、政党组织、人民团体组织、企业组织、事业组织。由此，我们可以将编制分为五大类，即国家机关编制、政党组织编制、人民团体编制、企业编制和事业单位编制。我们所研究的编制，只是国家机关中行政组织的编制。但由于我国整个国家机关（包括国家权力机关、司法机关、行政机关），政党机关，人民团体机关的编制，都是由国家财政统一支出其经费，故由国家行政机关统一管理，所以都列入行政编制之列。我国行政编制具体管辖的类别有以下 7 种。

1. 行政组织编制

行政组织编制是人类社会中比较庞大的组织编制，是各国组织编制中最基本、最重要的一类，也是国家机关中最庞大的组织编制。在我国行政组织编制是指国务院所属的整个系统，包括各部、各委员会、国务院直属机构、办事机构、归口机构和非常设机构，以及省、自治区、市、地、县、乡、镇等各级地方人民政府的整个行政系统的机构及其人员编制。

2. 国家权力机关、司法机关的编制

它是我国的各级人民代表大会的常设机关，各级检察院、人民法院的编制。

3. 中国共产党各级委员会的领导机关的编制

它包括中国共产党中央委员会机关、地方各级委员会机关及政府各个部门中的中国共产党委员会机关等党务系统的编制。

4. 各民主党派的中央与地方的各级委员会的办事机关编制

它包括中国国民党革命委员会、中国民主同盟、中国农工民主党、中国民主促进会、中国民主建国会、中国致公党、九三学社、台湾民主自治同盟等八个民主党派的各级办事机构的编制。

5. 各人民团体的领导机关编制

它包括工会、共产主义青年团、妇女联合会、对外友好协会、归国华侨联合会、台湾同胞联谊会、国际贸易促进会、科学技术协会、哲学社会科学联合会、文学艺术界联合会、社会科学联合会、作家协会、体育运动协会、红十字会、中华医学会、医药卫生协会、残疾人协会、聋哑人协会、工商业者联合会、个体工商业联合会、个体劳动者协会、侨民协会、佛教协会、伊斯兰教协会、天主教爱国会等领导机构的编制。

6. 特殊编制

相对于一般编制而言，特殊编制具有某种特殊性的编制，它包括专项编制、单列编制、临时编制、机动编制等。

（1）专项编制。它是指规定使用对象和范围的编制，不仅规定员额，而且规定特定的使用对象和范围。例如，我国检察院、法院、公安部、司法部等政法机关所使用的编制，既是行政编制又是专项编制。被批准使用专项编制的单位，不得将其使用于规定的对象和范围之外。专项编制的作用在于直接体现国家及上级编制主管部门关于编制结构的某些积极意图，主要是加强和充实该类机构的人员。

（2）单列编制。它是指属于国家正式在岗职工，但不属于国家一般编制管理对象的人员编制。例如，为离休干部配备的秘书、司机等工作人员就是这种单项编制。

（3）临时编制。它是指根据单位工作性质、工作内容、工作量的某种临时性或不确定性需要，而下达的具有暂定性质的人员编制。例如，新建某项事业筹备时期的筹备机构，待该项事业完成之后，便转入正式机构的正式编制中；或者具有强烈时间性，如抗洪救灾指挥部的编制，抗洪救灾工作完成后，机构便撤销。

（4）机动编制。它是指一级行政组织，在其编制总额内留下一定数额的编制，暂不分给所属单位，以备今后某工单位急需增加编制之用。保留机动编制的目的是使编制具有一定的弹性，以适应不断变化的情况的需要。它既可保证行政工作的需要，又可减少临时申报增加编制的手续。

7. 中国人民政治协商会议各级委员会的办事机关编制

中国人民政治协商会议各级委员会的办事机关编制是指县以上各级政协设置的工作机构和办事机构，通常称为办公厅（室）、局（处、科）的额定编制。

二、行政组织编制管理的内容

行政组织编制管理在国家行政管理中占有突出的地位，它不仅要对行政组织的职能做出规定，对组织机构做出设计，更重要的是对组织人员的结构和数额加以控制。因此，编制管理的内容应包括职能管理、机构管理和人员编制管理三个方面。

（一）职能管理

职能管理是指配置、协调各级机关及其各部门职能的一种行政行为，它是根据国家在一定时期内的方针政策及社会经济文化等发展的需要，对各组织机构的职能进行配置、协调的活动过程。

职能是组织机构得以设立的依据和基础。把职能管理作为编制管理的内容之一，是在 1988 年国务院机构改革研正式明确的。这是因为很长一段时间以来，人们在进行机构改革时只是把注意力放在机构的撤并和人员的裁减上，表面上看改革似乎取得了一些成果，但随着时间的推移，人们发现裁撤的机构又变得臃肿，人员又不断回流增多。究其原因，这是由于没有从机构膨胀、人员增多的深层次原因着手，没有注意到行政职能的调整与变革。因此，1988 年开始的改革吸取了这方面的经验教训，没有搞单纯的机构撤并与人员裁减，而是开始根据政府总体职能配置的要求，首先确定各部门的职能，再根据职能确定机构和人员编制，即定职能、定机构、定人员编制的"三定"方针。把定职能作为定机构、定人员编制的基础，表明了对编制管理认识的深入。

根据《国家机构编制委员会工作规划（试行）》的规定，职能管理主要包括以下四个方面。

（1）在拟定机构改革或行政管理体制改革方案时，提出转变政府职能、调整政府职能体系的总体意见。

（2）在各部门实行"三定"对，合理配置各部门的职能，帮助各部门搞好职能配置的研究，制订具体方案。

（3）协调各部门之间的职责分工。这是职能管理的一项经常性的业务工作。

（4）协调同级政府部门与下级政府相关部门之间的职责分工，以及政府部门与企业、事业单位、群众团体和其他国家机关之间的职责分工。

（二）机构管理

机构是职能的载体，职能通过机构及其活动得以实现。没有一定的机构及其活动，组织目标和职能就不可能实现。同时，机构又是人员编制的基础，没有机构，人员编制也无从谈起。因此，保证组织机构科学合理，加强组织机构的管理，显得尤其重要。

所谓机构管理,主要是指对机构设置与调整的管理,具体包括对机构的总量、性质、级别、名称、规模等诸多内容的管理。

第一，根据各级政府的职能总量及类别，确定每级政府机构的总量规模。如规定省级政府机构总数为40个左右。县级政府机构总数为30个左右等。

第二，划分机构的属性。即根据机构所承担的职能性质的不同，将机构分类，以便准确地确定机构的属性、合理地界定职能,为核定人员编制奠定基础。

第三，对机构级别的管理。主要是指用法规或规范性文件规定机构的行政地位，明确其层级节制的关系。

第四，对机构名称的管理。根据组织机构所处的地位、级别、所属关系、工作内容和性质，规定机构的名称。名称要反映机构的业务性质、级别和层级，并要做到统一、规范。如我国当前"局"的名称就很混乱，有国务院直属局、部属的二级局，省、市、县也都设有相应的局，不能反映其级别和层级。

第五，对机构规模的管理。主要包括对各部门内设机构数量的控制，以及对工作人员数量的限定。机构的规模应与机构承担的工作的性质、难易度和数量相适应。

（三）人员管理

人员编制是行政组织为了实现组织目标、履行法定职能，经过被授权的机关批准而确定的单位内部人员数额、结构、领导职数、员工数额等。人员编制管理是行政组织编制管理中最大量、最经常的工作。组织目标最终能否实现、职能及机构管理是否科学合理会直接影响并反映到人员编制中来，因此科学的人员编制管理具有重要意义。

人员编制管理的具体内容如下。

（1）制定各级政府编制比例和编制标准。编制比例是指编制员额与核定编制所依据的事物数量之间的比例关系。各级政府所辖的面积、人口数量、经济发展水平都是核定编制的依据，在它们与编制之间有一个数量比例关系，这个数量比例关系的确定是编制管理走向科学化、规范化的重要内容。

编制标准是指按编制比例确定的各级政府机构和人员的总数额规定。它是对各级政府和属于行政编制范围的各类组织的编制的具体规范。编制标准还应包括一定年限内合理的增减幅度，以适应政府职能不断变化的需要。

编制比例和编制标准是使编制管理走向规范化、法制化的重要手段，因此对其科学性要求很高。

（2）核定各部门人员编制总额。根据编制比例确定各级行政组织的编制标准后，再制定各部门、单位的人员编制总额。它是为完成组织目标，履行本层级、本单位职能所必需的核定人数，受社会需要、国家财政收入和编制标准的制约。

（3）确定人员编制结构。确定全国行政组织和它的各个层级、各个部门的人员编制结构。它包括领导职数与被领导职数的比例、业务人员与辅助人员的比例、文职人员与工勤人员的比例、不同年龄层次的比例、各种学历以及文化程度的比例等。其目的是使各种人员能够得到最优的结合，使行政组织整体力量大于个体力量之和。

三、行政组织编制管理的性质和意义

（一）行政组织编制管理的性质

1. 政治性

编制管理的内容是根据国家的职能、权限而设置的国家机构、人员结构及数额，它是国家意志表达和执行的载体，反映了国家的政治意图，并为统治阶级的利益服务。国家政权的性质决定行政编制的建制和服务方向。同时，编制制定的科学与否又影响国家政治统治与公共事务管理的成败，直接关系到统治阶级的根本性、全局性利益。

2. 服务性

毛泽东同志说过：革命的组织形式要服从革命斗争的需要，如果组织形式已经与斗争需要不相适应时，则应取消这个组织。编制就是组织形式的具体化。在我国，它是为改善国家机关工作、更好地促进社会全面发展而服务的。编制员额的配置，机构的多少、大小，完全取决于社会的需要。离开了社会的需要，编制工作就没有依据。

3.系统性

编制涉及国家机关的各个层次、各个部门、各个单位，以及如何设置好这些层次、部门、机构及其内部的人员结构。数额是一项复杂的系统工程。必须用系统的、整体的观点和方法，正确处理纵横之间的各种关系的编制配置，使整个国家机构编制形成一个科学的统一体系。

（二）行政组织编制管理的意义

首先，编制管理是建立精干高效的行政组织体系的重要前提。一定的机构和人员编制是进行行政管理活动的基本条件。要建立精干合理的行政机构，配备精明的工作人员，使整个行政组织体系高效协调地运转，必须依靠科学的编制管理。编制管理在行政管理体系中居于较高层次的管理。

其次，编制管理是防止官僚主义、密切政府与群众关系的重要手段。实践证明，机构臃肿、层次繁多，必然导致组织运转不灵、反应迟钝，影响领导与群众之间的及时沟通，使之脱离群众或者瞎指挥。人浮于事、职责不清，也必然造成互相推诿、办事缓慢等官僚主义作风的产生。科学的编制管理，就是要依靠法律手段，严格按照编制设置机构和人员，以有效地克服上述弊端，为改进机关作风，密切政府与群众的联系，防止和铲除官僚主义创造良好的条件。

最后，编制管理有助于节省国家财政开支。机构和人员过多势必增加国家财政支出，而科学的编制管理，可以做到对机构设置和人员配备进行严格的控制。近年来，我国把机构设置、人员编制与行政经费挂钩，超编者财政不予拨款，银行不予开支，这对节省国家财政收到了较好的效果。

科学的编制管理还有以下三点作用。

（1）科学的编制管理，有利于勤政、廉政和提高行政效率。通过科学的编制管理，可以克服部门林立、机构臃肿、层次重叠、职责不清、人浮于事等导致效率低下的状况；有利于克服任人唯亲、用人不当、能上不能下、领导职务终身制等导致不廉洁的甚至腐败的现象。科学的编制管理为把行政机关建设成为机构精干、功能齐全、结构合理、灵活高效、密切联系群众、没有官僚主义习气的政权机关提供了具体的组织保证。

（2）科学的编制管理，有利于节省财政开支。行政经费分为机关的办公经费和人员的工资福利经费两项，它在国家财政支出中占有很重的比例。因此，制定合理的编制对节省国家财政开支有重要意义。世界上很多国家，由于行政编制过于庞大，已经给财政造成了不堪负荷的沉重负担。科学的编制管理是节约国家经费的重要手段。

（3）科学的编制管理，有利于整个行政组织管理的法治化。编制本身就是法规，它是国家行政组织法的重要组成部分，同时又是国家各级机关设置的法律依据。强化编制管理事实上就是加强行政组织管理的法制化。科学的编制管理必然同时是法制化的编制管理，有利于依法行政、依法治国方略的实施。

四、当代国外行政组织编制管理的概况

在当代世界上，各国行政组织编制管理的具体制度各不相同，但从总的趋势看，均在日益走向科学化、法制化。归纳起来，大致有以下这些特点。

（1）行政编制管理的范围和对象仅限于各级政府行政机构，不包括国家立法、司法机构，更不包括各党派和人民团体的机关编制。

（2）在国家三大权力系统的政治结构中，编制管理由政府行使，但同时受到立法、司法机关的制约，重要编制法规主要由立法机关制定。

（3）政府编制管理机构的规格级别高，直接对行政首脑负责。例如，美国负责联邦政府编制管理的职能部门是行政管理和预算局，是隶属于总统的办事机构。该局局长由总统亲自任命、级别很高，可以列席和参加总统主持召开的内阁会议。英国由财政部和内阁办公厅共同组成管理和人事局负责编制工作，局长由首相亲自任命。

（4）重视、强调职位设置和职位分类的工作，将编制管理建立在科学的职位结构体系的基础之上。

（5）努力修正和完善编制法规，包括编制立法、编制司法和行政性的编制法规，保证编制的权威性、法制性和有效性。

（6）重视新方法、新手段的研究和运用。如核定编制的指数法、分类法及其他各种方法的综合评价和运用，以及将计算机、微缩技术等引入编制统计和编制档案工作等。

（7）对中央政府机关的编制员额和领导职数控制均有法定文件规定，不得擅自突破。以日本为例，实行严格的定员制度，规定各级政府、各个部门的领导职数和人员数量，并每年核定一次。

（8）用经济手段约束编制的膨胀。采取定员预算、定开支、超支自负、节余提成自用等手段，激励各级组织控制编制增长。为此，有些国家的编制工作直接由财政部掌管，如英国。

（9）重视编制管理的咨询、调研和反馈部门的配套建设。

第二节　行政组织编制设计的依据

一、行政组织编制设计的基本原则

为了满足现代化政府行政管理的要求，必须使行政组织的编制管理科学化。编制设计应遵循以下主要原则。

（一）职能决定原则

职能是任何行政组织的机构在一定时期内根据社会需要而具有的职责和功能。这些职责和功能必须依靠人来行使和发挥，职位的设置和配置就是为了完成机构的职能。因此，职能决定编制，这是编制设计时的第一个原则。应对职能进行科学的安排，切除不合理的部分，将交叉重复的职能和应由社会组织承担的职能都剔除出去；对保留的职能要进行逐步分解，按其性质和地位，编制成一个相互协调的职能体系。只有科学地安排职能，才能使编制设计真正建立在客观需要的基础上。

（二）职位设置原则

编制设计要体现责任、权力相称的原则。只有赋予特定职位以相应的权力和责任，才能保证组织目标的落实，才能体现编制管理的作用，所以要按照职位分类的原则对行政组织的职位进行设计。何谓职位分类？职位分类就是将行政机关各种工作的性质、繁简难易、责任轻重、所需资格予以分门别类地确定名称、评定等级、制定规范的活动。编制设计必须建立在职位分类的基础上，才能设计其职位的种类和每种职位的职数；才使按职能确定编制的原则具体到每个成员，从而使每个成员任务饱满、不是虚设。它是职能决定原则的具体化。为此，必须做到以下两点。

（1）要对各单位的工作进行系统、周密的调查，要将该单位的职能逐步分解为一项项的具体任务，根据工作任务找出该单位有多少个职位、每种职位的职数，以及各种职位职数之间的责权关系，形成一个分工明确、流程规范、协作良好的职位体系。

（2）要根据该单位的各个职位、职数，配置其所需的不同资格的各种人员。既要达到人与事的最优结合，又要使人才群体结构合理，符合合力大于分力的效应，体现精干、高效的要求。唯有如此，这个单位的编制设计才是有客观依据的、科学的、合理的。

（三）协调平衡原则

编制是整个行政管理工作的物质载体，而行政管理工作具有整体性、开放性。它不仅本身是一个由各个大小系统组合而成、互相衔接、彼此依存的整体，而且还是社会系统中的一个子系统，和社会是相互影响、相互依赖的一个整体。这就决定了编制的设计必须坚持行政组织内外协调平衡的原则。在行政组织内部，要保持部门之间、层级之间、部门与层级之间、部门内部各个单位之间的协调平衡，使行政组织的编制能够保证它们之间的工作沟通性、衔接性、比例性，从而达到协调平衡的目的。在行政组织外部，要使行政组织的编制与国家财政的承受能力相平衡，与国民经济发展水平及速度相平衡，与整个国家、地区的政治、经济、科技、文化教育体制和发展状况相平衡，使行政组织的编制既能为社会所承受，又能更好地为社会服务。

（四）动态调整原则

一定时期的编制是根据一定时期内的政治、经济等各方面社会因素所制定的，与这一时期的客观条件相适应。由于社会在不断地变化发展，所以编制的制定不可能是永恒的。这就出现了要根据变化了的客观情况不断调整编制的问题，但是编制的稳定性又是行政工作正常运转的基本条件。为了兼顾编制的稳定性和变动性，在编制设计中必须规定每隔几年要进行一次全面性的调整，同时允许平常可做些个别的、局部的调整。

动态调整原则还必须考虑编制发展总趋势。随着生产和生活社会化发展的需要，政府的管理职能有不断扩大的趋势，从所谓"守夜警察"过渡到"万能政府"就是政府职能发展的最好写照。因此，在某种意义上，编制的动态管理就应根据政府职能不断扩大的趋势，适时地增设编制。但是，我们也要看到，随着政府管理日益科学化，包括管理人员素质的提高和管理工具的现代化，可以在很大程度上抵消因管理职能扩大而要求增设的编制。更何况随着社会自我管理能力的提高、民间组织的日益发达，政府很多传统职能可以转交给社会。从这个意义上说，政府的职能也会有所缩小。因此，真正符合社会需要和政府职能变化的机构编制不一定总是增加的，而是有增有减的。

（五）精简节约原则

编制精干是行政组织运转灵活、效率高的一个前提条件，在编制设计中，必须"宁肯少些，但要好些"。在工作需要之外，人为地多设编制，不但于事无补，而且还会产生多余的内耗，等于多设一个障碍"为事择人者治，为人择事者乱"。

我国宪法的明确规定，一切国家机关实行精简的原则，也适用于行政组织的编制管理。精简原则包括合理定编定员，精简机构、精减人员和减少层次等方面。这一原则要求严格根据行政管理职能、管辖范围，通过必要的程序，合理确定机构人员数额，设置机构和层次，凡职能重叠和可有可无的机构与层次，应予以撤销或合并；凡多余或不称职者，要调离现岗位并作妥善安排。

从管理效益的意义上讲，编制设计是一种投入——人力、财力、物力的投入。我们应以最小的投入，获得最大的效益。一个国家究竟能有多少人力、财力投入行政机构中去，是受其财政承受能力限制的。因此，在设计编制时，必须有一个节约人力、财力的观念，坚持精简节约的原则。为此，必须用经济手段管理编制，这是当代不少国家行政编制管理中行之有效的方法。一个单位的编制一经确定后，就实行编制经费包干的办法：超编不予追加编制经费，节编的经费可由该单位自行全部或部分使用。事实证明，用经济手段管理编制，是实行精简节约原则的重要方法。

（六）依法管理原则

编制立法是指有关行政组织内部机构设置及其职责权限、结构比例和人员定额的法律规范的总和。编制立法与行政组织法相比，是从更加具体、更加细微的角度去规制政府行政组织。其目的是做到设编必须有法定条件、扩编必须有法定程序、超编必须有法律制裁，用法律的形式把机构设置及其职责权限、结构比例和人员定额固定下来,使编制管理有法可依。为此,制定一部统一的《中华人民共和国编制法》已成为必要。编制的管理，必须具有一套有关编制的法律，使之规范化，这包括一般的编制法、编制司法及各级行政组织具体编制法等。必须使编制的确定、执行、监督和控制都以法律为根据,随意增编就是违法,要按法律程序对当事者予以追究和处罚。只有使编制具有法律效力，用法律手段管理编制，才能保证编制管理的规范化和权威性。

（七）统一原则

统一原则包括以下三个方面的内容。

第一，统一领导。严格按照国家的统一规定、统一制度、统一程序进行，不得制定与国家政策和法规相违背的"土政策""土制度""土办法"来擅自建立工作部门，任意扩大编制。

第二，统一职能目标。明确划分各行政机构的职责权限，保证同类行政事务由相同行政机构负责，防止机构重叠，政出多门。

第三，机构设置要统一完整。既要做到每个行政机构各自形成有机的整体，也要做到任何行政机构都是全国政府机构的一部分，从而形成既有最高指挥，又有逐级指挥与服从；既有分工，又有合作的上下衔接配套、左右功能齐全的组织体系；还要做到机构的名称、级别也要大致统一，不得自立称号，随意升格。

以上所述是行政组织编制设计的一般原则。除编制设计一般原则外，在进行编制总体设计和单元设计时，还应找出各自的设计依据。

二、行政组织编制总体设计依据

编制总体设计是指各个层级的行政组织编制设计。编制总体设计的依据，实际上是编制设计基本原则的具体化。运用编制设计的基本原则，可以具体指导各个层级的编制设计。

因为各级政府的行政组织是由各个层级、每个层级又分若干个部门组成的，所以，它的编制设计就有每个层级的总体设计和每个层级中各个部门的单元设计两个内容。前者是宏观设计，后者是微观设计。宏观设计就是编制总体设计，它的任务是科学地测定一个国家的各级行政组织的编制总额，在我国就是国务院、省、市、县、乡行政机关及某些省设立的派出机关——行政公署的编制总额。行政组织编制总体设计的依据是有以下五种。

（一）职能种类

职能决定原则是确定编制的第一个原则，也是确定编制的基本依据。职能的种类是确定各级行政组织机构多少、规模大小、员额多少的基本因素。各级政府机关的基本职能大体相同，如都有政治、经济、教育、科学、文化、社会事务职能等。但是，由于各级政府的管理范围不同，其具体职能则不完全相同，尤其是中央政府的职能种类大大超过地方政府职能，如外交职能、国防职能等。

高级地方政府、中层地方政府与基层地方政府由于各自职、责、权和管辖区域大小的不同，其职能总类也有不同，但同一层级地方政府的职能总类大体相同。总之，各级行政组织编制设计的基本根据就是各级政府的实际职能总类。由于各个同级政府的职能总类基本相同，所以，可以依此确定各个同级政府的"基本机构数"。根据实践经验，这个基本机构数所决定的编制总额，一般都占人员编制总额的60%以上。

各个同级政府职能总数虽然基本相同，但由于各地情况的差异，其具体职能也不尽相同。例如，有的地方没有旅游点，政府就没有管理旅游的职能；有的地方某种矿产品储藏量很多，政府就需要设立管理这种矿产品开采的行政部门。每种职能的工作数量、难易程度也不尽相同。影响每种职能工作数量、难易程度的因素很多。

（二）人口数量

国家各级政权机构的存在是要对社会进行管理，而社会是由一定数量的人所组成的。没有人，就没有管理对象。行政机关的管理对象和工作内容无不涉及人。各级政府机关所辖人口的多少，决定了该政府机关工作量的大小。人口多，管理任务就重，工作量就大，需要的管理人员就多，反之需要的管理人员就越少。

特别在我国当前经济、科学技术水平比较落后，通信手段不发达的条件下，人口因素对政府的工作量影响更大。因此，人口数量是编制总体设计的重要依据，它是决定政府各种职能工作量大小、难易程度的重要因素。在我国考虑这个因素时，要把控制人口增长、实行计划生育的因素考虑在内。凡是超计划生育增长的人口，不仅不能因此增加编制，反而要相应减少一些编制，以此作为控制人口盲目增长、推行计划生育政策的一种手段。

（三）地域面积及地势地貌

所辖地域面积的大小决定了各级政府的管理空间大小。管理空间越大，管理幅度就越大；管理幅度越大，需要的管理人员就越多。尤其在我国，农村所占面积极大，其交通、通信又不发达，这个因素对政府的工作量影响较大。

同时，由于各个地区的地势地貌不同，也导致了政府工作的难易程度不同。如平原优越于丘陵，丘陵优越于山区，同一面积的山区所要求的行政组织编制就多于丘陵，丘陵要求的行政组织编制又多于平原。

将地域面积和地势地貌综合起来考虑，并使之数量化，是决定各级政府行使职能难易程度、工作量大小的关键变量，也是决定各级政府编制数量的重要因素。

（四）经济发展水平

衡量各地经济发展水平的标志是人均国民生产总值。只有按人均数计算国民生产总值，才能真正说明该地区实际的经济水平。经济发展水平对政府工作量的影响有双重意义，它既可减少工作量，又可增加工作量。经济水平越低，交通越落后，人口文化素质越低，就越需要政府去努力组织群众发展经济、文化教育事业，政府的工作难度就越大，需要的行政编制也越多；但同时，由于其经济水平低，财政收入少，财政供养能力低，从这个意义上讲，又需要精简行政人员。可是，经济水平越高，生产社会程度越高，越需要政府加强对经济的宏观管理，宏观管理的任务就越复杂、越困难，也需要更多的行政编制；同时，经济水平越高，财政收入越高，承担行政管理费用的能力也就越强，从这个意义上讲，它也承受得了更多的行政编制。

应该以哪一种作用决定行政编制呢？我们认为应该以经济水平越高、所需行政编制越多的这个方面作为行政编制设计的依据。这是因为上层建筑要为发展经济基础、发展生产力服务，编制设计决不能鼓励落后。不能够经济越落后编制数越多，何况行政编制的经费还要以财政收入为基础。但正因为经济发展水平对政府工作量的影响有两重性，所以由这个因素所决定的编制数占编制总数的比例不能过高。

（五）行政区划

各级政府所辖行政区划，是决定该地区政府工作量大小的又一个因素。管辖幅度宽，工作量当然就大。但由于所辖行政区划数与人口数、地域面积数有关，由这个因素所决定的工作量在上述两个因素中均有反映，故由这个因素所决定的编制比率应比较小一些。

上述五个因素，以职能种类为基本因素，根据我国编制管理的实际经验，由它所决定的编制数为编制基数，其他几个因素所占比例则依次递减。

正是因为这五个因素的不同，不仅使不同层级的政府编制总额不同，而且使同一层级政府所需编制额也要划分为三至四个等级。如省级政府，有大省（加四川、山东）、中省（如湖北、湖南）、小省（如海南、甘肃）之分。虽然它们级别相同，但编制总额却不同。

三、行政组织编制单元设计依据

编制单元设计是指一级行政组织的宏观编制总体设计确定后，具体设计一级行政组织的各个部门机构和部门机构内部的编制，这就是微观层次的定编。

（一）部门设计的依据

要根据各地实际业务需要设置机构。正如上述各级行政组织、同级各个地区的行政组织，其职能基本相同，但又不完全相同，因此各个层级的地方政府必须根据各地区自然资源条件和社会经济、文化条件，设置各具特色的行政机构。例如，有的地方畜牧、水产特别丰富，就需设置管理畜牧水产机构；有的地方有历史名胜古迹，如西安的兵马俑，就需设置管理这些特大的历史名胜古迹的文物旅游机构。因此，切忌同级政府之间互相攀比、增设机构。

要将业务的种类与工作量大小相结合。各级行政组织的职能种类，除中央有些特殊职能是地方行政组织没有的外，其他基本上是相同的，但决不能因此就使各级行政组织的机构设置一样多。机构的设置不仅要根据职能的种类，而且还要根据职能的工作量。一般来说，上级政府的工作量要大于下级政府的。

因此，一般的要求是，不仅上级政府机构的规模要大于下级政府的规模，上级政府机构的数量也要多于下级政府的机构数量。凡是工作量比较小的部门，可以就近合并到业务性质相似的部门，或将相近的业务部门合并成一个部门，如把少量的旅游业务合并到文化局。

上下级业务对口，但机构不一定对口。因上下两级各部门设计依据不同，必然会发生上下级行政组织之间机构不完全对口的情况。上级有的机构，下级不一定有；下级有的机构，上级也不一定有。但是整个行政组织是一个有机的整体，任何一个下级政府的工作都不能离开上级政府的领导，自行其是。尤其是单一制、集权制国家，一般均在行政组织中实行分离制的领导体制，地方政府的部门除受本级政府领导外，还要受上级政府同类部门领导。因此，各级政府的机构虽不对口，但业务一定要对口。下级没设独立机构、而交由相近的业务部门管理的业务工作，一定要与上级政府的某个部门挂钩衔接；下级的某个特设部门也要与上级政府相应部门挂钩衔接。一定要打破业务对口、机构一定要周口的观念。

根据机关的不同性质核定编制。一般而言，决策机关的编制额宜少而精，对其成员素质的要求要高，数量不宜多。执行机关，因其具体工作量较大，编制员额可多一些。辅助决策的参谋机关，不仅要求其人员的素质要高、专业知识要配套，而且在总编制允许的条件下，其员额数量也可多一些，以便集思广益、保证决策的科学性。

（二）机构内部编制设计的依据

（1）以最少的职位完成最大的工作量。既要事事有人做，勿使工作遗漏；又要人人工作饱满，勿使人员处于闲置、半闲置状态。

（2）尽量将业务相同的工作任务交给一个具体单位或个人去完成。根据工作量的大小，凡工作量不满者，应将相近的业务工作归并在一起，分工不能过细。

（3）员额的结构要合理。员额的结构合理是指一个单位内领导与被领导职数、业务人员与辅助人员、业务人员与政工人员、非后勤人员与后勤人员、干部与工勤人员等比例要合理。一般来说，要保证业务人员占总人员的70%以上，各级领导职数只能接近30%，在领导职数中要严格控制副职。此外，老中青年龄结构、文化结构、专业结构等均要适应该单位的工作性质、难易程度的需要，要规定各类人员的合理比例。只有保持合理的比例，才能使各类人员和各个人员充分配合与协作、取长补短，融合为一个新的集体，形成大于全体工作人员总能力的合力。相反，如果人员比例不恰当，则会使人员之间的力量互相重复、干扰、抵消，从而使管理混乱，不能协调配合。因此，确定合理、恰当的人员比例结构，是保证编制精干和工作效率高的重要条件。

第三节　行政组织编制设计和审批程序

一、行政组织编制设计程序

编制方案从设计到批准实施的流程，应以调查研究为基础，自始至终均在调查研究的基础上进行。编制设计程序，一般有四个阶段：一是发现问题，确定目标；二是拟制方案，分析选优；三是试行实施，反馈调整；四是依法呈报，核定实施。

（一）发现问题，确定目标

要发现现有行政组织中的问题，只有发现了问题，才能知道目标是什么；也只有确定了目标，才能制订和选择方案。

什么是问题？问题就是应当和可能达到的状况与现实之间的差距。为了发现编制中的问题，首先是设计者需要有关于编制工作的广博知识，要懂得编制工作的管理规律，从而知道什么是编制工作的理想状态、当前编制工作中的哪些现象是违背编制工作规律的，看出问题的症结；其次要把握准现状与理想的差距，从而准确地发现问题。

在发现问题的基础上，就可以初步确定编制设计的目标了。目标就是要解决问题，消除差距以达到预期的结果或指标。制定目标包括以下内容。

（1）设计目标体系。设计任何一个行政组织编制的目标，都是由多层次、多方面的目标组成的一个目标系统、体系，如应包括横向部门结构、纵向层次结构、部门内单位的纵横结构、各种职位的配置、人员结构的配置等方面。

（2）既要设计中长期目标，又要设计目前可以实现的目标，要将目标的需要与现实的可能性结合起来。

（3）要将目标尽量数量化，如机构数量、人员数最、编制经费数量及其在当地财政开支的比例数量等，都需要有极限规定。

（二）拟制方案，分析选优

拟制方案就是拟定达到目标所要采取的步骤和方法，而这只有在充分了解信息的基础上才有可能，所以调查研究工作比上个程序还要繁重，需要更细致、更深入。要调查研究有关编制设计的各个方面的内容，其中主要包括以下几项。

（1）该行政组织职能的历史和现状，弄清它有何变化、为什么会变化。

（2）与该行政组织有关的社会政治、经济、文化等因素的发展动态，以及这些动态对行政组织编制的影响。

（3）该行政组织机构人员编制的历史沿革及现状。

（4）各项编制法律、法规的内容及其发展变化。

（5）编制设计的最新技术及其应用效果。

（6）国内外可供参考的编制工作情况、经验。

至少要对这六个方面的问题做出系统的、周密的、既有定性分析又有定量分析的调查研究，才能根据社会的需要，确定行政组织的职能；再以职能为依据，确定行政组织机构，并运用最新科技手段制订合理的行政编制方案。

在调查研究的基础上制定方案，一般而言，制订方案要分三步走。

第一步，是尽量想出各种可能的方案，不要遗漏可能的方案。因为只有全面，才有可能选优，否则很可能将最好的方案遗漏掉了。这一步主要是要求全、不能要求细，只要将各个方案的轮廓大致勾画出来就行。

第二步，是进行初步筛选和具体设计。首先，各个方案进行大致的评估筛选，去掉一些明显不合理，或不可能实现的方案，保留一些比较合理又比较可行的方案。其次，对这些比较少的方案，进行具体的设计。所谓具体的设计就是要设计方案的具体步骤和措施，设计出这些措施的环节。

第三步，是分析评估，最后选优。这时的任务是要从几个方案中选出一个方案。要对各个方案进行分析评估，主要分析评估两个方面的内容。一是方案的优越性，即它的合理性、科学性，以及由它带来的社会效益和经济效益。对编制设计来说，就是要符合上节所阐述的编制设计的基本原则，符合职能决定、职位设置、协调平衡、动态调整、精简节约、依法管理等原则，以及要考虑总体编制设计和单元编制设计的特殊因素等。只有符合这些原则和特殊因素，编制才会合理、科学。二是要分析评估方案的可行性，这不仅包括政治上、法律上、经济上、技术上的可行性，还包括行政组织内外成员的价值观念、伦理道德、个人心理上的可行性。在分析评估可行性时，要注意处理好先进、中间与落后的关系问题。一般来说，符合平均先进原则的方案是较好的方案。

此外，还要注意处理好办公手段自动化与人员编制配备的关系。随着办公手段日益现代化、自动化，可节约更多的人力。但同时也要看到，现在我国政府工作人员的素质还不可能完全适应办公手段现代化的要求，很多现代化的办公手段并未充分发挥作用，因此不能将节约人力理想化。

（三）试行实施，反馈调整

方案确定后，先在局部单位试行。试行的目的是为了进一步完善方案。这个阶段的基础仍是调查研究、收集反馈信息，了解方案在实施过程中有哪些好的和坏的反映。好的反映就是正反馈，即反馈信息与原方案的目标基本保持一致；坏的反映就是负反馈，即反馈的信息与原方案的目标发生背离。前者为报喜，后者为报忧。编制方案的制订者在收集信息反馈时，切忌感情用事，只喜欢报喜的信息，不喜欢报忧的信息。相反，只有认真听取报忧的信息才能更好地改造、完善原编制方案。由于这种信息反馈工作是处在设计方案的过程中，因此，要求信息反馈要快、要及时，否则就影响整个方案设计的进度。

在反馈信息的基础上，对原方案进行修正、补充，达到完善方案的目的。

（四）依法呈报，核定实施

在完成上述三个阶段后，编制设计方案工作基本结束。在最后完善的方案基础上，按照编制法规规定的报批程序，上报给有关部门审查核批。上报的材料要全面，论证要充分，分析要准确，文字要简练，一般包括的资料有项目任务书、调查报告、原始资料整理、可行性分析报告、论证意见书等。

二、行政组织编制审批程序

编制审批程字应纳入法制化的轨道，严格执行编制程序法，这是杜绝首长个人随意审批编制的关键。

（一）审批权限及程序

根据《中华人民共和国国务院组织法》与《中华人民共和国地方各级人民代表大会和地方各级人民政府组织法》，行政机构设立的审批权限和具体程序如下。

（1）国务院各部、委员会的设立、撤销或者合并，经总理提出，由全国人民代表大会决定；在全国人民代表大会闭会期间，由全国人民代表大会常务委员会决定。国务院直属机构、办事机构的设立、撤销或者合并，由国务院决定；国务院各工作部门内设的司级机构的设立、撤销或者合并；由各工作部门报请国务院批准。

（2）省、自治区、直辖市人民政府的厅、局、委员会等工作部门的设立、增加、减少或者合并，由本级人民政府报请国务院批准。

（3）自治州、县、自治县、市、市辖区人民政府的工作部门的设立、增加、减少或者合并，由本级人民政府报请上级人民政府批准。

（4）省、自治区的人民政府在必要的时候，经国务院批准，可以设立若干派出机关；县、自治县的人民政府在必要的时候，经省、自治区、直辖市的人民政府批准，可以设立若干区公所，作为它的派出机关（目前，作为县级人民政府派出机构的区公所在全国范围内已基本取消）；市辖区、不设区的市的人民政府，经上级人民政府批准，可以设立若干街道办事处，作为它的派出机关，其编制总额也由上级政府批准。

（5）县级以上地方各级人民政府工作部门内部机构的设立，在上级政府批准的编制总额内，由各工作部门报请同级编制部门批准。

（6）中国共产党党务机构的设置，按党章和中央有关文件规定，由各级政府的同级党委授权编制部门审查批准；人大、政协办公机构则由各级人大常委会和政协委员会决定，由同级编制部门审定；而检察院、法院内部机构的设立审批则按有关组织法规定进行，但需报同级编制部门办理批准手续。

（二）编制审批要求

审批编制应根据国家有关编制的一系列法律规定及辅助这些法规执行的方针政策，决定报审的内容是否合理、合法。

审批编制工作要由国家法律规定的具有相当权威的编制管理机构进行，任何其他单位和首长个人都不能代替这个机构自行审批编制。根据国内外的经验，应设置一个具有权威性的编制管理机构。该机构的负责人应由各级政府行政首长直接兼任，其职责是负责执行有关编制法规、管理日常的编制工作。该管理机构以实行委员会制的领导方式为宜。在我国就是各级政府内设立的、直接由该级政府首脑负责的"机构编制委员会"，它由行政机关、立法机关、党委机关的负责人联合组成。在行政机关内，还有人事部门、财政部门、经济综合管理部门的负责人参加。该委员会下设一个精干的办事机构，管理日常事务，即编制办公室。

审批工作应根据编制程序法严格执行。在程序法中对编制方案的制定、审批、试点到实施过程，都应有基本规定，尤其是编制的审批权限应有严格的规定。一般而言，各级政府编制的增加，只能报上级政府主管编制的委员会审批，本级政府的编制委员会无权审批；同级政府编制委员会只有权审批同级政府的编制内部调剂、划转问题。编制程序法还应规定，各个部门的编制应归该级政府统一规划，即"条条"服从"块块"，以便于各层级政府能够综合管理编制工作。

应严格执行编制程序法中有关编制管理的纪律。编制程序法的重要内容就是规定编制纪律。凡违反法规擅自增加机构人员编制者，应按照编制程序法分别给予不同的处分，包括政纪乃至法律处分。

第四节　行政组织编制规范和手段

一、行政组织编制规范

行政组织编制管理是行政组织建立、健全所必须经常进行的一项基本工作。为了将这项经常性、重复性的工作纳入科学化的轨道，必须按照编制工作的客观规律制定出一套管理规范，克服编制管理中的随意性。

为使编制管理工作规范化，必须做到以下三个方面。

（一）标准化

根据行政组织设计的原则和依据，制定出各个层级的行政组织人员编制的总额、机构总额、各种人员比例结构、动态调整幅度等四项指标。这四项指标是对各级行政组织编制进行监督、控制、调整的标准。编制控制不严的很重要原因就是没有标准，只有申请增设机构、人员的理由，而没有该机构和人员是否应该增设的客观标准。因此，现实中通行的方法一般是"漫天要价、就地还钱"，主观随意性很大。没有标准就没有目标，没有是非，没有界限。因此，各级编制主管部门，要花大力气设计出行政组织的各种编制标准。

（二）程序化

编制管理本身是一个有机联系的完整系统。编制管理工作应该按照这个客观的系统性，制定出一套相互衔接、相互协调、相互配套、完整的编制工作程序。这个程序要简单、明确、具体，以达到科学、高效地完成编制工作的目的。任何一次编制的总体设计、单元设计、局部调整都应遵循以下三个程序。

（1）方案设计的程序。 在调查研究的基础上，发现问题、确定目标、拟制多种方案，从多种方案中选择一个最优方案。

（2）该方案一定要由本单位的直接领导部门同意，并由该部门向同级政府编制委员会申请。

（3）同级编制委员会根据问题的性质和法定权力，决定是由本级编委会审批，还是申报上级编制委员会审批。

任何一个编制方案只有经过这三个程序，并在内容上符合设计原则和依据才获准实施。否则，即使方案内容正确，但不符合这三道程序，也是违规的。

（三）制度化

编制管理的制度化，就是将以上这些关于编制工作的行为要求，制定成规章条例，使之规范化，成为一种人人都要遵守的、严格的、统一的、稳定的制度。它是克服编制工作的官僚主义、主观主义，提高编制工作科学性的有力保证。

二、编制管理手段的全面化

（一）法律手段

法律手段是编制管理的主要手段。只有法律手段才能使编制管理具有最大的权威性，才能使编制管理走向现范化、科学化。用法律手段进行编制管理，是指适用宪法和法律，通过颁布编制法规，依照这些编制法规对编制工作进行管理。编制法规的内容包括以下几方面。

（1）编制管理的原则、方法、各类编制标准。

（2）编制管理的程序及权限划分。

（3）编制管理的纪律，即对违反编制法律者，由谁处分？给什么处分（包括行政或法律处分）？

在这里，既不能由首长个人意志代替法规，也不能由编制政策代替法规。政策本身要根据法规，政策是为了更好地执行法规。

为此，首先，要建立、健全编制立法工作，包括制定编制管理的基本法和各类专项法。其次，要严格编制司法工作，真正做到有法必依、执法必严、违法必究。有法不依，使法律成为一纸空文，其危害比无法可依还坏，它直接破坏了法律的权威性，助长了人们对法纪的藐视。在这种情况下，即使存在健全的编制法规也等于零。所以，我们不仅要制定编制工作的实体法，而且要制定执行编制法规的程序法。程序法是实体法的保证。它规定了当执法者违反了编制实体法规时，由谁来管、通过什么程序来管；怎样立案、怎样调查、怎样审查，如何处罚违反编制法规的行为，司法者在多长时期内必须把案件处理完毕等。这些都应在编制法规中规定得清楚、明白、具体、翔实，具有可操作性；要切实扫除在编制法规中的官僚主义的空话。

（二）经济手段

经济手段是以经济利益为杠杆，激发行政单位控制编制、节约编制经费的积极性。这里主要是指用国家行政预算的方法来调节、控制行政编制的增长。

（1）在宏观上，要确定各级行政预算在财政预算中的数量比例，以及行政预算与行政编制的数量比例。这里既要保证各级行政经费的最低要求，又要保证行政预算在财政预算中的合理比例。

因此，要科学地根据各级财政收支情况与各级行政编制需要的综合情况来决定这一比例，包括静态比例和动态比例。例如，规定财政预算增长5%，行政预算只能增长0.5%等。

（2）在微观上，要确定各个单位的人员编制与办公费用的比例，确定人员工资基金和办公费用的定期包下数额，实行超编超值不补、节编节支部分或全部归己。

如此一来，就能在宏观和微观上既保证了行政编制的合理增长，又限制了行政编制的无理膨胀。目前，我国有些单位实行的工资基金包干制，规定超编超支工资不补、节编节支工资归己，只能说是成本约束机制的雏形。由于它在宏观上未确定各级行政预算在各级财政预算中的比例，使有些财政富裕的县市，实行了所谓"市级编制""县级编制"，用地方财政的超收来开支超编者的工资。反之，另一些比较穷困的县市，由于财政经费紧张，也不得不限制编制的合理增长。这都是由于在宏观上没有科学地、因地制宜地确定财政预算与行政预算之间比例关系的缘故。

（三）行政手段

行政组织依靠自己的权力，通过下达命令、指示的办法来管理行政编制。

用这种手段管理编制的好处：具有一定的权威性；具有无偿性，不需要以物资利益作为执行指示的条件；具有直接性，是上级机关对下级机关某项要求的具体指导；具有灵活性，可以根据变化了的实际情况比较迅速地做出决策。但我们也要看到它的不足：权威性不如法律手段大；无偿性使其不能与经济利益相结合；直接性和灵活性使其易于忽视编制的整体系统性和稳定性。因此，只有将法律的、经济的、行政的手段相结合，才能做好编制管理。

阅读材料

中外行政编制

中华人民共和国行政编制由国家编制委员会负责，国家计划部门审核批准。编制管理包括机构设置、变更和人员定员、定编两个主要部分。国家从宏观上规定各级机构设置的限额数，层层下达编制人员的数额。各级编制管理机构依据国家规定的权限，负责审批机构的设置、变更与调整，人员编制的定额。编制管理机构依据各机构、部门、单位的职责范围，任务简繁和工作量大小，确定人员数额及领导职位。

列入行政编制的机关包括中央和地方各级的国家机关及其所属机构。中国共产党、各民主党派、人民政协和人民团体的各级机关和所属机构，在中国也由行政经费维持，属准行政编制单位。

而欧美国家列入行政编制的机关一般仅为中央和地方各级政府所属机构。实行地方自治体制的国家，行政编制不包括地方自治体。地方自治体的机构与人员的编制由地方自行管理。

各国主管行政编制机关的设置及管理内容也各不相同。如美国由行政管理和预算局负责审查联邦政府机构的预算和管理情况，并就联邦公务人员的录用、培训、考核、晋升等事项向总统提供意见。英国财政部编制局，主掌人事行政工作（不包括考选），其下设有各部编制局专管机构组织与人员编制。日本行政管理厅，负责综合调整机构设置和人员定额，审查决定内阁各级机构的设立、撤销和人员增减。

这些国家管理行政编制的一般办法，主要有：①通过议会立法决定政府机构的设置与撤销；②通过法律规定政府内部的机构设置；③通过财政预算控制机构的活动和人员的使用。在对机构设置和经费调拨的有效宏观控制下，各机构有相应的内部管理权，适当调整内部机构人员的定额。

◎思考

请简要总结中外行政编制的区别，并分析其区别产生的原因。

第九章　行政组织改革

　　改革，现常指在旧制度层面做出新的改变，在现有政治体制内，对旧有的生产关系、上层建筑，做出局部的或部分的调整。党的十八大以来，习近平总书记多次强调改革的重要性。习近平总书记说，要认识到改革有阵痛，但不改革就是长痛。在中华文化中，我们的先民也很早就提出过变通求新、因革损益、革故鼎新，"穷则变，变则通，通则久"等与改革有关的思想观念。改革开放四十多年，党带领人民在继承和弘扬伟大民族精神的基础上，立足新的时代条件，形成了以改革创新为核心的时代精神。随着行政组织的外部环境不断发生变化，行政组织自身也需要做出相应调整。何时改革，如何改革，是本章需要学习了解的内容。

第一节　行政组织改革的原因与征兆

一、行政组织改革的外部原因

引起行政组织改革的外部因素有许多，可概括为以下五个方面。

（一）社会形态的变迁引发行政组织的改革

社会形态的变迁是指社会经济结构、社会政治制度等方面的变化与演进，它对行政组织的特征、规模和管理方式均会发生显著的影响。美国行政学者雷格斯在《行政生态学》一书中比较系统地论述了社会形态的变迁对行政组织制度和管理方式的影响。他认为人类依次经过了三个社会形态，即农业社会、过渡社会和工业社会。在每个社会形态中，其行政模式与行政组织呈现不同的特点。

在农业社会中，由于没有太多的专业分工，每一个公共组织，都兼有立法、司法和行政的功能，行政组织同时也是立法组织、司法组织。因此，在农业社会中，行政组织是重叠的、混合的，缺少科学细致的分工。

在工业社会中，由于人们生产、生活范围的扩大，需求的增加，社会出现了细致的专业分工。公共组织不再是重叠地履行着混合的功能，而是逐步按三权分立的原则划分为立法机关、司法机关、行政机关，行政组织相对地独立并发展起来。

在农业社会与工业社会之间则是过渡社会。在这一社会形态中，社会有了一定的分工。但仍不很明确；法治得到了推崇，但人治色彩仍然浓厚；与此相对应的行政组织也逐步摆脱了与立法机关、司法机关相混合的局面，但仍不很彻底，三者之间职能交叉混合的情况时有发生。

由此可以看出，社会形态决定着行政组织的规模和独立性，社会形态的变迁决定着行政组织的发展和变化。

（二）经济类型的转换、经济体制的转轨导致行政组织的改革

人类社会从自给自足的自然经济形态，发展到商品经济、市场经济时代，

经济结构逐步完善，各国之间的经济竞争也日益激烈。要想促进经济的进一步发展，在国际竞争中取得主动的地位，就必须进行政府组织的改革，通过组织结构、管理制度、政策法规、管理机制和管理方式的调整，促进经济的更进一步发展。经济的发展必然促使行政组织处在不断的改革之中。这其中经济体制的变化永远是行政组织改革的重要动因。随着人类社会从自给自足的自然经济形态，发展到商品经济、市场经济时代，作为公共管理组织的行政组织也处在不断的变革之中。

在自然经济状态下，社会的经济生活随着家庭的需要缓慢地发展，生产多在一种分散、自发的状态下进行。每个家庭既是一个独立的生产单元，也是一个独立的消费单元。此时，行政组织对经济生活采取几乎不干预的政策，很少甚至没有设立管理经济事务的政府机构，

行政组织只是在维护社会秩序和进行大型水利建设所必需的限度内履行着外交、治安、经济等职能。在广大的农村地区，人治主要借助家庭等社区性组织来进行，国家行政组织的数量与规模是非常有限的。这种状况一直持续到商品经济的早期阶段。

在商品经济时代及商品经济发展的高级阶段——市场经济时代，情况就大不一样了。由于生产和交换范围的扩大，经济纠纷和经济冲突增加，更主要的是为了抑制那种无政府状态下的经济竞争所带来的经济危机和社会财富分配不公，各国政府纷纷抛弃原先所信守的不干预政策，纷纷以政府之手全面干预社会经济活动，行政组织也随着政府职能的增加而急剧地膨胀起来。不仅政府中管理经济的部门迅速增加，社会福利性的行政组织也不断得到强化。在这一时期，行政组织不仅在规模上扩大了，在其作用空间里也迸发出前所未有的能量。在以知识为经济增长基础的市场经济新阶段，随着科学技术日益运用于行政管

理之中，社会公众也日渐对呆滞和笨拙的行政组织日益不满，提出了改革政府，建立一个精干、高效、运转协调的行政组织的要求。

在有些发展中国家，随着计划经济体制向市场经济体制的转轨，原有的大政府模式的行政组织也日益受到质疑。行政组织的大包大揽、无所不包、无所不能的神话逐渐被打破，建立一个适应市场经济体制的廉政、精干、高效、灵活的行政组织体系日益成为公众的呼声。可以说，经济体制的转轨，引发了一轮又一轮日益高涨的行政组织改革浪潮。

（三）政治制度的更迭导致行政组织的改革

政治制度的质变影响行政组织的质变。政治制度的质变是指新的政治制度代替旧的政治制度，是制度性质的根本性变化，它决定着行政组织为谁服务的问题，使行政组织发生了根本性质的变化。此时，行政组织的改革表现为制度的全面重新设计与确立。

政治制度的量变影响行政组织的具体职能和机构的改革。政治制度的量变是指在根本政治制度不变的前提下，某些具体政治制度的变动。

如我国理顺党政关系、政企关系的改革，人治型管理体制向法治型民主体制的转变，都是在根本政治制度不变的前提下，某些具体管理制度的变动，属于政治制度量变的范畴。它对行政组织的职能范围、独立程度等也发挥着深刻而具体的影响。

政党制度的变革对行政组织的职能及独立程度有很大影响。在影响行政组织变革的众多政治制度中，政党制度的影响也是很重要的一个方面。政党的进退不仅使行政组织的构成发生变化，也会改变行政组织追求的目标。从现代各国的政党政治实践来看，各国执政党的任务通常是执掌行政机关，通过正常有效的行政工作保证国家宪法的实施。保证国家立法、司法、行政机关积极有效、快调一致地工作，维护统治阶级利益和推动国家经济、文化的发展。在这个过程中，各国执政党对国家各类管理事务的干预程度、干预范围、干预方式，以及这种干预在社会上享有的权威性，在各类政府机关中推行的有效程度等的变化，直接影响着行政组织的职、责、权的改革。

国家中执政党的更迭会引起行政组织相应的调整和变动，对行政组织的职责和权限范围、独立程度等有着深刻的影响。各国执政党执掌着行政机关，通过正常有效的行政工作保证国家宪法的实施，保证国家立法、司法、行政机关积极有效、协调一致地工作，推动国家经济、文化的发展。正因为执政党在国家社会生活中扮演这样的角色，其对政府工作的控制范围、程度、途径，以及这些关系的变化，直接影响着行政组织的职、责、权的独立性，决定着行政组织的改革。

（四）社会发展程度促进或制约行政组织的改革

社会发展程度可从四个方面来衡量：一是社会企事业组织的发育、独立和成熟程度；二是社会群团组织的独立程度和参与意识；三是大众传播媒介对社会的介入程度和自身的现代化程度；四是公民素质的高低。它们都会从不同侧面、在不同程度上反映社会的发展程度，并从不同侧面、在不同程度上影响到行政组织的改革。这些都会影响行政管理组织职、责、权及管理方式、机构设置的变化。

（1）社会企事业组织一方面受到政府管理体制的制约和影响，另一方面又给政府管理以巨大的反作用。政府对企事业单位有监督、协调、管制的权力，同时这种权力也受到企事业单位本身的独立自主程度及其运行机制的制约，从而影响到行政组织的结构、职责、权力和管理方式。

（2）社会群团组织的兴起和独立，是民主政治发展的产物和标志。随着社团组织的独立性、自由度、参政程度的提高，它会在政府行政组织的外围形成强大压力，从而影响到行政组织的价值取向、职能行使、机构设置、管理方式等方面。

（3）大众传播媒介，如新闻、出版事业的自主性和自由度、传播手段的现代化程度、传播的广度和深度，会促进行政组织自律意识的形成，进而养成公正行政、公开行政的民主管理方式。

（4）公民文化素质的高低，政治意识、民主参与意识的强弱，对宪法、法律的尊重程度，对在国家政治生活中占主导地位的意识形态、思想观念的信仰程度，都将影响公民对行政组织目标的理解和认同，影响行政组织的动员能力和号召力，影响行政组织职责权限的构架和行使。

（五）国际环境的重大变化影响行政组织的改革

和平与发展是时代的主题，国与国之间在现代国际政治经济文化的大环境中，政治上相互支持，经济上相互依赖，科技文化上相互交流、相互影响，联系日益广泛，关系也更加密切。世界经济向着国际化、集团化、区域化的方向发展，经济一体化趋势迅速增强，政府综合协调和宏观调控功能也大大加强。

当这种国际环境的变化影响一个国家的政治、经济、文化生活的正常运行秩序时，政府势必会对传统的行政职能和行政管理方式进行调整和改革，以强化政府的行政能力，适应国际形势的发展。

国际之间的交往日益密切，要求行政组织的政策、职能乃至机构进行改革。在当今科技高度发达的信息社会里，国与国之间的地理距离已不再是相互交往的障碍。经济、科技上的相互依赖与竞争，政治上的相互支持和争斗，文化上的相互渗透，使国与国之间的关系更加密切，使今天的世界成了真正意义上的"地球村"。这种互相交往的密切性，要求各国政府不仅在政策上要相互衔接，而且在职能上、组织机构上相互接轨。

各国面临的共同问题，要求行政组织的政策、职能、机构进行改革。随着生产与生活的社会性扩大到全球，各国所面临的许多问题日益国际化，如环境污染问题、贩毒问题、疾病传染问题等。为了解决这些共同问题，要求各国政府互相配合、通力合作，从而也对各国政府行政组织的政策、职能、机构产生厂影响。

国际关系中的重大问题，如战争与和平问题、南北经济关系问题、反对霸权主义问题，都要各国政府做出相应的对策，调整自己的政策乃至职能和机构。如发生牵涉本国的战争，就会相应增加军事机构及人员，乃至调整整个行政组织的目标。

二、行政组织改革的内部原因

由于行政组织是适应社会需要而产生、发展、运行的，所以，当外部环境变化时，行政组织必然也要发生变化。同时，行政组织内部由于种种原因，也处在不断的发展变化之中。当其内部变化不适应社会的需要时，就必须进行改革。

（一）组织规模的过度膨胀

组织规模不断扩张是组织在其发展过程中表现出的共同特征。但是，随着行政组织规模逐渐超出了必要的限度，组织日见臃肿，许多机构的设置由必要发展成多余。这必将产生职能冲突，造成工作的重复和管理的混乱，难以适应社会需要。于是，组织改革势在必行。

任何行政组织都必须承担一定的职责，必须能在某一具体方面具有独立的职能。这是行政组织单位独立存在的一个必要条件，是行政组织安身立命之本。从事的职能越多、越重要，行政组织就越是不可缺少，它对人、财、物等方面的支配能力就越强。因此，行政组织总是想尽可能拥有多种职能。各机构、单位竞相扩张职能，必将产生相互侵权、职能冲突、工作重复的后果，造成组织管理的混乱，使行政组织整体系统的协调和安定受到威胁。这也是行政组织改革的一个原因。

组织作为一个结构体系，必然有其管辖的层次和管理的幅度，组织目标的实现也有赖于一定的组织规模和形式。关键问题是，如何保证组织结构的规模既能完成组织目标、实现组织任务又不致过于庞大。然而，自行政组织建立之时起，其运作和发展便陷入了一个不断扩张、盲目膨胀的非良性运动之中。许多行政组织在发展过程中总是力求扩大其职能范围并相应设立各类机构，进而寻求人员编制的扩张。

日积月累，行政组织体积的扩张逐渐超出了社会必要的限度，使组织健康受到侵害，臃肿代替了精干、低能代替了高效，这是组织改革的必然动因。

一个组织规模的扩大在某种程度内是必要的。现代社会的飞速发展，使政府的管理业务日益繁杂、职能增多，从而就要增设机构、增加工作人员。但是，在现实生活中，有些行政组织的职能和机构扩大并不完全是为了满足社会发展的需要，更多的则是源于自身利益的考虑，是政府行政组织自身"经济人"利益追求的结果。行政组织通过扩张其职能和规模，便能从政府的财政预算中争取更多的经济利益，增加自身可支配的财力；同时，行政组织在扩张自身规模的同时又可扩充其权力，以满足组织工作人员谋取权力、地位、升迁机会的要求。因此，追求组织体积的膨胀就成了许多行政组织满足成员个人私欲的途径。

当行政组织都在竞相扩张职能和规模时，必将产生职能冲突，造成相互推诿或相互争利的现象，导致工作重复和管理混乱，使行政组织整体系统的协调和安定受到威胁，行政组织整体效率也随之下降，从而难以适应社会需要。于是，行政组织改革也就成为客观要求了。

（二）行政组织人员的弱化、老化和臃肿

随着行政组织人员数量的变化，行政组织成员年轻化、知识化的程度越来越高，新的管理模式成为现代组织管理的有效方式。这与行政组织内部某些人员的老化、思想观念的僵化形成鲜明的对照。组织成员的不同心理会反映到行政组织内部，形成一定的心理冲突，最后必然反映到对行政组织的改革要求之中。

行政组织人员的变化主要表现在两个方面：一是行政组织人员数量的臃肿；二是行政组织人员素质的弱化和老化。

社会学中的"往上爬原理"揭示了这样一种现象，即社会的进步往往是由那些自认为尚未到达自己人生顶点的人来推动的，这个原理揭示了个体的努力奋斗对社会发展的作用。但是当这个原理被用来分析行政组织的工作人员时，就会发现如果每个个体在权力欲的支配下，都想到达一个较高的层次，那么又会出现"彼得原理"所揭示的现象：任何人都将升迁到自己的能力所不能胜任的工作岗位，于是每个机构和岗位上都充斥着不能胜任自己工作的人——弱化；在工作量一定的情况下，要完成组织给定的工作任务，便只有借助增加人员数量这一途径了——臃肿。这样一来，行政组织的人员虽然大量增加，而效率仍然低下，裁减机构、精减人员便是理所当然了。

行政组织人员素质的变化，还表现在年龄、素质、专业方面的弱化和老化。当行政组织机构不断膨胀、规模不断扩张的时候，大量未经训练或训练不足的

工作人员被充斥到行政组织中。他们在给组织带来活力的同时，一定程度上也会因太年轻或训练不足影响到行政组织的工作效率和管理效果。同样，因行政组织规模只有扩大、没有精简，使其人员只进不出，就会出现行政组织工作人员的过分老化，也会使组织缺乏必要的活力和创新意识养成按部就班的工作习惯。老化包括年龄的老化和在同一个单位工作时间过长两个方面。工作时间过长，积累的矛盾就多。一方面许多人因太熟悉业务而不思进取；另一方面，因矛盾积怨多，而将大量的时间用到制造或消解冲突上。在这种条件下，行政组织人员的素质只会不断弱化，于是行政组织改革就成为必然了。

三、行政组织改革的征兆

当行政组织内部状况无法适应客观环境要求，而需要进行组织改革时，一般会出现下列征兆。

（一）行政组织职能的膨胀引起了与其他社会组织职能的冲突

（1）行政组织侵占了社会中介组织的职权。政府往往以大量的机构和人员来处理本应由社会中介组织处理的事务，充当了"运动员"和"裁判员"的双重角色，这使社会公平受到影响，并使政府行政组织整天忙于一些日常琐事之中，难以提高对社会的管理效率。

（2）行政组织侵占了事业单位及企业等经济组织的职权。行政组织过多地干预经济生活和其他社会事务，提供过多的福利支持，压抑了企业的积极性、创造性。

（3）行政组织侵占了社会群团的职权。行政组织职能、机构膨胀的结果，必然要过多地干预社会事务，其中也包括本应由社会群团管的事务。

（二）行政组织与国家政治系统中其他组织的职责关系不顺

（1）党政关系不顺。在一党制国家，存在着以党代政、党政职责交错不分的现象。如何发挥党的领导作用，政府如何大胆地工作等问题都需要予以解决。

（2）行政组织与立法组织的关系不顺。在西方国家，由于存在立法组织委托行政组织立法，使行政组织渐渐对立法组织有扩权、侵权行为。在我国，这一点主要表现为立法组织监督行政组织的职责得不到很好的落实，政府行政组织在机构设置、人员任免等行政行为上缺乏必要的约束。随着社会文化教育事业的发展、公民素质的提高、民主意识的增强，要求加强人民代表大会的作用、加强对政府行政组织的有效监督和约束以使其公正地履行职能，日益成为行政组织改革的强大呼声。

（三）行政组织部门林立、机构臃肿、职责不清、协调困难

（1）各部门的工作既有重复，又有遗漏。这既是政府职能界定不清、缺乏硬性的法律约束的反映，又是各单位职责扩张的必然结果。没有法律约束，机构扩张具有随意性，往往视利益的大小而定。常常是有利则扩、无利则不扩，都把手伸向有利可图之处；而对那些工作难度较大、油水却不多的工作则能推就推。这样就造成了有些工作若干部门都来抓、都来管，相互牵制、扯皮，而有些工作则大家都不管，从而形成了工作中的大量重复和漏洞，出现了某些"老、大、难"问题。

（2）人浮于事，事浮于人。一方面，机构臃肿、人员过多，人员超过了工作的实际需要。另一方面，有一些工作，特别是比较困难的工作，各单位、各成员都不愿干；或者是因分工不科学、职责不清，造成有些工作无人负责，大家相互推诿、踢皮球，从而又形成了事浮于人、无人管理的局面。

（3）政出多门，秩序混乱。由于部门林立、各单位职责不清，管理上必然多头领导、政见不一，下级单位无所适从，或者为我所用、各行其是，给行政组织的管理带来混乱，使正常的工作无法进行，组织职能无法顺利实现。

（四）行政组织上下级间的信息沟通困难，指挥不灵

（1）上级指挥下级不灵。上级对下级的命令、指示被下级各取所需加以歪曲、为我所用。这既有组织体制方面的原因，如指挥链过长、信息传递环节过多造成的上级指挥不灵、信息下达失真的问题；又有上级组织不能获取下级真实情况，造成决策错误，使下级无法执行的问题；也有下级组织成员从政道德方面的毛病；还有上级组织只习惯于权力——服从型领导方式，而下级组织由于人员的更新、民主参与意识的增强，对此不服从的问题。

（2）下级情况不能上达。下级向上级汇报情况与实际状况差距过大。这一是为投上级所好，下级看上级眼色办事，上级喜欢听什么，下级就汇报什么。二是根据自己利益需要说话，为了有利于本单位或个人，可以片面夸大甚至无中生有。将这种不正确、不真实的信息输送上级，导致上级无法做出正确的决策；而不正确的决策指令下达给下级后，下级必然是各行其是，有的执行、有的阳奉阴违。如此恶性循环，必然给工作造成损失。

（五）行政组织内部开拓进取的动力不大，缺乏生机活力，空气沉闷

组织体积的膨胀，使行政组织呈一种头大身小的倒三角形，官比兵多，使许多人乐于发指示而不干具体事，干具体事的人又往往整天忙于应付、疲惫不堪、难有作为。同时，如果领导职位、职数人超过需要，组织中新的升迁机会就越来越少，使普通组织成员由升迁无望发展到渐渐丧失开拓精神，转而习惯于烦

琐的例行公事程序。即使是那些掌握权柄的人，因其受惠于现行体制，为保证组织的安定和自身利益，他们的行为也日益趋向于安于现状，墨守成规。因此，过去组织中积极向上的开拓风气，逐渐被因循守旧的工作态度所取代。

（六）行政组织与其特定的社会环境不相适应，不能很好地履行其行政职能

前面的五个方面问题都会影响行政组织与特定社会环境之间的关系，使其无法适应环境的要求，难以履行自身的正常职能。同时，也使行政组织对各种可能发生的社会危机缺少防范意识，面对社会突发事件时缺乏快速的反应能力，提不出有效的应对措施。当危机发生时，行政组织只能陷入被动应付的局面，发挥不了应有的职责。这些都表明行政组织的整体职能已不能适应外在环境的期望和要求，因此行政组织改革就成为迫切需要了。

第二节　行政组织改革的目标和内容

一、行政组织改革的目标

（一）确定行政组织改革目标的重要性

组织目标是组织的基本要素，也是组织得以建立的依据。静态的组织结构总是按照一定的组织目标进行构建的，组织部门、层次的设置离不开目标。同样，目标也是组织改革这一动态过程的灵魂，任何组织改革都必须围绕着一定的目标展开，都是为了寻求一个更有利于目标实现的有效形式。否则，改革就会失去方向，变成一种盲动行为。

目标在组织改革中所起的作用主要有两个：一是定位作用，指出组织变革的最终成果或目的地；二是定向作用，为达到这种组织改革的最终状态指出行动的方向。

（二）行政组织改革的基本目标

就组织改革的行为来看，虽然组织改革在现象上总是表现为组织机构的调整，机构调整也的确是组织改革中量最大的工作，但行政组织改革绝不是一个简单的机构调整、人员增减问题，而是一个复杂的系统工程。机构调整只是手段，优化组织整体结构和功能才是目的。这其中涉及组织自身的发展变化规律，更涉及社会发展的各种过程及规律，以及许多的相关问题。与此相应，行政组织改革的目标也不是单一的，而足一个复杂的目标群，其基本目标可以概括为两点：一是提高行政组织对于外在环境的适应力、改造力；二是加强行政组织自身的稳定性、协调性，使其稳定、协调、有序地工作。在这两点中，后者是前者的基础，前者是后备的动力和目的。下面对这两点及其关系分别加以说明。

1. 行政组织对外在环境的适应力和改造

行政组织对外在环境的适应力就是适应环境的需要。行政组织的静态结构、动态过程都要顺应客观环境的现状及其发展变化规律。行政组织机构的组成方式、职责权限、工作程序、工作方法的设定都要立足于环境系统的要求，组织的各项调整和变革都不能与客观环境的发展规律相违背。行政组织对外在环境的改造力是指在适应对部环境的同时，能动地影响外部环境，推动社会发展。

首先，必须充分利用外在环境变化带来的机会，把握购机，采取各种相应的措施和方法引导外部环境向着好的方向发展。

其次，应充分利用外部环境中的种种客观规律，顺应各方面事物的自然发展过程来实现行政组织的目标。

2. 行政组织自身的稳定性、协调性

行政组织自身的稳定性、协调性包括两个方面的内容。

第一，理顺行政组织自身的工作秩序。按照行政组织的整体目标科学地划分各层级、各部门、各单位的职、责、权、利关系，使这些关系得到合理组合，既有严格明确的分工，又有和谐良好的合作，形成一个科学的、协调有序的系统。

第二，理顺组织与个人的关系。把组织成员的个人目标纳入组织的目标体系之中，增强组织成员对组织目标的认同和支持程度，加强组织目标对成员的激励、约束作用，使成员个人目标与组织目标达到一种相互交融、相互促进的效果，使组织成员能通过组织目标的达成来得到个人的全面发展，使其在生理、安全、社会、自尊和自我实现这五个层次的需求上均能得到合理的满足。

3. 行政组织的变革性与稳定性的关系

首先，稳定性是变革性的基础。离开必要的稳定性，组织改革就会陷入一个越变越乱、越乱越变的恶性循环之中，也就失去了改革的意义。从这个意义上说，没有稳定性就没有变革性。

当然，当今世界是处于一种高速发展的社会。各类社会组织为了自身的生存和发展，进入了一个变动不息的发展过程，组织改革与发展的速率已成为社会现代化程度的重要标志。

在这种大的环境潮流之中，一些人在处理组织问题时，过多地依赖组织改革，把组织改革当成了一剂包治百病的灵丹妙药。这种过分夸大组织变革的倾向，是一种值得我们高度警惕的不良偏向。

过度的改革是与组织自身的发展规律相违背、相抵触的。组织是一个系统，它出现这样或那样的问题，其原因是多方面的，既有内部的工作协调问题，也有领导层的政策问题，当然也不排除组织结构、体制方面的问题。同时，这些问题之间具有复杂的联系和相互作用。对于组织问题应分清各类不同的情况对症下药、辨证施治。属于方法问题就要研究改变方法，属于政策问题就要相应地调整政策，而不能无论什么问题都靠组织改革去解决、盲目进行组织变动。因为任何组织改革都会在一定程度上打乱现有的组织秩序，破坏现行的各种组织关系的平衡。建立一种新的秩序、新的平衡，要有一个过程，要有相当长的时间。在这个过程之中，工作不免会因失衡而受到损失。如果盲目地进行组织改革，把不该改革的改革了，或把本应这样变革的那样改革了，则不仅解决不了组织问题，反而会大伤组织元气，使工作蒙受损失。同时，过于频繁地改革而不注意保持组织在一定程度上的稳定性，会使组织长期处于一种动荡不安的状态，使组织成员对人、对事部缺乏预见性，使他们无所适从、焦虑不安，同样会妨碍组织履行自身的职能。

其次，我们也应看到，任何事物都是发展的、变化的。为了使行政组织适应不断变化着的环境，并使其在适应中不断改造环境，必须使行政组织具有一定的灵活性、可变性，必须使其能够突破原有的稳定协调关系，并在新的条件下建立新的、更为科学的协调关系。有时，改革才是维持组织稳定的最计方式。若不改革，组织就会因其僵化而失去社会需要的功能，因不能适应环境的要求而逐渐走向衰亡。

因此，我们说行政组织是一个复杂的平衡体，它既要保持其自身与外部环境的平衡，也要保持其自身内部的平衡，还要保持这两个平衡之间的平衡。为了与外部平衡，行政组织有时必须在一定程度上破坏内部平衡；而内部平衡又是其达到与外部平衡的基础，过于破坏内部平衡，也不能达到组织与外部的平衡；如不能实现与外那的平衡，其内部的平衡也不能长久，也是没有意义的。组织管理者的中心课题就是如何将这两个平衡有机地结合起来，达到一种最佳的动态平衡，这就是行政组织改革的总体目标。在这个总体目标的指导下，行政组织的改革主要包括三个方面的内容：组织职能的改革、组织结构的改革、组织权力关系的改革。

二、行政组织职能的改革

行政组织的最终目标是要适应和改造社会，而适应和改造社会的能力就体现在行政组织的职能方面。行政组织的职能就是政府行政组织在一走时期内根据社会发展的需要所相负的社会职责和功能。行政组织总的职能是行使国家权力、管理社会公共事务，其各项具体的职能则必须随着社会环境的变化而变化。行政组织机构是职能的载体，行政组织的职能是通过机构而发挥作用的，政府职能决定着行政组织的机构设置及管理方向、内容、范围和方式。行政组织的改革必须围绕着政府职能的改革而开展、进行。各国政府管理的历史与实践表明，行政组织的具体职能不是一成不变的，它是根据经济、政治和社会的发展而发展，根据不同时期形势和任务的变化而变化的。行政组织职能发展的总趋势可以从以下五个方面来考察。

（一）行政组织职能作用领域的改革

从行政组织职能作用的领域来看，政府职能是由以政治职能为中心，逐渐向以经济职能、社会事物管理职能、科技文化职能为重心转移的。

早期的政府是一种政治统治十分外露的阶级统治工具，其行政组织的职能主要是政治职能。随着生产社会化的历史发展，政府职能逐步扩展到经济领域，并且政府职能中的经济职能渐占上风。后来，政府职能又逐渐延伸到社会的教育、科技、文化领域；再后来，又扩展到社会事务领域。现代社会中的各国政府，集政治、经济、教育、文化和社会事务等职能于一身，其行政组织的作用领域涵盖了同家社会生活的各个方面，政治职能渗透到这种职能之中。但从形式上看，政治职能作为一种独立职能，只是政府各种职能中的一种，而且在行政总职能中所占比例越来越小，经济和社会事务管理职能所占比重越来越大。这是现代各国政府职能发展中的一个带有规律性的现象。

（二）行政组织职能作用性质改革

从行政组织职能作用的性质来看，政府职能是以保卫性、统治性职能为主向管理性、服务性职能为主的方向转变。

早期的政府职能主要是一种保卫性质、统治性质的职能。早期政府的主要任务是采用以暴力为主的各种手段，维护统治阶级的统治地位和利益，抵御外来侵略，镇压内部反抗和动乱，维持国家政权的生存与发展。早期政府的行政组织也主要由与此职能相联系的军事机构、司法机构、税收机构组成。

随着人类生产和生活日益社会化的发展，以及社会经济、文化、科技、教育事业的发展，保卫、统治性质的职能在现代政府各项职能中所占的比重越来越小，而管理性和服务性的职能所占比重越来越大。现代政府的行政组织通过贷款、税收、公共投资、提供信息等多种方式为企业服务，为发展社会经济服务；通过制定城市规划和进行住宅建设、从事环境保护、发展社会卫生保健和教育事业等方式为人民生活服务；通过管理邮政、管理公用电力和社会公共交通、建立图书馆和博物馆、资助科学研究、提供信息和咨询等方式为社会发展服务。总之，现代政府是现代社会的管理者、服务者，也是社会总体发展的协调者、控制者。它通过对社会各方面发展的总体性协调和控制，使社会发展中的各有关因素以及这些因素的组合达到一种综合平衡，使社会更合理、更协调有序地健康发展。

（三）行政组织职能分化程度的改革

从行政组织职能的分化程度来看，其变化趋势是由原来混淆不清的职能向高度计划的职能转变。

传统的行政组织与国家系统中的立法组织、司法组织的职能是混在一起的，组织机构亦是合而为一。近代会本主义制度建立之后，实行了共和政治。随着国家管理与政治上的日益科学化、民主化，行政组织与国家立法组织、司法组织及执政党组织等，在机构上和职能上的分工也日益明显、清晰，与这些组织的制约关系也日臻完善。

从行政组织内部来看，其职能的分化也越来越深入，如将政府职能又细分为管理职能与服务职能，管理职能又分为宏观管理和微观管理两个方面，服务职能进一步细分为间接服务和直接服务职能等行政组织自身各部门，各层级的职能也呈分化的趋势。各部门之间按照专业和所管理的社会事务性质进行分工，各层级则按照其管辖的空间范围、联系面的大小进行分工。这种职能分工日趋细密并走向法制化。

（四）行政组织职能行使方式的改革

从行政组织职能的行使方式来看，其变化的趋势是由以人治为主、行政手段为主转向以法治为主、以法律手段和经济手段为主。

在传统的行政组织中，各级领导人往往可以凭自己的个人好恶、血缘亲疏等情感性因素随意施政。没有什么法律对政府管理的范围、权限、方式、行为做出规定或限制；或者虽有某些法律规定，但对政府行政组织不存在事实上的约束力。在现代社会，各国对行政组织建立、活动的各个方面都有明确和详尽的法律制度规定。

行政组织的重大政策要经过立法机关的审查、批准；各项政策、计划、方案的执行要依法进行，并要服从检察机关、司法机关随时的检察监督。行政组织对社会和人民群众的各种管理也主要是执行国家的法律，行政组织与其所管辖的各种社会客体的关系被纳入了法制的轨道。整个社会形成了依法律办事的行为习惯，这些变化趋势说明：一方面，立法、司法、检察监督等职能对政府各种职能的制约越来越大；另一方面，行政组织的行为均要有法律依据。

同时，传统的行政组织对社会事务的管理多依靠行政手段，以政府的政策、命令等来规范社会的行为。随着国家管理的日益科学化、民主化，行政组织对社会事务的管理，特别是对社会事务的宏观管理，主要依靠法律手段、经济手段，其次才是依靠行政手段。这种行政手段是法律手段、经济手段的补充，并要建立在法律的基础之上。于是，行政组织职能作用的方式，就由以人治为主走向了以法治为主的道路。

（五）行政组织职能作用深度与广度的改革

从行政组织职能作用的深度与广度来看，行政组织职能的改革呈现出"守夜警察"—"万能政府"—"有限政府"的规律。在传统农业经济时代及市场经济初期，政府职能基本上为"守夜警察"型，主要是维护社会稳定、抵御外来入侵、维持社会治安和公平竞争秩序、征收税款、兴修大型公共工程等，其职能作用面小而浅。在商品经济发展到垄断经济以后，政府开始了对整个社会生活进行全面干预，既干预生产的发展，又干预生活的保障；既为社会提供公共产品和服务，又干预为私人提供的竞争性产品和服务。因此，"万能政府"出现了，政府职能范围广、力度大。随着生产、生活的现代化、社会化的日益发展，尤其是知识经济、信息时代的到来，社会自我管理、自我组织的能力日益增强，政府不再是社会信息的最大占有者。因此，许多传统的政府职能都可交给民间组织乃至个人办理。政府的功能主要是掌舵——只干预对社会宏观发展有决定意义的大事，着重建立规范整个社会生活的法制；而不是划桨——对那些只具有微观乃至中观的事务，在政府的统一规范下，交给民间组织乃至个人去独立经办。这时，政府不再是"万能政府"，而是"有限政府"。它的职能范围，既不管社会的微观事务，又能控制社会的宏观发展，在有所不为中有所为、大有所为，从而顺应了新时代对政府的要求。

三、行政组织结构的改革

行政组织结构是指行政组织各个要素的排列组合方式。组织结构包括行政组织的纵向层级结构和横向部门结构，以及整个行政组织内部的纵横结构。从历史发展的趋势看，在行政组织纵向、横向结构两者的变化中，以横向部门结构的改革较多，纵向层级的改革较少。

（一）横向部门结构的改革

行政组织中横向部门结构的改革主要有以下两个方面。

1. 从行政管理的过程看

正在由重决策、执行部门，轻监督、咨询、信息等部门的倾向，向重咨询、信息、监督部门转变，力求与决策、执行部门相平衡。这种变化是社会发展的要求，是政府管理日益科学化、民主化的要求。一个体系完整的行政组织系统是由决策、执行、监督、咨询、信息这五类部门所组成的。决策部门是组织的"大脑"，是组织系统的神经中枢。一个有效的决策部门应能正确运用指挥、组织、协调、控制手段规定组织系统运行的轨道和所要达到的目标；执行部门的任务是高效能、低消耗地把决策付诸实施；一个有效的监督部门应能在整个组织系统的范围内全面、严格地检查各种管理过程；作为组织系统"外脑"的咨询部门和作为"传感神经"的信息部门，则应能为决策系统提供及时而准确的信息，以及专业性知识和科学合理的决策方案。

这五类部门相互联系、相互配合、相互协调，使组织形成一个有效的闭环管理网络，充分发挥行政组织对社会事务的整体控制功能。在以知识和信息为基本特征的知识经济时代，政府的决策、特别是较为重大的决策，不能仅仅取决于少数政府首脑个人的知识、智慧、能力，政府的决策水平在相当程度上要依靠信息机构提供的信息的真实、准确、及时程度和智囊团提供的决策方案的科学化程度。任何一项正确决策的实现都离不开监督。尤其是当今，行政组织对日益复杂的社会生活和社会发展的干预、控制和协调行为日益增多、日显重要，加强对行政组织的监督已成为社会民主意识提高情况下的强大要求。总之，随着行政组织向科学化、民主化方向的发展，原有行政组织体系中咨询、信息、监督部门力量薄弱的状况已越来越不能适应社会的要求了。加强这些部门的地位和力量，使其职能与社会环境发展的要求相适应，使其与决策执行部门合理配套，就成为行政组织变革的一项重要工作内容。

2. 从行政管理的社会职能看

由于"有限政府"的出现，将政府许多微观管理职能交给社会，从而精简、撤并相应的部门。与此相应，增强了政府对社会尤其是对经济进行宏观管理的部门。因此，使政府的横向部门结构发生了由"微观管理部门为主转向以宏观管理部门为主的变革"。这点在原来实行计划经济体制、现在转而实行市场经济体制的国家表现得尤为明显。

（二）纵向层级结构的改革

在纵向层级上，整个行政组织结构有从集权式、尖塔型的结构形式向着分权式、扁平型的结构形式发展的趋势。行政组织纵向层级的缩减既有出于政治上的考虑，也有管理上的原因。从政治上考虑，纵向层级过多，高层级的地方政府所辖面积必然过大，则有可能削弱中央对地方的控制。这是任何统治者所不愿看到的。从管理上考虑，纵向行政层级过多会降低管理效率。随着行政组织成员素质的提高，交通通信条件的日益发达、便利，加上组织内部民主化、分权化要求的发展，行政组织的控制幅度也可扩大。与之相适应，纵向层级也可以缩减。当然，由于政府管理的社会事务十分复杂、广泛，其纵向层级不可能减少许多，只能减到一定程度为止。

四、行政组织权力关系的改革

随着职能的转变和纵横结构的调整，行政组织的权力分配关系也要相应地发生调整。权力关系的改革趋势与组织职能、结构的改革是一致的。行政组织权力关系改革的趋势既有对一般事务的管理，从集权型走向分权型的趋势；又有对宏观事务的管理，从分权型走向集权型的趋势。

（一）行政组织向社会组织还权

作为一个公共的权力组织，行政组织是从社会中产生，又适应社会、服务于社会的公共组织。随着社会的发展变化，行政组织应不断调整自身的角色。在当今市场经济高度发达、信息社会已经来临的时代，在社会组织日益发达、获得独立并能自我管理的时候，行政组织还权于社会组织已经成为时代的趋势。各类社会组织应有自己特定的作用范围、享有必要的特定权力，行政组织不能越俎代庖。唯其如此，行政组织才能分出身来处理有关社会宏观问题的大事，才能事半功倍，更好地推动社会全面发展。

（二）横向分权

行政组织中的权力体系逐步由单纯的直线型权力关系向直线权力关系和参谋权力关系并存的状态转变。在传统的行政组织中，虽有参谋部门，但它仅是一种咨询和建议性质的非权力部门，对直线权力体系的作用不大。参谋人员和参谋部门完全依附于行政首长，组织在实际上只是依靠单纯的直线型权力关系发生作用。随着管理工作业务量的扩大和复杂性、专业性的提高，参谋部门的权力在组织中发挥着越来越大的作用。参谋部门在现代行政组织中已经拥有了一定程度的、相对独立的决策权、控制权和协调权。各级行政组织正逐步由过去单纯的直线型权力关系转向直线关系与参谋关系相交织的状态。过去那种首长集权的状况已大有改观，参谋型权力作用日益加强。

（三）纵向分权

现代行政管理既讲求组织的整体效能，也重视组织中每一层级、每个单位、每个组织成员效能的发挥，忌讳上级管理机构和领导者包揽一切。有鉴于过去行政组织纵向集权过多的状况和现在交通信息的发达、组织成员素质的提高、人民群众参与地方管理的民主意识增强等因素，现代政府行政组织体系中出现了一种纵向分权的趋势，即让地方政府在中央统一法制规范下充分享有管理本地社会事务的自主权，上级政府不加干涉。在各个行政单位内部，权力也有下授趋势，也在按照部、局、处、科的层级逐级下放一部分权力。在每个单位内部，也存在行政领导向一般成员放权。纵向权力的下放对于充分发挥每一层级机构和人员的自主性、积极性、创造性，使整个组织体系发挥最大效能具有重要意义。从这个意义上说，科学的纵向授权是现代组织成功的关键，也是现代行政领导成功的关键。

行政组织的纵向层级管理，一方面存在从集权型走向分权型的趋势；另一方面，在宏观调控权力上，各国都有一种由分权走向集权的趋势。这与上面的分权趋势是相辅相成、互不矛盾的。

国家的行政权力是一个统一的整体。由于人类生产、生活日益高度社会化，使各项社会事务既相互依存、又相互制约，任何一项事业都无法摆脱社会的影响和作用而孤立地存在和发展。现代社会的这种特性要求各种事务之间也须保持高度的协调性、一致性，要求政府行政组织在国家的宏观层次上进行统一的协调和控制。这个任务只有中央政府才能承担。从这个意义上说，凡涉及宏观发展的各项有关事务必须由中央政府通过高度的统一决策、统一命令来进行管理，不能让地方政府染指，因地方政府天然只是地方利益的代表。为此，全国各种宏观协调所必需的权力必须上收到中央政府，否则就会给整个社会秩序带来混乱。

行政组织权力关系改革的趋势是既有分权、又有集权，目的是使不同层次、不同地区、不同部门的各级行政机关都能够在各自的范围内拥有正常开展工作所必需的各项自主权力。这种均权型的权力重新分配是正确的、必要的，它必将对行政组织效能的提高产生巨大的作用。一方面，权力的下放不应破坏国家行政权力的统一性，中央对全国宏观事务调控的集中性；另一方面，中央宏观调控权的集中，又不能妨碍地方政府对纯粹地方事务的自主管理。

第三节　行政组织改革的动力与阻力

一、行政组织改革的动力

邓小平指出："生产关系和上层建筑的改革，不会是一帆风顺的，它涉及的面很广，涉及一大批人的切身利益，一定会出现各种各样的复杂情况和问题，一定会遇到重重障碍。"❶ 政府行政组织是上层建筑中的重要组成部分，在以生产资料公有制为主体的社会主义国家，行政组织还是生产关系的一个部分，它的改革涉及面必然更广，遇到的阻力更大。然而，从总的趋势来看，人类对改革和发展的要求总会大于各种惰性和保守性，因为改革会给人类带来新的生机、新的利益；会给人们带来更多的发展机会，创造出更多的财富。因此，在改革之前，大多数

---

❶　邓小平. 邓小平文选 [M]. 北京：人民出版社，2010：142.

人对改革持赞成的态度，支持改革、寄希望于改革，从内心深处期待着僵化的旧体制被生机蓬勃的新体制所替代。人们对改革所寄予的希望形成了改革的各种动力。行政组织改革的实践正是导源于各种强大的改革动力。

具体而言，行政组织改革的动力，有以下五个方面。

（一）统治阶级为了完成国家行政管理的职能，需要行政组织改革

行政组织职能作用的基本目标就是维护统治阶级根本利益。行政组织之所以需要变革，最根本的原因是它因自身的各种问题，不能很好地维护统治阶级根本利益，不利于统治阶级政权的巩固。为了巩固自己的政权、维护统治阶级的利益、有效地行使国家权力，统治阶级必然会要求改革行政组织。统治阶级的这种要求，直接体现为国家最高领导人的要求，体现为国家权力机关、最高行政机关的决定。而且这种决定一经做出，就具有非执行不可的法律效力。统治阶级的这种要求是行政组织改革最直接、最深层的动力。

（二）社会经济的发展和生产方式的更替是行政组织改革的经济动力

经济的发展带来了社会物质财富的极大增长，也滋生了一些社会问题。社会经济发展的自发性，需要政府行政组织以公共性身份介入，促进其更健康地发展。随着社会生产方式的更替，行政组织对经济活动介入的程度和方式不断变化，行政组织自身也会相应做出调整与变革。经济的发展日益持续深入，将使行政组织不断获得改革的压力和动力。

（三）行政组织成员为了自身的全面发展，要求行政组织改革

不合理的行政组织体制会导致行政组织内部机构与机构之间、人员与人员

之间的不协调，会导致各方面的摩擦和冲突。工作中频繁地相互妨碍、相互扯皮将使组织的工作难以顺利展开，从而消耗每个组织成员的才能，妨碍他们对事业的追求。

另外，行政组织内部的资源——职务资源、物质资源的分配不公，正常升迁机会的减少，地位、金钱（工资、奖金、津贴）的分配不公，也会导致组织成员对地位、物质的合理要求难以实现。因此，绝大多数组织成员深受其苦，便产生组织改革的迫切需要。

（四）社会的需要和人民群众的要求，推动行政组织改革

行政组织之所以需要改革，其最终极的表现是它不能满足外在环境的要求，不能很好地为社会各项事业的发展服务，不能为人民群众的利益服务。一个不能为社会和人民大众的现实需要、长远需要服务的政府，一个缺乏为社会潜在需要考虑的政府，实际上是一个不能有效履行其社会职能的政府。因此，当行政组织侵犯了群众的利益、防碍了社会的发展，人民观众要求其改革的时候，行政组织就应该适应社会的需要进行改革。人民群众的这种要求，主要体现在大众传播媒介的批评、呼声上，体现在群众的舆论中。

（五）新的科学、民主、效率观念的出现，为行政组织改革提供了理论基础和指导思想

"廉政政府""三 E"管理理念（效率、效果、效益）等新观念、新思维为行政组织的改革提供了理论上的依据，为行政组织变革目标、途径、方式、时机的选择指明了方向。系统、科学的组织改革理论体系与人民群众的呼声，行政组织工作人员的愿望，以及国家对行政组织的要求相互呼应、相互结合，它们共同构成行政组织改革的基础和动力。

二、行政组织改革的阻力

行政组织改革是打破组织的既有规章制度，重新调整和确立人们在组织中的利益关系的过程。因此，行政组织改革必然会触犯一部分人的既得利益、改变既有的人际关系，从而会导致一些人的阻挠，形成一股阻碍行政组织变革的力量。同时，改革是一种新事物，它是一个尚待实践检验的事物。实践的结果能否与预见的一致，也是一个未知数。在改革实践中，也往往会产生某种不确定的模糊局势，带有几分冒险性。这种改革常使人产生犹豫不定的动摇心理，这也构成组织改革的阻力。

具体而言，行政组织改革的阻力主要有以下六个方面。

（一）行政组织改革最大的阻力来自行政组织自身的"经济人"特征

行政组织的每一次改革都是一场重大的利益格局的调整。这种调整经常受到既得利益者的阻挠和压力：既得利益者总是力图借助旧有的制度和形式保障其利益，不愿或不肯对既有的利益格局做出有损于自己的变动，哪怕这种变动反映了事物发展的规律而有利于整个社会福利的增进。他们总是会找出各种借口和机会干扰或阻碍对行政组织进行改革的尝试，至少是想以最小的改革维护其自身的最大利益。

（二）资历较高者、年长者的阻力

组织中的少数年长者，会因为在旧体制中有较高的资历而富有守旧倾向，容易对各种组织改革方案持保守态度。这是因力：第一，他们年岁较大、思维观念定型、思考问题的角度不易转变，因而常常对新事物、新经验缺乏兴趣，态度冷漠，难以适应新环境、新观念。第二，他们在本单位任职时间一般较长，对本单位的人际关系、工作方式、办事程序大多已经习惯，而改革则有可能把他们所熟悉、习惯的这一切完全改变，使他们在心理上难以适应。这一套习惯了的人际关系、工作程序，都曾经花过他们的心血，他们对此是难以忘怀的。

有形成果的增加无法弥补无形的失落感。他们的工作方式越稳定、职业习惯越持久，对变化的心理抵触就越强，从而对组织改革造成的阻力也越大。

（三）人际关系的阻力

如果某个组织的内部人际关系已基本达到平衡，该组织中的多数人都有一种各得其所的满足感。不论这种满足、平衡是否确利于社会，他们都会有一种不愿改革的心理。因为在这种组织发展的历程中，成员间的相互交往、影响，各种关系的相互作用，已使成员之间、组织中各非正式团体之间的权力关系、利益关系、感情关系渐趋平衡，基本上达到了各得其所的状态。而组织改革往往会导致各个成员工作职位的变动、利益关系的调整，从而也打乱了原有工作中的友好关系，使原有的关系结构解体。这样一来，每个组织成员都必须在新的人际关系状态中重新调整自己的角色，以求确立新的平衡。从"老关系"到"新关系"的调整、交替不仅花费时日，而且往往会发生人与人之间关系的紧张、摩擦。因此，在人际关系处于某种稳定、平衡状态的组织中，成员们往往会因为害怕破坏现有平衡而反对改革。

（四）对改革后的科学、高效的新秩序和廉政、勤政的新作风不适应而产生的阻力

人们通常是按照自己的习惯对外部环境的刺激做出反应。如果行政组织成

员在长期以来的行政管理工作中养成了疏懒、不廉洁、低效的工作方式和办事习惯，他们就会对这些不良行为产生认同，也就是我们常说的"习惯成自然"。而行政组织的变革则对行政管理提出了科学、高效、廉政、勤政的要求，这些要求会使人感到麻烦、苛刻、不适应、不舒服。人们会因跟不上新的生活节奏而不习惯、反感，从而对组织的改革持反对态度。其中，特别是对那些只会凭老经验办事的组织成员来说，他们为了适应新形势的要求，势必要付出一定的时间、精力来重新学习，否则就会被组织冷落，甚至还有被淘汰的危险。这种安全性的考虑使这部分人对组织改革产生较强的抵触情绪。

（五）因害怕被精简，而反对或害怕改革

在机构特别庞大、臃肿的行政组织中，在冗员特别多的机构中，也会有相当一部分人反对组织改革。因为这种机构人浮于事，一旦要变革，就要裁减一部分人员。于是，那些工作能力特别差、工作很懒散的人或其他素质较差的人就会出于自身安全的考虑而反对改革。

（六）对陌生事物的疑虑、对改革后果不了解而产生的阻力

改革是要将前所未有的陌生事物引入组织，它具有探索性、冒险性。人们会感到心中无数，对改革没有把握、对改革前景难以预测，从而表现得犹豫不决、左顾右盼、提心吊胆。这种对改革充满疑虑和不安的心态，在人们不了解或不完全了解改革给机关、本人带来的好处，以及对改革前途缺乏认识的时候，表现得尤为明显。对组织改革技术上可行性的怀疑产生的阻力也可以归入这一类。

即使某项改革从长远看能够造福组织成员，但当前必须首先付出代价时，

人们的心中也会产生疑惑。特别是在组织改革过程中出现未曾预料的问题、所期许的成果不能迅速来到时，人们在改革初始时所抱有的信心将有所下降，一些人会从拥护改革转而对改革产生反感。

三、克服阻力的基本方法

阻力并非全是坏事，它可能带来一定益处。改革中有阻力会促使改革的领导者深思熟虑、反复审核关于改革的方案,以确保改变革的目标和措施更加妥当、适宜，以确保改革的副作用、代价降到最低程度。

阻力有一定好处，但毕竟负面作用更大。从组织改革实施的角度考虑，人们总是希望阻力越小、越少越好。由于行政组织中权力——服从关系的特点，如果领导者的改革方案得不到组织成员的支持，当然可以动用权力来强制性地推行。但是，必须明确权力不能滥用，我们应尽最大努力，最大限度地缩小反对改革的力量，便改革的阻力尽量降低，并化阻力为动力。

（一）克服利益本位思想，以高度的政治责任感和大无畏的精神积极推进行政组织的改革

人们对行政组织的认识，已从当初的大公无私的假设中看到行政组织也有其自身的利益追求的现实。行政组织及其工作人员的"经济人"特性客观上造成了行政组织忽视公众利益、过分地去追求自身利益和部门利益的后果，从而给行政组织变革带来阻力。但行政组织的公共性要求行政工作人员在行政组织不适应社会发展而需要改革时，应克服狭隘的个人利益和部门利益，以高度的政治责任感和对历史、对公众负责的态度，积极地去推进行政组织变单；以大无畏的精神做行政组织变革的推动者。为此，特别要注意选用具有改革精神、

能以大局为重的人担任行政组织改革的领导工作，以便能把握各种有利时机、排除各种干扰，强有力地推动组织的改革和发展。

（二）广泛宣传和深入动员，造成有利于改革的强大舆论声势，并有针对性地克服心理障碍

组织是由机构、制度等"硬件"和价值体系、成员的态度体系等"软件"组成的。"硬件"之所以能建立和存在，是有与之相配合的"软件"系统作基础的。不打破旧的基础，新的制度是不能建立起来的；即使勉强建立起来了也不可能稳固，不能经受"风吹雨打"。进行广泛宣传和动员的目的，是为了转变组织成员们原有的观念、态度、知识结构，培植勇于变革、勇于创新的组织文化，树立创新的意识，减轻阻碍改革的心理压力。

除了思想、知识灌输之外，还有必要在组织管理中通过一系列奖励制度来强化有利于改革的行为，创造有利于改革的制度环境，从组织管理的具体措施上促进人们的思想转变。

（三）发动群众，民主参与改革

发动行政组织内部的一般成员来参与改革，使改革成为全体组织成员乃至全民的共同事业。

引导成员共同认识现行行政组织体系的问题，共同分析其弊端，从一般到具体、从宏观到微观、从别单位到本单位的问题都应求得共识。为此，应改正说好不说坏、报喜不报忧的陋习，培养自我批评、不讳过的革新精神。

引导成员共同认识改革后的好处，包括对社会的好处、对本单位及个人全面发展的好处。这些好处有满足社会需要、使本单位效率提高、使个人获得更公平的升迁和满足机会等。

引导成员参与决策方案的讨论，为改革献计献策。这样做，一是可以吸收大家的智慧，使变革方案更正确；二是可以使改革方案尽可能地照顾多数人的利益；三是可以增加组织成员的自尊心和满足感，调动大家的积极性；四是可以使大家从思想上认同、从行动上服从改革方案，使改革方案得到更好的贯彻执行。

（四）尽量减少损失和代价，从而减少阻力，变消极因素为积极因素

为了减少损失，从而减少阻力，一是对于机构精简中富余人员的安排要合理，使他们能有新的发挥才干的工作。一时无法安排合适工作的，对其生活也要有所保障。二是对于因改革而需要进行知识更新者，应通过妥善的培训渠道加以解决。三是在建立新的人际关系组合时，应尽可能地照顾过去合理的人际关系，保持原有组织联系的相对稳定性，以减少摩擦冲突。这里所讲的种种方法归结到一点，就是尽可能用震动小的渐进方法来进行改革。

（五）建立专门研究行政组织改革的高层次议事机构

这个高层次议事机构应具有专家性、权威性、公开性、专门性，它应由各有关方面的专家组成，包括政务活动家、经济学家、行政管理学家、社会学家等。这个机构应具有相应的权力：有权根据工作需要调阅资料，有必要的财权，有发表研究观点的自主权，它所提出的方案对政府的行为有相当的影响力。它的研究成果要适时地向社会公开，同时，它所提方案中的相当一部分应来自社会舆论界的公开讨论意见，人民群众应能公开参与行政组织改革的讨论。这个机构是以研究行政组织改革为自己的专门任务，它通过对行政组织进行周密的

调查研究，精心设计各种方案，科学评价和选择最佳方案，可以使行政组织的改革具备科学性、系统性、针对性，使改革不至成为单凭个人经验、智慧决定的主观主义产物，从而减少变等的盲目性。

第四节 当代中国行政组织的改革及趋势

一、当代中国行政组织改革的背景

社会主义市场经济体制的逐步建立，要求行政组织进行相应的改革，以适应经济基础的要求；民主化政治体制的改革，为我国行政组织的改革提供了广阔的空间；传统的行政组织体制，使行政效率低下，导致社会公众不满，为行政组织改革提供了社会动力；国外行政组织改革的理论与实践，给我国行政组织改革提供了有益的经验和借鉴；知识经济时代到来，给我国的行政组织改革带了机遇和挑战。

二、中国行政组织改革的主要内容

（一）理顺行政组织与其他组织的职能关系

理顺行政组织与人民代表大会的职能关系；理顺行政组织与执政党的职能关系；理顺行政组织与企业的关系；理顺行政组织与社会事业单位的职能关系；理顺社会中介组织与社会团体组织的职能关系。

（二）理顺行政组织内部职能关系

理顺纵向的中央政府与地方政府的职能关系；理顺横向的专业的微观管理

部门和综合的宏观管理部门关系；理顺横向的决策、执行部门与监督、信息部门之间的关系。

（三）行政组织职能转变

行政组织职能转变的关键是政企分开，有三个努力方向，即宏观调控、社会管理和公共服务。

（四）行政组织机构的改革

1978 年改革开放以来，中国分别在 1982 年、1988 年、1993 年、1998 年、2003 年、2008 年、2013 年、2018 年进行了 8 次规模较大的政府机构改革。

第一次改革启动于 1982 年。改革之前，国务院工作部门达 100 个，人员编制达到 5.1 万人。改革后，国务院所属部委、直属机构和办公机构裁并调整为 61 个，编制减为 3 万多名，精减人员约 25%。

第二次改革是在 1988 年，首次提出了转变政府职能的要求，紧密地与经济体制改革结合起来。在这次改革中，国务院共撤销 12 个部委，新组建 9 个部委，将农、牧、渔业部更名为农业部。通过改革，国务院部委由 45 个减为 41 个，直属机构从 22 个减为 19 个，人员编制减少 9700 人。

到 1993 年，国务院工作部门又增加至 86 个，于是启动了第三次改革。经过调整，国务院组成部门调整为 41 个，直属机构调整为 13 个，办事机构调整为 5 个。

第四次改革是在 1998 年，提出了机关行政编制要精减 50% 的要求，是历次机构改革人员精减力度最大的一次。改革后，国务院组成部门由 40 个精减为 29 个。改革后行政编制由原来的 3.23 万名减至 1.67 万名，精减了 47.5%。

第五次改革是在 2003 年，是在加入世界贸易组织的大背景下进行的。这次改革，政府机构总的格局保持相对稳定，只是集中力量解决行政管理体制中影响改革和发展的突出矛盾和问题，重点推进国务院机构改革，进一步转变政府职能，以便为促进改革开放和现代化建设提供组织保障。除国务院办公厅外，国务院 29 个组成部门经过改革调整为 28 个。

第六次改革于 2008 年启动，主要任务是，围绕转变政府职能和理顺部门职责关系，探索实行职能有机统一的大部门体制。改革内容包括组建工业和信息化部，组建交通运输部，组建人力资源和社会保障部，组建环境保护部，不再保留国家环境保护总局，组建住房和城乡建设部，不再保留建设部等。经过调整，除国务院办公厅外，国务院设置组成部门 27 个，直属特设机构 1 个，直属机构 15 个，办事机构 4 个，部委管理的国家局 16 个，直属事业单位 14 个。国务院正部级机构减少 4 个。

第七次改革是在 2013 年，重点围绕转变职能和理顺职责关系，稳步推进大部门制改革，实行铁路政企分开，整合加强卫生和计划生育、食品药品、新闻出版和广播、电影、电视、海洋、能源等管理机构。

在这次改革中，组建了国家卫生和计划生育委员会、国家食品药品监督管理总局、国家新闻出版广电总局，重新组建了国家海洋局、国家能源局，不再保留国家电力监管委员会等。经过改革，国务院正部级机构减少 4 个，其中组成部门减少 2 个，副部级机构增减相抵数量不变。改革后，除国务院办公厅外，国务院设置组成部门 25 个。

2018 年 3 月 13 日，国务院机构改革方案提请十三届全国人大一次会议审议。根据该方案，国务院正部级机构减少 8 个，副部级机构减少 7 个。除国务院办公厅外，国务院设置组成部门 26 个。习近平总书记在党的十九大报告中就深化机构改革做出重要部署，党的十九届三中全会研究深化党和国家机构改革问题并做出决定，明确指出："深化党和国家机构改革是推进国家治理体系和治理能力现代化的一场深刻变革。"习近平总书记在十九大报告中明确要求，坚决破除一切不合时宜的思想观念和体制机制弊端，突破利益固化的藩篱，吸收人类文明有益成果，构建系统完备、科学规范、运行有效的制度体系，充分发挥我国社会主义制度优越性。

三、中国行政组织改革的经验

（1）坚持以适应社会主义市场经济体制为改革目标，转变政府职能为机构改革关键。

（2）坚持精简统一效能的原则，把精兵简政和优化政府组织结构作为机构改革的重要任务。

（3）坚持渐进的、稳妥的改革方针，坚持统一领导，分级负责，分步实施，从实际出发，因地制宜地进行改革。

（4）坚持机构与干部人事制度改革相结合，制定配套的政策措施，妥善分配人员，优化干部队伍。

四、中国行政组织改革现状

（一）明确行政改革的人本取向

以人为本是科学发展观的核心价值理念，也是行政改革的基本价值理念。有学者提出以人为本，夯实行政改革的合法性基础。坚持以人为本，就是行政改革要体现对人的关怀，满足人的基本权利和需求。在处理政府与公民的关系上，要以公民的根本利益为出发点和落脚点。人的全面发展是目的，政府管理只是实现人的全面发展的工具与手段。以人为本从五个方面规定了我国公共行政改革的基本价值取向：以民为本的服务理念，即公共利益至上的理念；根本价值标准是绩效与效率，政府服务也是一种经济行为，需要进行成本效益分析；消费者至上的价值目标；依法行政的价值实现途径；至诚至信的价值伦理。

（二）阐释了制度创新的动力意义

制度建设对行政改革具有根本性的意义。党的十六届六中全会对关系人民切身利益的行政改革制度创新指出：创新公共服务体制，改进公共服务方式，加强公共设施建设。深化行政审批制度改革，进一步减少和规范行政审批事项，简化办事程序，创新管理制度，为群众和基层提供方便、快捷、优质的服务。通过制度创新建立和维护制度选择，实现合理、有效的制度安排并向社会提供制度选择，是政府基本的公共职能；营造制度环境，在既定的环境中有效地改变行政改革的生态环境；通过制度创新，对既定锚度的次级制度进行某种变革，通过规范的方式加以确认。

（三）培育中介组织，建立公民社会，建立健全公众、参与行政管理机制

许多专家学者对培育具有自治精神和能力的公民社会，以及大力培育社会中介组织的原因、意义及途径等方面进行了有益的研究。他们认为，政府机构改革成功与否，从某种意义上说影响到能否有效阻止政府权力的过分扩张，使之受到必要的约束，并被控制在一个适当的范围内。善治的实质在于政府与公

民的良好合作，这种合作常常需要中介组织的协调。公民社会的建立不仅是还政于民的过程，也是实现政府有效治理的现实基础，有利于实现国家、社会和公民个人之间的平衡。

五、面向未来我国行政组织改革的趋势

根据我国行政组织改革的历史经验和当前的要求，今后的改革应遵循如下原则。

（1）适应性原则。行政组织体制作为社会管理中的一个系统，与其他管理系统共同构成一个完整的、互为条件的有机整体。政府的行政组织体制具有从属性和适应性，受经济体制和政治体制制约。

（2）整体原则。行政组织是由许多要素构成的有机整体。行政组织改革必着眼于全局和整体，追求整体效率和综合效益，不能只追求单一的局部目标。

（3）计划性原则。行政组织改革必须坚持计划性原则，要有整体设计，规划出实施的步骤，避免盲目性的重复性，既要解决当前的弊端，又要考虑长远的发展趋势。

（4）观念领先原则。行政组织改革首先要转变观念。只有观念更新，各项改革才能顺利进行。

六、建设中国特色行政组织的途径

（一）坚持中国共产党的领导

党的领导是中国特色社会主义最本质的特征，是中国特色社会主义制度的最大优势，是建设中国特色行政组织的根本保证。

坚持党的领导是中国特色行政组织建设的核心和根本。加快建设中国特色行政组织，方向一定要正确。否则，只能是南辕北辙。党的十八大以来，我国中国特色行政组织建设之所以能够迅速开创历史新局面、谱写时代新篇章，最根本的原因是有以习近平同志为核心的党中央的坚强领导，有习近平新时代中国特色社会主义思想的正确引领。在新时代条件下建设中国特色行政组织，必须把牢固树立"四个意识"作为根本原则，把坚定维护以习近平同志为核心的党中央权威和集中统一领导作为根本要求，把习近平新时代中国特色社会主义思想作为行动指南，把坚持和加强党的领导作为根本保证。

切实加强各级党委对中国特色行政组织建设的领导。党在整个国家治理中处于总揽全局、协调各方的领导核心地位。加快建设中国特色行政组织，必须充分发挥各级党委的领导核心作用，坚持党的领导、人民当家作主、依法治国有机统一，把中国特色行政组织建设真正摆在全局工作的重要位置，与经济社会发展同部署、同推进、同督促、同考核、同奖惩，把党的领导切实贯彻到中国特色行政组织建设的全过程和各方面。各级行政组织应进一步增强加快建设中国特色行政组织的紧迫感和责任感，在党委统一领导下，谋划和落实好中国特色行政组织建设的各项任务，主动向党委报告中国特色行政组织建设中的重大问题，一步一个脚印地把中国特色行政组织建设向前推进。

（二）推进依法行政，建设法治政府行政组织

习近平同志所做的党的十九大报告根据"决胜全面建成小康社会、夺取新时代中国特色社会主义伟大胜利"的新形势和新任务，按照"深化依法治国实践"的新要求，对"建设法治政府，推进依法行政，严格规范公正文明

执法"做出重要部署，吹响了建设法治政府行政组织的冲锋号，开启了建设法治政府的新征程。

严格规范公正文明执法是法治政府行政组织基本建成的重要标志。当前，中国特色社会主义法律体系已经形成并不断完善，保证法之必行就成为建设法治政府的重点和关键。习近平同志强调："全面推进依法治国的重点应该是保证法律严格实施。"从一定意义上讲，行政执法成效是衡量法治政府行政组织建设成效最直观、最普遍、最可信的标尺。只有严格执法、不枉不纵，才能彰显法治权威、带动全民守法，切实增强人民群众的法治获得感。

深化行政执法体制改革。多头执法、重复执法、乱执法与执法不作为问题并存，执法机构设置不合理、执法力量配置不科学，是我国行政执法体制存在的突出问题。要以着力解决权责交叉、争权诿责问题为重点，以建立权责统一、权威高效的行政执法体制为目标，不断深化行政执法体制改革。纵向上，适当减少执法层级，合理配置执法力量，推进执法重心向市县两级政府下移，加强重点领域基层执法力量。横向上，整合执法主体，精简执法机构，相对集中行政执法权，深入推进综合执法，实现行政执法和刑事司法有效衔接。

大力推进行政执法规范化、信息化建设。执法创新和科技创新有效结合，是行政机关提高行政执法质量和效率的重要途径。要进一步完善执法程序，改进执法方式，创新执法技术，规范裁量行为，严格责任追究。行政执法公示、执法全过程记录、重大执法决定法制审核"三项制度"，对严格规范公正文明执法具有整体性、基础性、突破性意义。目前，"三项制度"正在全国范围开展试点工作，需及时总结经验，尽快全面推开。同时，还要加强行政执法信息化建设和信息共享，建设执法信息平台，提升执法水平和效率。坚持法治思维，不断推进治理体系和治理能力现代化。党的十八届三中全会确定我国全面深化改革的总目标是完善和发展中国特色社会主义制度，推进国家治理体系和治理能力现代化。国家治理体系和治理能力现代化的最重要内容就是治理法治化。加强依法行政，建设法治政府行政组织的最重要任务是解决行政管理领域治理法治化的问题。而行政领域治理法治化的关键又取决于行政领导干部的法治意识和法治理念，取决于这一"关键少数"运用法治思维和法治方式深化改革、推动发展、化解矛盾、维护稳定的自觉性和能力。为此，中国政府行政组织着力做了三件事：一是建立领导干部学法制度，并对其有计划、有检查、有考核，长期坚持不懈；二是建立政府法律顾问制度，要求领导干部做出重大决策，发布重要文件，实施重要行为，都要向法律顾问咨询；三是建立问责制度，纪检监察机关对领导干部违法决策、违法行政，造成国家财产和人民利益损失的行为严格问责。正是这些有效的制度，保障和推进了我国整个治理的法治化。

　　加快推进行政组织和行政职能的规范化、法定化。完善行政组织和行政程序法律法规，推进机构、职能、权限、程序、责任法定化，是依法全面履行政府职能的坚实制度支撑和有力法治保障。加快建设法治政府，行政机关要坚持"法定职责必须为、法无授权不可为"，制定实施行政组织权责清单制度，推进各级行政组织事权规范化、法律化。

（三）转变行政组织职能，建设人民满意的服务型政府

　　依法全面履行职能是行政组织的本质要求。要深化行政体制改革，加快行政组织职能转变，充分发挥市场在资源配置中的决定性作用，有效发挥社会力量在管理社会事务中的重要作用，更好发挥行政组织作用，保证行政组织依法全面履行宏观调控、市场监管、社会管理、公共服务、环境保护等职责。

党的十八大以来，党中央、国务院把"放管服"改革作为转变政府职能的突破口，通过行政审批做"减法"、市场监管做"加法"、公共服务做"乘法"，有力激发了"大众创业、万众创新"的活力，改革红利持续释放、政府职能日益优化。当前，我国全面深化改革已进入攻坚期和深水区，经济发展进入新常态，对行政组织管理和服务水平的要求越来越高。这就需要行政组织继续实现权力"瘦身"、职能"健身"。要立规则标准等刚性制度于前、施严密的常态化监管于中、行猛药去疴重典治乱于后，把该"放"的坚决放开、该"简"的坚决精简、该"管"的真正管好、该"服"的服务到位。

党的十九大报告提出，转变政府职能，深化简政放权，创新监管方式，增强政府公信力和执行力。行政组织职能的转变是行政管理体制改革的核心。所谓行政组织职能转变，就是指行政组织的职责和功能的变化、转换与发展。行政组织职能总是随着国家经济和社会的发展要求而不断调整变化的。行政组织职能的转变，主要是指行政组织社会管理职能的转变。在转变过程中，主要是解决行政组织与市场、行政组织与企业、行政组织与社会的关系。它不仅会涉及行政组织的角色定位，还意味着行政组织管理权限的调整，行政组织结构的重组，行政组织管理方式的改变，以及行政组织能力的转换与提升。因此，它是一个复杂的系统工程。随着我国社会主义市场经济体制的不断建立和完善，行政组织的管理职能正在经历着一场深刻的历史变革。在深刻认识市场经济中行政组织应该"管什么"的同时，还必须科学地把握行政组织"怎么管""怎么更有效地管理经济和社会"中国特色社会主义进入新时代，我国社会主要矛盾发生转化，这对服务型政府建设提出了新的更高要求，我们必须把人民是否满意作为衡量服务型政府建设成效的根本标准。

党的十九大报告中，相比以往的"深化行政体制改革"，更加突出机构改革，强调"深化机构和行政体制改革"。在改革举措上，党的十九大报告提出"赋予省级及以下政府更多自主权""在省市县对职能相近的党政机关探索合并设立或合署办公"等；在改革方法上提出"统筹考虑各类机构设置""统筹使用各类编制资源"等。可见，今后一段时期，深化机构和行政体制改革、建设服务型政府的任务更繁重、要求也更高。当前，行政组织职能正积极向服务型转变，政府为经济社会、广大群众服务的能力和水平明显增强，但发展不平衡和不充分的问题依然存在。这就要求我们必须坚持以人民为中心，持续深化改革，特别是在继续推动经济均衡发展的基础上，保障和改善民生，在"幼有所育、学有所教、劳有所得、病有所医、老有所养、住有所居、弱有所扶"方面积极作为，推进人的全面发展和社会的全面进步。行政组织只有不断为人民提供高效优质的行政服务，人民才会对行政组织更满意。

（四）坚持权力控制和程序制约，实现机构和编制的法定化

按照决策、执行、监督相协调的要求，把行政机关进制度的"笼子"里。当代行政组织始终大力推进的一件大事就是建立"三张清单"，即权力清单、责任清单、负面清单。通过清单明明白白地向人民群众宣示：行政组织应该做什么，可以做什么，不应该和不能做什么，并以此确定"法定职责必须为，法无授权不可为,法定职权职责依法为"的原则。为把行政机关进制度的"笼子"里，不仅通过行政组织法和清单限定、控制政府的权力边界，而且还通过行政程序法规范政府行使权力的方式。例如，行政组织行使行政决策权，过去没有程序制约，常常导致决策过于随意。有鉴于此，党的十八届四中全会确定了决策的严格制约程序：公众参与、专家论证、风险评估、合法性审查、集体讨论决定。程序制约不仅限于行政决策，其他行政行为也同样如此。党的十八大以来，整

个行政程序法治取得了长足的进步。例如,在政务公开方面,国务院办公厅几乎每年都发布政务公开的具体目标和实施要点,并要求各级行政机关定期提交和公布政务公开实施情况报告。

从市场经济发展的基本要求来看,政府决策、执行和监督相分离是推动政府科学规范部门职能、合理设置机构的必然趋势。按照精简、统一、效能的原则和决策、执行、监督相协调的要求,继续推进行政组织机构改革。这就要求行政组织的改革必须逐步实现行政决策权与执行权相对分离,实行行政组织决策职能的核心化和集中化。通过科学规范部门职能,按综合职能设置政府机构,将相同或者相近的职能交由一个行政部门承担。同时,要改革行政执行体制,建立综合执行机构,推行政府事务综合管理,将分散到部门的行政权原则上收归同级人民政府。改革行政执法体制,设置精干、统一的行政执法队伍,实行综合执法。在调整职能、合并机构的基础上,进一步完善组织立法,制定《政府机构定员法》,机构的设立、变更、撤销和行政级别调整,都必须履行规范的法律程序,实现行政组织机构设置、职能、编制和工作程序的法定化。总之,行政组织体制改革要按照决策、执行、监督相协调的要求,通过各方面的改革,切实解决层次过多、职能交叉、机构臃肿、权责脱节和多重多头执法的现象。

(五)改进管理方式,推行电子政务,提高行政效率,降低行政成本

传统的信息系统主要是围绕部门业务、从提高工作效率的角度考虑得比较多,与新时代服务型政府建设的要求存在相当大的差距。从党的十六大起,党和国家领导人就提出要"通过改进管理方式、推进电子政务来提高行政效

率、降低行政成本"。电子政务的一项十分重要的任务就是要使政务信息能够公开，使任何公民都可以在任何时间和任何地点通过互联网访问各地政府的网站，了解国家的发展规划、政策法规、行政动态、统计数据等各种各样的信息。

2017 年 7 月以来，国家发展改革委员会同相关部门和地方，全力以赴推进政务信息系统整合共享工作，取得了显著成效。数据共享"大动脉"已经打通，跨层级、跨地域、跨系统、跨部门、跨业务的数据共享和业务协同机制初步形成。

为进一步深化"互联网＋政务服务"，充分运用信息化手段解决企业和群众反映强烈的办事难、办事慢、办事繁等问题，根据党中央、国务院就推进审批服务便民化、"互联网＋政务服务"、政务信息系统整合共享等做出的系列重要部署。2018 年，国务院办公厅印发了《进一步深化"互联网＋政务服务"推进政务服务"一网、一门、一次"改革实施方案》。电子政务实行政务信息公开，为公众参与管理提供了可能。电子政务以人为本，也极大地调动了公众参与和管理的积极性。建设电子政务将促进行政组织强化服务职能，从而突出"以民为本"的思想。因此，发展电子政务可以有效地增强行政组织的公仆意识，从而更好地为人民服务，使"民本位"的民主理念取代"官本位"的官僚思想。

首先，推行电子政务是适应信息化时代行政组织管理活动的需要。电子政务是行政组织管理方式的革命，其对行政组织管理的影响首先表现为具有生产力性质的行政组织管理工具的创新，行政组织利用现代信息技术和网络环境可以提高办公室工作效率和生产力，精简机构和人员，降低管理成本。其次，这种新的生产力工具的使用将不断改变行政组织管理结构和方式，重塑行政组织业务流程。而这种从管理工具的创新到管理结构改善到管理方式的变革，将极大地改变现有行政组织的管理观念，最终将不可避免地建构出适合信息时代社会发展所需要的行政组织组织形态。实施电子政务不仅能够提高行政组织管理的效率，提高行政组织工作的透明度，推进廉政、勤政建设，使行政组织利用信息化手段更好地为公众服务。更为重要的是，这场由新的管理手段所带来的管理方式上的革命将最终改变人们久已习惯的行政组织管理环境，引导人们逐步走向一个全新的行政组织管理世界。

阅读材料

现代英国行政组织的改革实践

（一）行政改革的背景和原动力

20世纪70年代，由于受两次石油危机的影响，导致英国经济不景气，财政收支恶化，迫使英国压缩公共支出，努力提高公共部门的效率。撒切尔夫人就任首相后，提出了抑制通货膨胀，增强经济的供给能力，减少公共部门和削减公共部门的费用，减少浪费，实行民营化和"外部移管"等改革措施。为了推进行政改革，撒切尔夫人和梅杰两届政府中都设立了吸收社会各界有识之士推进行政改革的组织，作为首相的直属机构。这个机构在首相强有力的领导下，对推进行政改革发挥了重要的作用。

（二）行政改革的具体措施

1. 加强行政监察。撒切尔夫人就任首相后马上任命了效率顾问，并在首相府设立了效率室作为效率顾问的办事、执行机构。效率顾问就如何改善行政管理、削减成本、提高行政效果等问题，每年和各部的事务次官协商一次，并在此基础上，制定实施废除、缩小、转变政府职能，简化、改进行政程序、手续、公文格式，强化内部监督检查和职员定额管理等政策。

2.积极推进民营化。1979年，国有企业占国民收入的大约9%，到1994年年底，原来属于公共部门的电力、石油、天然气、航空等主要产业中的约有三分之二的48家企业实行了民营化，通过民营化出售的股份收益就有600亿英镑。

3.改善财务管理。为了有效地实现政策目标、节约资源、实现资源分配的最优化，从1982年开始，英国政府开始着手改善行政资源的分配、管理、控制。但是由于没有赋予管理者相应的自由裁量权，这项改革没有取得很大的进展。

4.推行行政执行专业化、民间化。1988年11月公布的《行政管理改革方针》提出了行政执行机构设立和实行行政执行专业化的基本方针。1989年12月公布的《执行机构的财务和责任》提出了财务管理弹性化的方针。推行行政执行专业化的目的就是要改变以往的行政组织只重视提出、制定政策而忽视行政服务和行政执行的倾向，以提高行政服务的质量和效率，同时根据不同机构目的多样性的要求而采取有弹性的管理方法（民间组织的运营方法）。执行机构的组织框架、结构由"执行机构基本文书"规定。基本文书的主要内容：业务目的、目标、业务内容、对大臣和议会的责任、财务管理的基本标准、人事、薪金管理标准等。执行机构的负责人在"执行机构基本文书"规定的范围内有很大的裁量权和自主权。但是，业务完成的情况必须向社会公开。梅杰就任首相后于1991年7月向议会提交了一份名为"市民宪章"的白皮书，提出了国民是行政服务消费者的口号，以及提高行政服务质量和服务效率的四个主要课题、九个机制和与公开服务相关的七项原则，进一步促进了行政执行专业化和民营化的发展。

5. 引入公务员公开招聘制。科级以上的国家公务员，原则上实行内部录用，但是一定情况下也可以从外部公开招聘，根据招聘人员的能力、资质任用。

6. 改革会计体制。各部门要采用和民间部门进行成本比较的方式编制预算。会计报告要体现目标和成果，在 1997 年 4 月前要制作能够对资产和负债进行比较的资产负债表。

◎思考

现代英国行政组织改革有什么特点？

参考文献

[1] 查尔斯·佩罗. 组织分析 [M]. 上海：上海人民出版社，1989：8.

[2] 卡尔·马克思，弗里德里希·恩格斯. 马克思恩格斯全集第 23 卷 [M]. 北京：
人民出版社，1972：363.

[3] 亚当·斯密. 国富论 [M]. 湖北：武汉大学出版社，2010：200.

[4] 郭圣莉，应艺青. 行政组织学 [M]. 上海：华东理工大学出版社，2012：3.

[5] 倪星. 行政组织学 [M]. 北京：北京师范大学出版社，2011：2.

[6] 陈春花，段淳林. 中国行政组织文化 [M]. 广州：华南理工大学出版社，
2005：12.

[7] 夏书章. 行政管理学 [M]. 广州：中山大学出版社，2003：149.

[8] 洪威雷，齿文龙. 行政文化学概论 [M]. 湖北：武汉大学出版社，2009：14.

[9] 沈亚平，吴志成. 当代西方公共行政 [M]. 天津：天津大学出版社，2004：12.

[10] 东方瀛. 双向汉语大辞典 [M]. 长春：长春出版社，1992：945.

[11] 张海洋. 中国的多元文化与中国人的认同 [M]. 北京：民族出版社，2006：39.

[12] 世瑾. 宗教心理学 [M]. 北京：知识出版社，1989：146.

[13] 王彦斌. 管理中的组织认同——理论建构及对转型期中国国有企业的实证分析 [M]. 北京：人民出版社，2004：61.

[14] 赫伯特·西蒙. 管理行为 [M]. 詹正茂，译. 北京：机械工业出版社，2007：255.

[15] 埃德加·沙因. 组织文化与领导 [M]. 陈千玉译. 台北：五南图书出版股份有限公司，2005：4-24.

[16] 林恩·夏普·佩因. 领导、伦理与组织信誉案例战略的观点 [M] 大连：东北财政大学出版社，1990：3-4.

[17] 刘祖云. 行政伦理关系研究 [M]. 北京：人民出版社，2007：269.

[18] 高力. 公共伦理学 [M]. 北京：高等教育出版社，2006：19-136.

[19] 张康之. 寻找公共行政的伦理视角 [M]. 北京：中国人民大学出版社，2002：3.

[20] 马国泉. 行政伦理：美国的理论与实践 [M]. 上海：复旦大学出版社，2006：113.

[21] 亨利·西季威尔. 伦理学方法 [M]. 北京：中国社会科学出版社，1993：425.

[22] 张国庆. 行政管理学概论 [M]. 北京：北京大学出版社，2000：541.

[23] 王集权. 现代伦理学通论 [M]. 南京：河海大学出版社，2002：197.

[24] 特里·L. 库珀. 行政伦理学：实现行政责任的途径 [M]. 北京：中国人民大学出版社，2001：46-195.

[25] 马克思，恩格斯. 马克思恩格斯选集·第一卷 [M]. 北京：人民出版社，1972：92.

[26] 查尔斯·林德布洛姆著，王逸舟译. 政治与市场：世界的政治经济制度 [M]. 上海：上海三联书店，1992：195-196.

[27] 埃德加·博登海默. 法理学——法哲学及其方法 [M]. 北京：华夏出版社，1987：361.

[28] 夏书章. 政绩工程 [J]. 中国行政管理，2008（6）：106.

[29] 于立深. 违反行政程序司法审查中的争点问题 [J]. 中国法学，2010（5）：88-112.

[30] 程万寿. 行政文化的特性、分类与功能探析 [J]. 中共山西省委党校学报，2003（1）：69-70.

[31] 魏钧. 组织认同受传统文化影响吗——中国员工认同感知途径分析 [J]. 中国工业经济，2008（6）：118-126.

[32] 李萍. 社会共识是管理伦理的规范基础 [J]. 学习与探索，2007（3）：5-8.

[33] 甘绍平. 道德共识的形成机制 [J]. 哲学动态，2002（8）：26-29.

[34] 张莹. 企业的文化路径依赖及其超越 [J]. 生产力研究，2004（2）：151.

[35] 江秀平. 公正责任与行政伦理 [J]. 中国社会科学院研究生院学报，1999（3）.

[36] 徐觉，唐尊训，倪耀荣，等. "华夏第一县"经济发展的奥秘——对无锡县政府职能转变情况的调查 [J]. 领导科学，1993（7）：28-29.

[37] 谭勤伟. 行政文化对公共决策的影响初探 [J]. 中共铜仁地委党校学报，2007（6）：44-47.

[38] 王彦斌. 西方组织认同感理论研究综述 [J]. 思想战线，2006（6）：1-6.

[39] 宝贡敏，徐碧祥. 组织认同理论研究述评 [J]. 外国经济与管理，2006，28（1）：39-45.

[40] 陈致中，张德. 中国背景下的组织文化认同度模型建构 [J]. 科学学与科学技术管理，2009（12）：64-69.

[41] 张泽想. 论行政法的自由意志理念——法律下的行政自由裁量、参与及合意 [J]. 中国法学，2003（2）：178.

[42] Freud S. Group Psychology and the Analysis of Ego [M]. New York : Norton, 1922 : 1.

[43] Ricetta M. Organizational Identification : A Meta-analysis[J]. Journal of Vocational Behavior, 2005, 66 : 358-384.

[44] Mary Jo Hatch, Majken Schultz. The Dynamics of Organizational Identity [A]. Organizational Identity [C]. ed. by Mary Jo Hatch, Majken Schultz. Oxford : Oxford University Press, 2004 : 377-403.

[45] O'Reilly C, Chatman J, Caldwell D. People and organizational culture : A Profile comparison approach to assessing person- organization fit [J]. Academy of Management Journal, 1991, 34（3）: 487-516.

[46] Hatch M J. The Dynamics of Organizational Culture [J]. Academy of Management Review, 1993, 18（4）: 657-693.

[47] Fiol M C. Managing Culture as a Competitive Resource : An Identity-based View of Sustainable Competitive Advantage [J]. Journal of Management, 1991, 17（1）: 191-211.

[48] Cheney G. The Rhetoric of Identification and the Study of Organizational Communication [J]. Quarterly Journal of Speech, 1983,（69）: 147-158.

[49] Ravasi D, Schultz M. Responding to Organizational Identity Threats : Exploring the Role of Organizational Culture [J]. Academy of Management Journal, 2006, 49（3）: 433-458.

[50] Harmon. Responsibility as Paradox : A Critique of Rational Discourse on Government[J]. ThousandOaks, Calif : Sage.1995.